LE SYSTÈME

DE LA

PHILOSOPHIE

PAR

KARL CHRISTIAN FRIEDRICH KRAUSE.

LA THÉORIE DE LA SCIENCE.

TOME I.

OUVRAGE TRADUIT DE L'ALLEMAND

PAR

LUCIEN BUYS.

LEIPZIG.

OTTO SCHULZE.

1892.

LE SYSTÈME
DE LA
PHILOSOPHIE

PAR

KARL CHRISTIAN FRIEDRICH KRAUSE.

LA THÉORIE DE LA SCIENCE.

TOME I.

OUVRAGE TRADUIT DE L'ALLEMAND

PAR

LUCIEN BUYS.

LEIPZIG.
OTTO SCHULZE.
1892.

Ouvrages du traducteur:

La science de la quantité, précédée d'une étude analytique sur les objets fondamentaux de la science, par Lucien Buys, capitaine du génie, répétiteur à l'Ecole militaire de Belgique. Bruxelles, C. Muquardt, 1880.

Géométrie. La science de l'espace, par Lucien Buys, capitaine du génie. — Bruxelles, 1881.

À MESSIEURS

PAUL HOHLFELD

ET

AUGUSTE WÜNSCHE,

LES SAVANTS COMMENTATEURS DE KRAUSE.

TÉMOIGNAGE DE HAUTE ESTIME ET DE
PROFONDE RECONNAISSANCE

LE TRADUCTEUR.

Préface.

Karl-Christian-Friedrich Krause naquit à Eisenberg, dans le Duché de Saxe-Altenbourg, le 6 mai de l'année 1781, où parut la *Critique de la raison pure*, de Kant. L'originalité de son esprit s'affirma de bonne heure. Ce commencement ne se démentit pas pendant que l'élève faisait son éducation à Eisenberg, Donndorf et Altenbourg, où il s'initia aux doctrines philosophiques de Cicéron, Platon, Kant, etc. A l'université d'Iéna (1797 à 1801), l'étudiant suivit les leçons de Fichte et de Schelling, sans cependant sacrifier à l'un plutôt qu'à l'autre l'indépendance de sa pensée. Après s'y être fait recevoir *Privat-Docent*, en présentant une thèse écrite en latin sur la notion et la division de la Philosophie et de la Mathématique et sur la corrélation intime de ces deux sciences, Krause donna avec succès, à côté de Hegel et de Fries, un cours sur l'ensemble et les diverses parties de son système de philosophie, ainsi que sur la Mathématique envisagée et approfondie comme branche de la science rationnelle pure.

Lorsque les évènements de la guerre (1805) eurent réduit de moitié la population de l'université d'Iéna, Krause se rendit à Rudolstadt d'abord, puis à Dresde, pour se livrer à des études d'art. Il habita cette dernière ville jusqu'en 1823. Son séjour, cependant, y fut interrompu par deux absences, dont l'une assez prolongée. Cédant aux instances de Fichte, il se fit agréer à l'université de Berlin (1814), en soutenant une thèse latine sur la science humaine et sur la méthode à observer pour y atteindre. Mais, aussitôt reçu, le professeur abandonna sa charge, et préféra, en vue d'études d'art nouvelles, accompagner son ami Tamnau, fabricant à Berlin, dans un voyage à travers l'Italie, la Suisse et la France. Avant son départ définitif de Dresde, Krause donna une série de conférences, très suivies par les hommes et les femmes, sur les vérités fondamentales de la science et leurs rapports avec la conduite de la vie. Ces conférences avaient trait également à l'exposition et à la critique de l'histoire de la philosophie, particulièrement des systèmes de Kant, Fichte, Schelling et Hegel; elles furent publiées en 1829.

A la St-Michel 1823, Krause se transporta avec sa famille à Göttingen. Une troisième fois, il s'y fit recevoir agrégé, avec vingt-cinq thèses latines sur son système de philosophie, à la discussion desquelles prirent part le célèbre philologue Otfried Müller et le philosophe Beneke. Les thèses d'agrégation se trouvent réunies dans ses *Mélanges philosophiques* (*Philosophische Abhandlungen*, 1889).

En 1824, le maître commença à Göttingen ses leçons sur la Philosophie. Son cours, sténographié d'abord par l'un de ses élèves, E. von Hagen, et revu ensuite par le maître lui-même, fut imprimé pendant l'année 1828. La *partie analytique* de ces leçons, corrigée et augmentée d'après les manuscrits laissés par l'auteur, a été rééditée en 1869, par H. von Leonhardi; la *partie synthétique*, avec des additions puisées à la même source, a été rééditée vingt ans plus tard (1889) par Hohlfeld et Wünsche, qui l'avaient fait précéder en 1886 par le *Précis* de tout le système (y compris la *partie synthétique*).

Malgré les inimitiés et les obstacles de toutes sortes, qui lui furent suscités à Göttingen, le profond philosophe parvint à s'entourer constamment d'un cercle de jeunes disciples assidus (H. von Leonhardi, Ahrens, Schliephake, etc.). Ayant été dépassé pour la nomination à la chaire de philosophie et privé de tout espoir de devenir jamais professeur ordinaire à Göttingen, il se rendit (1830), avec sa nombreuse famille, à Munich. Mais, avant d'avoir acquis le droit d'y ouvrir un cours et d'avoir pu se faire recevoir membre de l'Académie royale des sciences de Bavière, Schelling ayant exercé contre lui toute son influence, le martyr tant persécuté s'éteignit brusquement le 27 septembre 1832, entouré de ses enfants et souriant au monde nouveau qu'il attendait.

En de fréquents passages de ses écrits, Krause affirme explicitement avoir procédé sans cesse par examen personnel, tout en reconnaissant pour point de départ la doctrine de Kant (non celle de Fichte ou de Schelling). Il peut, à juste titre, se dire le successeur et le continuateur du philosophe de Königsberg.*) En outre, il fait ressortir constamment l'intime parenté de son système avec le Platonisme.

Ce système n'embrasse pas seulement la science rationnelle pure, la Philosophie et la Mathématique, mais aussi l'ensemble de la science d'observation ou historique, et enfin l'union des deux sphères, la *Philosophie de l'histoire.* Celle-ci est la base première de la possibilité de la vraie sagesse et de la conduite rationnelle de la vie, tant pour l'homme individuel que pour chaque société humaine, et, au sommet, pour l'Humanité, qui doit, d'après sa notion suprême et son idéal, s'associer en une vaste communauté, la fédération universelle des hommes, dont la constitution marquera, pour l'humanité terrestre, l'avènement du troisième âge, celui de la maturité.

---

*) Le dogmatisme qui concluait précipitamment du moi, donné par la conscience, à tous les êtres pensants a provoqué la critique de *Kant*, résolue à son tour par la réforme de *Krause*.

Krause appelle ordinairement son système la *„science de l'Être“* (*Wesenlehre*), c'est-à-dire la *science de Dieu.* L'Être ou Dieu est, selon lui, l'Être un fondamental ou le Principe un des choses, et la vision de l'Être ou la connaissance de Dieu, la connaissance une fondamentale ou le Principe un de la connaissance.

La théorie de l'Être est la réfutation de fait du préjugé fort commun que la philosophie repousse Dieu et la religion, et rompt avec la foi éclairée. Bien au contraire, le problème de la première partie de la philosophie consiste à élever graduellement, sans aucune préconception dogmatique ni aucune conjecture, chaque être humain pensant, à partir de la connaissance primordiale incontestablement certaine ou de la vision propre de son moi, jusqu'à la vision de Dieu comme Principe de fait et de connaissance du savoir. D'où le nom de *„partie analytique* ou *inductive“*.

Parvenue à ce point culminant, à la vision de Dieu, l'intelligence, guidée par la lumière divine, découvre en cette vision le fondement de son savoir entier, en aperçoit la profondeur infinie, et, dans la seconde époque de la science, y rattache en descendant tous les objets singuliers. D'où le nom de *„partie synthétique* ou *déductive“*.

Le rapport de la théorie de l'Être avec les autres systèmes, précédents, contemporains ou ultérieurs, peut se comparer à celui du corps humain avec l'organisme animal. Elle est la seule doctrine générale et complète aux points de vue de l'objet, de la méthode et des origines de la connaissance. Coulée d'un jet, elle a homogénéité, ordre, concordance en toutes ses parties; organique et harmonique en soi, elle n'est ni un recueil laborieux ni une compilation habile de données disparates et empruntées.

Originale et personnelle, elle apparaît néanmoins comme le résultat et la conséquence de l'évolution antérieure de la philosophie. L'histoire de la philosophie et la philosophie de cette histoire sont même des parties internes ou plutôt les parties les plus intimes de la *théorie de l'Être.* Chaque vérité des systèmes antérieurs peut, sans aucun changement, sans aucune difficulté, être accueillie dans l'organisme de celle-ci, mais surgit aussi de sa force propre. Elle dévoile, recueille et enchaîne les vérités partielles des systèmes plus anciens, sans participer à leurs erreurs, et donne la puissance de comprendre et d'apprécier les philosophies de tous les temps, d'y discerner avec sûreté la part de vérité et la part d'erreur.

La théorie de l'Être, avons-nous dit, est complète, mais non achevée ni épuisée; elle se trouve, au contraire, susceptible d'un développement sans limites et réclame un examen sans fin. Elle est le germe fécond de toute construction future de la science, et reconnaît comme condition fondamentale la fédération universelle de l'Humanité pensante. Elle embrasse également les lois de la recherche de la vérité et de l'organisation du savoir, de la méthode et de l'architectonique de la science.

La caractéristique du système de Krause est sa théorie des *catégories,* qui rectifie et complète les tableaux des catégories d'Aristote et de Kant. Ces catégories sont reconnues comme les idées principales supérieures, comme les attributs aperçus *à* et *dans* la vision: „*l'essence de l'Être*“ ou „*la divinité de Dieu*“, et ne sont autres que l'organisme de l'essence de l'Être, suivant lequel celle-ci se révèle à l'intelligence. La remarque, que chaque attribut inhérent à chacun des autres est et existe conformément à l'essence propre de ce dernier, ouvre un horizon sans bornes à la fois dans la similitude (l'analogie) universelle et dans le caractère propre de tout le fini, où chaque catégorie s'applique à elle-même et à chacune des autres.

Il n'existe pas encore actuellement d'exposition explicite, continue, vraiment scientifique du système de Krause, et, par suite, bien moins encore une critique exacte et raisonnée ou une réfutation quelconque. Aussi longtemps cependant qu'une doctrine conserve des adeptes et rallie toujours des adhérents nouveaux, qu'elle n'est ni contredite dans son ensemble ni redressée dans ses détails, on ne saurait lui refuser la vie et la condamner à l'oubli.

Au surplus, avant d'avoir épuisé les manuscrits laissés par le maître, tâche dont l'achèvement n'est pas d'un avenir prochain, il est impossible de juger avec certitude du soin avec lequel il a fouillé les détails de son système.

Krause travailla sans relâche à transmettre à la postérité un organisme de la science aussi parfait que possible sous le rapport du fond, de la forme et de la méthode. Dans son exposé, le novateur employa naturellement, de préférence, sa langue maternelle, l'allemand, qu'il estimait d'un concours puissant pour le perfectionnement de l'humanité, et développa sa théorie, notamment dans ses rapports immédiats avec la vie, en s'élevant par degrés du langage populaire jusqu'à la terminologie technique, sévère et rigoureuse. Parmi ses livres écrits en une langue à la portée de tous, son *Idéal de l'Humanité* (1811) occupe sans conteste le premier rang; ouvrage classique, admirable et consciencieux, l'un des plus beaux livres de famille et d'éducation.

Parmi les ouvrages de science pure, la palme revient à la *partie synthétique* des leçons sur la philosophie. Peut-être ce traité de la *science des principes* ou *Métaphysique* n'est-il pas d'une lecture facile, mais la cause principale en est à la difficulté de l'objet même, non à la nouveauté du langage. On ne saurait attribuer qu'à l'ignorance pure ou au parti pris de dénigrement l'appréciation des esprits paresseux qui proclament, sans aucune réserve, le style de Krause incompréhensible, et s'imaginent avoir ainsi justifié suffisamment leur dédain pour ses pensées. La condamnation préalable et injuste de l'écrivain ne peut plus aujourd'hui, ni jamais, dispenser de l'examen sévère du fond de sa théorie.

Krause, avons-nous dit déjà, s'est servi à maintes reprises de la langue latine; son latin, clair et original, rappelle en certaine mesure le style de Spinoza.

Il avait aussi traduit lui-même en français sa „*prière à l'Etre* (*Wesenspruch*)“ qu'il soumit pendant son séjour à Paris à un savant de cette ville (*St. André*).*)

Mais cela ne lui suffisait point. Le philologue avait formé le projet de transmettre aussi à ses successeurs la théorie de l'Être dans le *langage de l'Être*, c'est-à-dire en une langue technique idéale, fondée sur des bases raisonnées et appropriée spécialement à l'exposition de la science, langue parlée aussi bien qu'écrite, ou, comme il disait, à la fois *pasilalique* et *pasigraphique*, à l'invention et à l'organisation de laquelle il a consacré une grande partie de son temps et de ses forces. Quel que soit le jugement que portera la postérité sur cette tentative de créer une langue parlée de l'Être, le langage graphique de l'Être, analogue à celui des signes de la Mathématique, nous semble, au plus haut point, digne d'attention et un moyen excellent d'éclaircir les notions et de les fixer dans la mémoire. Les divers symboles ou schèmes que Krause a joints à plusieurs de ses ouvrages sont des fragments de ce langage et peuvent en donner une idée.

L'histoire de la philosophie ne saurait plus passer sous silence les œuvres de ce vaste génie. La puissante influence

*) Comp. la „*Théorie de la Morale*“ (1888) (p. 588—592). La quatrième édition de la grammaire française de *Bruel*, qu'il publia, (sans nom d'auteur), et les notes remarquables qu'il y ajouta (Dresde, Arnold, 1821) prouvent combien la langue française lui était familière.

de sa doctrine sur le peuple espagnol et sur la science espagnole est un fait incontestable. Cette doctrine commence à se répandre en Angleterre: un pasteur écossais, W. Hastie d'Edimbourg, se propose de la présenter bientôt au public anglais.

Pour l'exposition de la théorie de l'Être en langue française, Ahrens*) et Tiberghien, les interprètes éminents des idées larges, généreuses et fécondes de Krause, ont frayé la voie. A leur reproduction plus ou moins libre de ces idées se rattache dignement aujourd'hui cette traduction de l'ouvrage capital de Krause, les leçons précitées sur la Philosophie.

Heureux d'acquiescer au désir qui nous a été exprimé, nous avons, dans cette courte préface, esquissé la vie et l'œuvre du grand penseur allemand. Puisse son œuvre retrouver dans cette transparente traduction — à laquelle on ne déniera pas la clarté du génie français — l'estime et l'attention qu'elle mérite. L'éternelle vérité qu'elle éclaire d'un jour si intense franchit les frontières des nations et des Etats, domine les langues et les confessions, et apparaît la doctrine de salut pour la science, pour l'art, pour le droit et pour la morale, pour l'Humanité.

Dresde, le 6 mai 1891,
110e anniversaire de la naissance de Krause.

Paul Hohlfeld. Auguste Wünsche.

*) Voy. le *Cours de psychologie*, fait à Paris sous les auspices du Gouvernement (1836), sur la proposition de *Cousin*.

Introduction.

Définition préliminaire et division de la science et de la philosophie.

Sommaire.

La forme de la science. — Le fond de la science. — Unité subjective et objective de la science. — Le principe de la science posé comme principe de connaissance et comme principe de choses. — Variété de la science, déterminée dans et par son principe. — Considérations sur le principe comme connaissance fondamentale. — Définition préliminaire de la science et de la philosophie. — Relation de la philosophie avec la science entière.

1. Toute entreprise exige un aperçu préalable du projet à exécuter et du but à atteindre, un plan et une esquisse de l'œuvre à réaliser. Commençons donc par donner une description préliminaire de la *science*. Ce nom désigne l'ensemble de la connaissance, de ce qui est *su;* non toute espèce d'opinion et de pensée en général, mais toutes les opinions et les pensées certaines.

Cet ensemble forme un *système*. *Système* exprime un tout dont les parties sont et restent enchaînées entre elles, non un recueil d'éléments disparates qui coexistent simplement, une agrégation fragmentaire et incohérente, mais un tout dont les membres se pénètrent, s'entrelacent intimement et se supportent l'un l'autre, existent l'un *dans, avec* et *par* l'autre, et chacun *dans, avec* et *par* l'entier. C'est en ce sens que les penseurs de la Grèce désignaient déjà, sous le nom de système céleste, la structure des cieux, parce que chaque astre est et subsiste, en effet, pour soi, mais n'est point posé simplement à côté des globes qui l'entourent, soutient, au contraire, avec ceux-ci des rapports vitaux et se meut en relation avec eux suivant des règles et des lois fixes. Dans le même sens, le corps humain est un système: considéré en entier, il se compose de membres, qui, se pénétrant, s'entrelaçant harmonieusement et se soutenant réciproquement, ne peuvent subsister que l'un dans, avec et par l'autre, et chacun dans, avec et par l'ensemble.

Cette propriété de la science de former système indissoluble se définit avec plus de précision encore par le mot: *organisme.* Est organisme ce qui contient en soi des parties intimement liées à l'ensemble, dont chacune, distincte de ses voisines, subsiste pour soi, mais aussi longtemps seulement qu'elle reste en relation réciproque avec les autres éléments qui, par leur union avec elle, composent l'organisme.*) Ainsi, dans le corps humain, les membres existent, vivent et agissent, unis harmoniquement au sein de l'entier.

Si la science est véritablement un tout indivisible, elle doit constituer un pareil organisme, un corps de doctrines, revêtir la forme systématique de l'organisation. Les sciences particulières sont contenues dans la connaissance une qui les enveloppe et dont elles sont les membres, subsistant, se formant et se déterminant réciproquement, chacun par tous les autres.

2. Examinons maintenant le *fond* ou le contenu de la science, ce qui remplit cette forme systématique. Ce contenu, avons-nous dit, est le savoir ou la connaissance certaine. Qu'est-ce que le savoir? Comment savoir ce qu'est le savoir? Comme la question l'indique, ce n'est qu'au cœur de la science qu'on pourra l'expliquer; quelque définition que nous trouvions, nous ne pourrions la comprendre si nous ne connaissions déjà, si la connaissance n'était pas une propriété fatalement inhérente à l'esprit; en effet, à tout degré de culture intellectuelle, l'homme affirme qu'il sait quelque chose et même qu'il sait quelque chose de certain. Et cependant peu de personnes seraient capables de donner une réponse satisfaisante à la question: Qu'est-ce que le savoir? Bref, tous nous savons et cela sans qu'il nous soit nécessaire de savoir déjà

---

*) De là cette formule de l'organisation: unir sans confondre, distinguer sans séparer. *(Note du traducteur.)*

ce qu'est le savoir. Aussi admettrai-je que chacun de vous, amis lecteurs, en a l'intuition, qu'il trouve, par exemple, dans la connaissance de son moi propre, lorsqu'il proclame se connaître soi-même, ou bien encore dans l'affirmation de l'existence d'un monde extérieur. Assurément, l'un des problèmes de la science aura pour objet de déterminer la connaissance, mais, pour notre définition préliminaire, il suffit de savoir que nous savons et que nous discernons le savoir des pensées et des opinions encore douteuses.

Cela posé, la science, dit-on, est l'ensemble de la connaissance certaine; tout objet présumé, tout objet de recherche n'en fait pas encore partie; pour qu'il acquière droit de cité dans le domaine scientifique, il faut que la réflexion et la méditation lui impriment, au préalable, le caractère de la certitude.

3. Quel est ce caractère? Quelle est la condition du savoir? Chacun répond: il doit être *vrai* et, de plus, sa vérité doit être établie. Qu'est-ce que la vérité? demanderons-nous. Une chose est vraie lorsqu'elle est conçue telle qu'elle est à soi (*an sich*), dans sa réalité, de manière que la notion s'accorde parfaitement avec la chose même, en soit un portrait fidèle. Mais, comment établir que la connaissance s'accorde avec l'objet? Tout ce qu'on alléguera à cet égard ne constitue, de nouveau, que des connaissances qui n'échappent pas à ma question. Aussi y a-t-il lieu de s'enquérir comment l'esprit, franchissant les limites de sa pensée, arrive à reconnaître qu'un objet est tel qu'il le pense; en d'autres termes, comment il parvient à attribuer à ses pensées légitimité, valeur objective.

Cette difficulté semble s'évanouir pour la connaissance de soi, puisque, dans ce cas, le sujet connaissant et l'objet connu sont identiques. Mais, ce n'est là qu'une illusion: en effet, ce que l'esprit sait de soi n'est, encore une fois, qu'une pensée et, derechef, s'impose le problème de décider s'il est bien tel qu'il le pense. Nul n'ignore combien souvent et avec quelle facilité l'homme s'abuse à l'égard de sa propre nature, avec quelle facilité il tronque la vérité lorsqu'il s'agit de se peser soi-même.

De ces considérations résulte à l'évidence la nécessité

pour l'esprit humain d'entrevoir, comme point de départ de sa science, quelque vérité à l'égard de laquelle la difficulté signalée ne subsiste point, qui éclate par son contenu même, qui soit *au-dessus* de l'opposition entre le connaissant et le connu, entre le sujet et l'objet.

4. La conscience vulgaire, anté-scientifique, ne se doute en aucune façon de cette difficulté; l'homme inculte s'abandonne aux impressions extérieures; il ne pense ni à soi, ni à sa pensée; il ne sait pas même qu'il sait, quoiqu'il sache en réalité; son esprit inconscient ne se pose pas le problème de la vérité, parce qu'il ne distingue pas entre le connaissant et le connu. L'état de conscience dans lequel cette distinction s'établit pour la première fois, dans lequel l'intelligence, se repliant sur soi, agite cette question: Mes pensées sont-elles légitimes? cet état, dis-je, est le premier germe de l'esprit scientifique, le signe de sa prochaine maturité.

La philosophie allemande est arrivée à ce point. *Kant* a soulevé le problème en ces termes: Comment parvenons-nous à attribuer légitimité à nos pensées? Puis, *Fichte* et *Schelling* ont observé qu'on ne saurait le résoudre avant d'avoir entrevu une première connaissance qui fût au-dessus de la distinction entre le sujet et l'objet, qui en fût indépendante. Une pareille connaissance est-elle départie à l'esprit humain? C'est ce que nous aurons à rechercher ultérieurement.

5. Pour le moment, nous porterons notre attention uniquement sur les conditions auxquelles la science peut être conçue comme l'ensemble organisé du savoir, qui embrasse chaque savoir particulier et dans lequel chaque connaissance spéciale trouve sa certitude. Ses deux caractères principaux sont: 1° *l'unité,* en vertu de laquelle la connaissance scientifique entière constitue la vérité *une;* 2° la *variété,* d'où résulte que toutes les connaissances spéciales sont contenues dans la science une, conformément à l'idée du système et de l'organisme.

6. Occupons-nous, en premier lieu, du caractère de l'unité. L'unité de la science est indissoluble; toutes *les* connaissances forment *la* connaissance une et entière. Et, puisqu'en celle-ci on distingue le sujet connaissant et l'objet connu, l'unité subsiste non-seulement au regard du sujet, mais aussi au regard de l'objet. Le premier aspect: *l'unité sub-*

jective, exprime que toutes nos pensées sont l'organisation de *la* pensée; de même que l'esprit est un, la connaissance, comme résultat de sa pensée, est une. — Le second aspect: *l'unité objective*, énonce que la science considérée *à soi*, réalisée objectivement, est une, une et la même pour tous les esprits, pour tous les temps, pour tous les lieux, pour toutes les conditions. C'est ainsi qu'une théorie vraie devient indépendante de l'intelligence individuelle qui l'a conçue, et se fait accepter comme légitime par tous les esprits qui la méditent.

7. Cette unité objective entraîne une conséquence importante: l'objet doit, disons-nous, être en réalité tel qu'on le pense, pour que la connaissance soit vraie; par suite, l'unité de la science suppose celle de son objet; si ce dernier n'avait pas l'unité, la science qui l'affirmerait néanmoins et la simulerait dans son développement, serait fausse. *Une* seule science réclame un seul objet, et si, par une analyse plus complète, on découvrait que cet objet n'est en aucune façon susceptible d'être reconnu, il ne resterait qu'à déplorer l'impossibilité de cette science. Pour trancher la question, il faudra examiner si l'esprit trouve en soi la notion d'un être absolu dont l'unité effective réponde à celle de la science et la rende possible.

8. Envisageons la thèse générale que nous venons d'exposer au point de vue d'une théorie particulière. Prenons pour exemple la géométrie. Si la géométrie est vraiment *une* science, elle a unité; d'une part, unité dans l'esprit qui l'étudie: elle est *une* pensée développée sans fin d'une manière continue; d'autre part, elle a unité effective: ce qu'elle affirme se trouve vrai à soi, objectivement, indépendamment de la personnalité des géomètres, et chacun d'eux admet la vérité de ses enseignements. Bref, pour avoir unité de fait, la géométrie, dégagée du sujet qui l'interprète, doit avoir unité en ce qui concerne son objet, former la connaissance *une* d'un objet *un*. Cet objet qu'elle saisit et explique, c'est l'espace ou l'étendue. Chaque géomètre admet, qu'il le fasse remarquer ou non, que l'espace est un tout infini; puis, un tout varié, dont l'organisation constitue dans le savoir la science géométrique. Et, c'est parce que celle-ci manifeste à la pensée l'unité de son objet et se voit capable

d'en dérouler la variété, que l'on est généralement d'accord pour lui imputer un rang supérieur parmi les sciences.

9. Revenant, dans cet ordre d'idées, au point de vue général, nous posons en fait que si la science systématique est possible, il faut que la pensée puisse atteindre à la connaissance d'un objet absolu dans lequel et par lequel soit reconnu et établi tout ce qui se trouve susceptible de l'être, qu'elle puisse s'élever à la connaissance de l'objet du travail ininterrompu de l'investigation scientifique, tel que les connaissances particulières et les sciences subordonnées soient le développement de la variété des choses contenues dans son unité absolue. En est-il ainsi? C'est ce que notre esprit limité aura à rechercher en creusant son savoir, en le scrutant sans cesse, jusqu'à ce qu'il parvienne à décider si cet objet est accessible ou non à ses moyens.

Cet objet s'appelle le *principe* de la science.*) Principe et commencement ont originairement la même signification, mais principe désigne aussi ce qui est à la base, ce qui sert de fondement à tout le reste; par suite, l'objet-principe sera l'être qui est le premier dans la hiérarchie, qui est l'origine, la base et le fondement de toutes choses. L'unité de la science s'exprime maintenant par l'unité du principe: *une* science n'admet et n'exige qu'un seul principe de choses, qu'un principe objectif, qui est concurremment le fondement ou le principe de la connaissance, car celle-ci fait partie des choses.

Sommes-nous capables de concevoir un être infini, absolu, comme principe des choses et de reconnaître son existence? Tel est le problème capital à résoudre par l'observa-

*) Les sceptiques Agrippa, Ménodote et Sextus avaient très-bien saisi cette condition fondamentale de la science, mais ils niaient la possibilité de trouver ce premier principe. Le principe en effet, disaient-ils, doit être démontré pour être certain: sinon c'est une pure *hypothèse* qui n'est justifiée par rien; et si l'on tente d'en donner une démonstration, ou bien on le démontrera par un autre principe qui devra être démontré à son tour, ce qui constitue le *progrès à l'infini*, ou bien on le démontrera par lui-même, en tournant dans un cercle, en faisant un diallèle. La science ne peut sortir de cette impasse. *(Note du traducteur. Voy. G. Tiberghien, Logique,* 1865.*)*

tion des faits. Pour le moment, nous nous en tenons à cette remarque: *Pour que l'organisation de la science soit possible, il faut que l'esprit humain arrive à reconnaître un principe des choses, infini et absolu, et à le concevoir conjointement comme le principe de la connaissance.**)

10. Procédons ensuite à l'examen du second aspect de la science, en vertu duquel elle implique *variété* ou *diversité*. Cette notion, différente de celle de l'unité, ne saurait être déduite de cette dernière. Si donc la science est aussi ensemble systématique d'éléments divers, la variété, quelque étendue qu'elle soit, doit être reconnue comme inhérente à son principe; car, l'objet de la connaissance vraie devant être tel qu'on le pense, si celle-ci offre une variété systématique, il faut admettre que son objet constitue pareillement un être divers, ordonné, organisé intérieurement, c'est-à-dire que l'enchaînement et la dépendance de toute sa variété existent *au* et *dans* le principe même et sont déterminés *par* lui.

11. On regarde ainsi le principe comme le *fondement* et la *cause* de toute variété de connaissance; car on nomme fondement ou raison l'objet *à* et *dans* lequel s'en trouve un autre déterminé. Par exemple, nous nous disons le fondement ou la raison de nos pensées, de nos sentiments et de nos volitions, parce que nous sommes précisément l'être auquel et dans lequel existent ces attributs. Lors donc qu'on comprend le principe comme l'objet auquel et dans lequel se trouve tout ce qu'il existe de varié, on le comprend comme le fondement de toute variété.

Le fondement devient *cause*, en tant que l'objet fondé est produit en vertu du fondement, qui apparaît alors le fondement déterminant ou la raison efficiente de l'individualité de cet objet. Lors donc qu'on pense que l'essence de la variété entière de la connaissance est déterminée, produite dans et *par* le principe, on regarde celui-ci comme sa cause. — Puis, en le concevant comme fondement et cause de la variété des choses, on conçoit conjointement la possibilité de saisir

---

*) Dès lors aussi l'esprit entrera en pleine possession de sa raison, de sa dignité, de son indépendance. Il n'aura plus besoin d'un appui extérieur de son savoir: il trouvera en lui-même ce qu'il cherchait auparavant au dehors. *(Note du traducteur.)*

dans son unité, conformément à son essence, toute la variété que cette unité implique.

12. Le rapport d'un objet avec son fondement et sa cause s'exprime dans le savoir par le rapport de *démonstration* (demonstratio): une chose finie, particulière est démontrée, si l'on reconnaît qu'elle a son essence dans celle de son tout supérieur, qu'elle est déterminée, réglée par celui-ci.*) Par exemple, le géomètre démontre toute la variété de ses théorèmes uniquement dans le principe particulier de l'espace; il *démontre* lorsqu'il fait voir que telle ou telle propriété spéciale du triangle, du quadrilatère ou d'une figure quelconque de l'étendue est fondée dans l'essence de l'espace infini, continu, divisible intérieurement. Par suite, le second aspect de la science peut encore s'énoncer de la manière suivante: *la science doit être démonstrative,* elle doit discerner l'essence de chaque objet dans celle du principe.

Mais, pour ce qui concerne le principe suprême, il ne saurait être question de le démontrer; en effet, d'après sa conception comme entier un, absolu et infini, il ne peut exister à et dans un autre objet qui constitue son fondement. S'il vient donc à être reconnu, il le sera comme n'ayant pas besoin de démonstration, comme non susceptible de fondement, comme l'objet immédiatement certain pour soi et en soi.

Nous ne saurions encore apercevoir ici qu'il soit donné à l'esprit humain de parfaire, dans son principe, la science comme ensemble de la connaissance démonstrative; nous affirmons seulement que, si elle est possible selon l'idée définie plus haut, il faut qu'on puisse en voir le principe indémontrable et dérouler dans la notion de celui-ci, comme fondement dernier, la variété de ses objets particuliers.**)

---

*) La démonstration est donc la vision dans le principe ou le fondement, et la démonstration entière est la vision de tous les principes particuliers dans le principe un et dernier, absolu. *(Note du traducteur.)*

**) On aperçoit ici l'erreur de fait dans le trilemme d'Agrippa. Il suppose que toute certitude est médiate ou résulte d'une démonstration, ce qui n'est pas. La certitude médiate suppose au contraire la certitude immédiate de la conscience de soi et du principe absolu. Il faut dès lors écarter le progrès à l'infini et réduire l'argument au dilemme de l'hypothèse ou du cercle vicieux. Notre travail analytique nous préservera des deux écueils. *(Note du traducteur.)*

13. Ces réflexions montrent quelle doit être la première tâche de l'esprit marchant à la conquête de la science: elle consiste dans la *recherche du principe*, qui en soutient et contient les objets. D'aucuns proposeront peut-être de l'admettre dès à présent, comme une hypothèse dont la nécessité ressort suffisamment des considérations qui précèdent. Mais, si la base même de la science restait incertaine, tout ce que l'on édifierait sur ce soutien mal assuré n'aurait aussi que la valeur d'une conjecture, et le problème scientifique fondamental, le problème de la certitude, resterait sans solution.

Certes, cette pensée du principe est si simple, si claire que chacun se sent enclin à y souscrire sans difficulté; et cependant, tant que le principe même ne sera pas saisi dans sa certitude absolue, à sa valeur réelle, sa connaissance sera insuffisamment déterminée et s'évanouira dans la confusion, l'obscurité et le doute. Tel est précisément le défaut des systèmes de philosophie qui l'adoptent et le posent avec trop de précipitation, en conséquence d'idées vulgaires. Ainsi, plusieurs de ces systèmes croient le découvrir dans une proposition, une proposition primordiale, absolue, sous forme de jugement. C'est ce qu'ont admis *Leibnitz*, *Wolf*, *Kant*, *Fichte* et, à son début, *Schelling*. D'autres, au contraire, acceptent pour principe une notion idéale, une idée. D'autres encore enseignent qu'il découle d'une suite d'arguments, d'un raisonnement, ou se pose comme conclusion suprême d'une série de propositions; celle-ci aurait son point de départ dans la conscience commune ou dans le sens commun, et finirait par en déduire l'essence et l'existence du principe un, c'est-à-dire de Dieu. Cependant, si l'intelligence aborde avec prudence et réflexion le problème de la recherche scientifique, elle ne tarde pas à reconnaître qu'aucune de ces trois assertions n'est admissible; car ce n'est qu'au sein du principe même de toutes choses qu'on pourra discerner, pour la première fois, l'essence de la notion, du jugement et du raisonnement.

Le principe ne saurait être conçu sous forme d'une notion idéale ou d'une idée. En effet, l'idée, la notion idéale d'un objet est la pensée de son essence universelle, éternelle et immuable, en opposition avec son essence individuelle, temporelle et variable. Par conséquent, si le principe se présentait sous cette forme, il faudrait que l'objet un, dans lequel et par lequel tout sera reconnu, ne fût qu'universel, éternel et absolument immuable; il exclurait ce qui est temporel, ce qu'il y a d'individuel, ce qui, dans la vie, se réalise de bon et de beau sous forme finie. Or, puisqu'il est l'être entier, un et infini, qui est, par suite, toute essence, il embrasse aussi les objets temporels, individuels, le beau et le bien de la vie, il en est le fondement; et sa pensée, si elle est possible, ne saurait se borner à celle d'une idée.

Elle ne saurait non plus se restreindre à un jugement. Juger, c'est discerner la relation qui existe entre deux termes distincts de la série de nos pensées. Par exemple, dans le jugement: *je suis moi*, on rapporte *je*, le connaissant, à *moi*, le connu, *je* sujet à *moi* objet; dans la proposition: *il est un monde extérieur à moi*, on rapproche la pensée du monde extérieur de celle du moi, et l'on apprécie la relation qui existe entre leurs deux objets, à savoir qu'ils sont en certaine mesure extérieurs l'un à l'autre. Lorsqu'on juge: *Dieu existe*, on relie la notion: Dieu à la notion: être ou existence, et l'on pense que l'objet de la seconde est un attribut inséparable de l'objet de la première. Ainsi, juger, c'est reconnaître un rapport et, dès lors, un jugement présuppose les deux termes qui sont mis en relation; un jugement est une connaissance relative, subordonnée. Or, le principe n'est point une relation, ni un attribut; il est, au contraire, conçu comme l'être un, entier, infini et absolu; et cette conception n'est évidemment pas la copule d'un jugement, mais bien la pensée pure et entière de l'*Être*.

Il n'est pas moins impossible que le principe soit posé comme conclusion d'un raisonnement, comme proposition conclusive d'une série de jugements. En premier lieu, pour la raison déjà qu'une proposition conclusive est un jugement. En second lieu, ce qui fait qu'une proposition est conclusive, c'est qu'elle se trouve fondée dans un ou deux jugements antérieurs; ainsi, la connaissance par raisonnement est une connaissance médiate, dont l'objet s'établit dans un fondement supérieur. Par conséquent, si le principe pouvait être connu par raisonnement, il aurait au-dessus de soi un fondement; or, il est lui-même le fondement absolu de toutes choses; sinon, il n'est plus l'objet un, entier, infini et absolu.

La connaissance du principe ne peut donc s'introduire sous aucune des formes que l'on vient d'examiner; au contraire, c'est en elle qu'on rencontrera, pour la première fois, les connaissances particulières sous l'aspect de notions ou d'idées, de jugements et de raisonnements; elle est la connaissance, la vision absolue et indivise, c'est-à-dire celle qui n'a ni en soi, ni hors de soi quelque objet *auquel*, *avec* lequel, *par* lequel elle se forme, mais qui, au contraire, implique à et en soi tous les objets.

14. Une pareille connaissance du principe et, en lui, une science démonstrative sont-elles possibles? Question de vie ou de mort pour la philosophie. S'il nous arrivait de trouver au cours de notre recherche qu'une connaissance comme celle que nous avons définie est inaccessible à l'intelligence humaine, nous serions obligés d'admettre que l'organisation systématique de la science nous est ravie à jamais. Toutefois, il s'agira de le démontrer explicitement; il ne suffira pas, pour justifier cette assertion, qu'après nos efforts nous n'ayons pas atteint à la connaissance du principe; car ce ne serait là qu'un *fait*: le fait que nous ne l'avons pas *trouvé*, peut-être parce que nous ne l'avons pas cherché dans la bonne voie; et de plus, le fait que *nous* ne l'avons pas trouvé, tandis que d'autres peut-être ont su le découvrir. Dans ce cas, nous serions en droit seulement d'avouer notre ignorance. Mais l'esprit qui, faisant cet aveu, ajoute que le principe qui lui échappe est introuvable d'une manière générale, donne la preuve qu'il confond sa raison individuelle restreinte avec la raison connaissante générale de l'humanité et ne distingue pas les bornes actuelles du savoir de celles qui pourront être reculées à l'infini et de toute éternité.

Plusieurs penseurs illustres ont commis cette faute. Citons seulement *Kant*. Ce profond philosophe entreprit cette recherche avec sincérité et méthode, mais proclame néanmoins que l'ignorance du principe, qui se manifeste dans sa critique, est fatalement inhérente à chaque esprit fini. Son erreur provient de ce qu'il impose au savoir certaines bornes auxquelles il limitait en réalité le sien, mais qui ne conviennent pas à la connaissance humaine en général.*)

15. Examinons sous quelles conditions on pourrait démontrer l'impossibilité de reconnaître le principe de la science. Cette impossibilité serait évidemment fondée dans l'essence propre de l'esprit connaissant. Cela étant, l'esprit fini devrait être déterminé dans son fondement supérieur. Est-ce la Raison? Admettons-le. Alors, celle-ci devrait à son tour être établie dans son fondement; et ainsi de suite, jusqu'à ce que l'esprit arrive à discerner dans un fondement dernier absolu le fait et la preuve qu'il est incapable de connaître un pareil fondement, qui serait le principe. Or, de deux choses l'une, ou l'esprit est capable de comprendre ce fondement dernier absolu, ou il en est incapable; dans le premier cas, le contraire de ce qu'il voulait démontrer devient clair pour lui; dans le second cas, il ne sait non plus conclure qu'il y a nécessairement impossibilité pour lui de concevoir ce fondement dernier absolu.

Il est certes possible que beaucoup d'esprits, peut-être le plus grand nombre, n'aient pas encore atteint à cette conception, que même les méditations les plus profondes, mais mal dirigées, n'y aient pas abouti, que des siècles s'écoulent avant que l'humanité y parvienne grâce aux efforts des penseurs de génie. Mais, celui qui ne connaît pas le principe est autorisé seulement à déclarer qu'il l'ignore, et, une fois qu'il a compris que la science est l'organisation systématique du savoir, réalisable seulement au sein de son principe un, infini et absolu, il ne se soustraira pas au devoir d'en reprendre la recherche à nouveau.

16. La question qui surgit ici est la suivante: Quel est le rapport de la philosophie avec l'ensemble du système scientifique? La science est une et entière; par suite, si la philosophie est science, ou bien elle est la science entière, ou

---

*) *Herbert Spencer*, à la suite de *William Hamilton* et d'*Auguste Comte*, arrive à la même conclusion que *Kant;* il partage la réalité en deux sections: celle du *connaissable* et celle de l'*inconnaissable*, déclarant une chose inintelligible parce que tel ou tel ne la comprend pas ou la comprend mal. *(Note du traducteur. Voy. G. Tiberghien, Introduction à la philosophie. 2e édition, préface.)*

bien elle n'en est qu'une partie. Le nom de *philosophie*, amour du vrai, amour de la sagesse, semble assurément indiquer qu'elle est tout le savoir. Quelles vérités, en effet, ne seraient pas dignes d'attention? Cependant, on n'entend pas, comme on sait, sous ce nom toute la connaissance, mais seulement l'une de ses parties, qu'il nous reste à définir. A cette fin, nous tâcherons de discerner dès à présent les divisions fondamentales internes du savoir, en convenant toutefois qu'une détermination plus complète de son organisme n'est accessible qu'au cœur même de la science.

17. Envisageant la notion de la science, nous constatons d'abord que la science est *nôtre;* c'est *nous* qui la formons. Puis, il a été observé, d'une part, que la connaissance certaine du principe ne se rencontre pas dans la conscience vulgaire, et, d'autre part, que l'édification systématique de la science est irréalisable avant d'avoir posé son fondement.

De là résulte une division du savoir qui, pour l'intelligence finie, est essentielle et inéluctable. Le premier ouvrage de l'éducation scientifique consiste à s'élever de la conscience commune à la connaissance du principe, à donner à la pensée la puissance de l'apercevoir et de le saisir. Dans cette marche ascendante, l'esprit part nécessairement de l'intuition de soi, les pensées de toutes choses et de leur principe devant prendre corps dans *sa* conscience. Lorsqu'il s'est reconnu lui-même comme premier objet certain, il doit scruter, dans la profondeur de son être, ce qu'il est et ce qu'il trouve en soi, analyser son savoir et sa pensée, examiner comment il accueille dans sa conscience les particularités de la nature et d'autres esprits finis, comment il passe de l'intuition du sensible et du particulier à la déduction des idées éternelles données par la raison, aux notions générales de la Nature et de l'Esprit infinis, et aboutit enfin à celle de l'Être infini et absolu, du Principe, qui lui apparaît dans le temps et le lieu convenables s'il procède avec méthode à cette observation personnelle. Comme cette première division du travail scientifique considère l'esprit fini lui-même, le sujet connaissant, on l'a appelée la *partie subjective* du système de la science. Puisque, en outre, l'intelligence suit dans cet examen une marche ascendante, démêle et étage, en quelque sorte, les pensées de toute la variété des objets, cette première division de la science humaine pourra s'appeler plus rigoureusement la *partie analytique* ou *l'analyse*, conformément au sens du terme employé par *Aristote.**)

Supposons maintenant que l'esprit, au cours de l'observation de soi, ait acquis la claire vision du principe. Dès cet instant, il ramassera dans la pensée de ce dernier tout ce qu'il pense et connaît, puis il s'efforcera de discerner ce que le principe est et contient en soi, c'est-à-dire l'univers, la nature, l'esprit, l'humanité, son propre être, il recherchera concernant chaque chose, si elle est et ce qu'elle est dans, avec et par le principe, il réunira en une vaste synthèse tous les objets du savoir. — Qu'une pareille science puisse se constituer, cela doit paraître problématique à celui qui n'en saisit pas encore le fondement, mais j'espère qu'à la fin de nos investigations, nous serons d'accord, amis lecteurs, sur la claire connaissance de son principe et, dans l'entretemps, en esprits libres, différons notre décision. Si l'on admet la possibilité de cette science *synthétique*,**) son objet unique sera le développement, à partir de la connaissance fondamentale du principe, des connaissances qui s'y trouvent contenues et que la pensée y découvrira; la vision une: l'Être infini et absolu, se déroulera en un organisme de notions scientifiques, et, de même que tout existe et vit dans l'unité de l'Être, toute connaissance existera et vivra dans la vision de l'Être.

En résumé, l'œuvre de l'intelligence finie comporte les deux divisions essentielles suivantes: la *partie subjective-analytique* ou l'*analyse* et la *partie objective-synthétique* ou la *synthèse* de la science.***)

---

*) *ἀνά*, vers le haut, de bas en haut; *λύειν*, dénouer, résoudre, expliquer. — *ἀνάλυσις*, analyse, méthode de résolution qui remonte de la variété à l'unité, des parties à l'entier, du subordonné au principe, du fondé au fondement, de l'effet à la cause, du contenu au contenant.

**) *σύνθεσις*, compositio, méthode de composition qui descend de l'unité à la variété, de l'entier aux parties, du principe au subordonné, du fondement au fondé, de la cause à l'effet, du contenant au contenu.

***) L'intuition étant le procédé de la première, la déduction celui de la seconde partie, on peut aussi les appeler respectivement la partie *intuitive* et la partie *déductive*.

18. Il convient de préciser immédiatement leur relation mutuelle.

Premièrement, toutes deux sont parties intrinsèques de la science et connaissances certaines, évidentes. L'analyse ne tourne pas indéfiniment dans un cercle infranchissable d'hypothèses et de raisonnements creux, mais elle embrasse les premières certitudes de la conscience. Les préjugés, les conjectures sans fondement sont exclus de son domaine; il n'y s'agit pas non plus de ce que nous croyons, souhaitons et espérons, mais uniquement de ce que nous savons; et l'intelligence, en s'élargissant et s'élevant sans cesse, à partir de la connaissance certaine de soi, doit continuer à procéder avec une rigueur absolue. Aussi, lorsque le principe est déterminé, le contenu de la science analytique ne se trouve nullement réfuté, redressé ou contredit, mais il s'illumine, au contraire, à la flamme du principe; il n'est pas comme l'enveloppe éphémère du germe, qui périt bientôt, mais subsiste comme les racines souterraines et les premières ramifications de l'arbre de la science. Les résultats de l'analyse restent éternellement vrais et occupent leur place comme parties subordonnées dans le système entier.

Secondement, de notre examen résulte que cette division de la science en analytique et synthétique n'existe qu'au point de vue subjectif de l'esprit connaissant et a pour raison sa finité. A soi, en fait, tout ce que celui-ci résoud par l'analyse est contenu subordinément dans le savoir objectif entier, et l'obligation de remonter à la connaissance du principe dont il a perdu le souvenir n'est qu'une conséquence de sa limitation.*)

*) On voit donc qu'en fait la science humaine se développe suivant deux *procédés*, qui exposent les mêmes objets d'une manière différente. La division analytique ne se compose point de connaissances sensibles, individuelles, historiques, ni de connaissances expérimentales, empiriques, dans le sens ordinaire du terme. On ne peut dire, par suite, que notre système de philosophie se base sur l'expérience sensible ou l'empirisme. Car, en premier lieu, le système de la science ne se fonde pas sur la division analytique, mais, conformément à la loi du développement de l'esprit humain, il *débute* seulement par l'analyse, afin de découvrir le fondement de toute connaissance et de toute vérité; en second lieu, la divi-

Historiquement, j'observe que la partie analytique de la science a été entrevue par plusieurs penseurs. Parmi les philosophes de la Grèce, *Socrate* a pressenti la nature de cette ascension de l'esprit fini vers le principe suprême, lorsqu'il enseignait: Connais-toi avant d'entreprendre la connaissance des autres et de Dieu. *Kant* a commencé l'exposition critique de l'analyse, mais néanmoins la plupart des systèmes la négligent encore.

19. Telle est la division de la science au point de vue du sujet. Quelles sont maintenant ses divisions d'après l'objet? La connaissance doit avoir vérité, c'est-à-dire s'accorder avec l'objet; donc, la véritable division de la science sera conforme à celle de son objet. Quel est l'objet de la connaissance et quels en sont les objets subordonnés fondamentaux? Si l'on parvient à répondre à cette question, on aura résolu conjointement la suivante: Quelles sont les divisions fondamen-

---

sion analytique, comme nous l'avons dit, ne renferme aucune connaissance historique ou empirique, elle n'embrasse que les connaissances non-sensibles de la conscience, qui sont non des faits contingents, mais des vérités intemporelles ou éternelles.

De plus, on remarquera provisoirement que la division analytique consiste à son tour en deux parties principales, tout comme l'organisme complet du savoir: une partie proprement analytique et une partie analytique-synthétique. La partie proprement analytique concentre d'abord la pensée inconsciente de soi, distraite par le sensible, et élève l'esprit jusqu'à la vision de soi comme l'un et même moi entier; puis rassemble toutes les intuitions des particularités de son être dans la vision primordiale: *moi*. La partie analytique-synthétique, par contre, déroule méthodiquement l'intérieur de la vision: moi, et amène de là l'esprit concentré en soi et devenu conscient de soi jusqu'à la vision fondamentale absolue: l'Être. Ce que la vision de l'Être se trouve pour la science entière, la vision: moi l'est pour la science propre de l'esprit. — Dans cet exposé, nous ne pouvons établir que la partie analytique-synthétique de la division analytique totale; en d'autres termes, la division analytique ne saurait se développer que sous la forme synthétique. J'admets donc que le lecteur s'est dégagé déjà de l'empire exclusif des sens qui dominent la conscience anté-scientifique, bien qu'instruite déjà, et qu'il s'est éveillé à l'intimité de son être; je le suppose animé du désir de savoir et arrivé à un degré de concentration et de puissance intellectuelle suffisant pour saisir la vision primordiale de soi d'après les indications que je donne ici.

tales du savoir? Il est certain que la solution complète n'en saurait être donnée qu'au cours même de la science; aussi me bornerai-je à mentionner ici les objets fondamentaux que dans notre état actuel de culture nous affirmons connaître déjà, ou que tout au moins nous aspirons à connaître.

Les objets fondamentaux de notre conscience, hors desquels nous ne voyons rien, mais dans lesquels rentre ce que chacun sait imaginer, sont les suivants. — Premièrement, l'Humanité. Au début, on embrasse seulement dans cette notion l'ensemble des êtres humains qui vivent sur la terre, ensemble qui nous comprend nous-mêmes comme esprits, comme corps et comme hommes; puis, cette pensée de l'humanité terrestre en suggère une autre plus générale, à savoir qu'il pourrait exister dans l'univers infini une humanité infinie; bien que, dans l'état actuel de conscience, on ne sache si c'est là une simple *idée*, comme on dit, ou si, au contraire, une pareille humanité existe et vit réellement dans le monde.

Secondement, à la pensée de l'Humanité se rattache, d'une part, celle de la Nature, infinie dans son genre comme ensemble des objets corporels. Nous n'en percevons immédiatement qu'une minime fraction, une partie de notre terre, mais déjà dans la conscience commune se rencontre le pressentiment que la Nature est une et infinie, en étendue, en durée, en force, et qu'ainsi le globe terrestre n'en est lui-même qu'une portion. D'autre part, côte à côte avec la Nature, on trouve la pensée de l'Esprit et de son règne, qui comprend notre esprit fini. Assurément, nous ne connaissons qu'un nombre restreint d'esprits individuels, les êtres humains de notre terre comme âmes; mais nous concevons l'*idée* que dans le monde une infinité d'esprits finis pourraient exister et vivre comme Esprit un, comme ayant unité de vie.

Troisièmement, ces trois objets: l'Humanité, la Nature et l'Esprit, forment ce qu'on appelle l'univers. Mais toutes ces pensées ne se suffisent pas: on oppose l'un à l'autre la Nature et l'Esprit, on les distingue, on affirme qu'esprit n'est point nature, et réciproquement. Ces considérations nous forcent à rechercher un fondement des trois objets mentionnés, à savoir l'objet un, suprême et dernier, dans lequel ils coexistent et sont enveloppés. Déjà dans la conscience des peuples civilisés, cette pensée de l'Être un, entier et suprême se trouve désignée par le mot: *Dieu;* et distinguée de celle de l'univers, lorsqu'ils regardent Dieu comme fondement et cause de l'univers, et aussi comme Être suprême, au-dessus de l'Esprit, de la Nature et de l'Humanité.

Il n'y a rien de ce que l'on peut imaginer qui ne soit compris dans et sous ces objets de toute connaissance, et impliqué concurremment avec eux dans la pensée: *Dieu.* Nous constatons donc provisoirement que dans l'intelligence de l'homme civilisé la science s'annonce déjà comme un organisme formé de quatre membres: originairement, elle apparaît à l'esprit comme connaissance de l'Être entier ou de Dieu; puis, dans son intérieur, comme connaissance de la Nature, de l'Esprit, de l'Humanité et de l'Être suprême, ou de Dieu en tant qu'il est reconnu comme dominant l'univers.

20. Il s'offre encore une troisième division de la science, à laquelle il faut avoir égard et qui accompagne les deux précédentes, lorsqu'on examine comment la connaissance s'acquiert, à quelles sources elle est puisée, quelles sont ses origines.

En premier lieu, nous reconnaissons *par les sens* les objets complètement finis, individuels, qui se déroulent dans le temps: ainsi s'acquiert la notion sensible de nos semblables et de la nature environnante. En réalité, le domaine de la *connaissance sensible* est double; on y distingue le champ du sens externe, lié aux organes corporels; et celui du sens interne, qui prend corps dans l'imagination, telle la sphère du poète, et celle de l'historien qui reproduit dans sa fantaisie le monde extérieur.

A côté de la connaissance sensible, chacun trouve en soi la connaissance de ce qui n'est point sensible, de ce qui n'est ni acquis par l'entremise des sens corporels, ni saisi dans l'imagination par le moyen du sens interne; c'est-à-dire la sphère de la *connaissance non-sensible* ou *idéale.* Le temporel, le sensible, le concret existe complètement fini, parfaitement réalisé avec tous ses éléments; mais à ce genre s'oppose le général, l'immuable, l'éternel, qui est susceptible d'être effectué, qui, par suite, n'est pas encore temporel, ni perçu par l'entremise des sens; telles sont les pensées générales du bien, du droit, du vrai, du beau; telles sont aussi les vérités mathématiques, par exemple, les notions de l'étendue, de la pluralité, de la divisibilité infinies. Aucune de ces pensées n'est sensible, mais elles sont *idéales*; leurs objets ne sont pas nés, ne se modifient pas avec le temps; ils gardent, au contraire, leur valeur immuable de toute éternité; ils sont *éternels*. Ainsi, sans aucun doute, une sphère particulière du savoir est la connaissance de la vérité idéale et éternelle, dont la source n'est pas le sens ou la *sensibilité*, mais la *raison*.

Si l'on rapporte maintenant l'un à l'autre ces deux genres de connaissance, on voit qu'ils se présentent unis dans la conscience. Le sensible, l'individuel, le temporel est en relation essentielle avec l'idéal; chaque objet individuel actualise un objet général d'une manière qui lui est propre, il répond à son idéal. C'est ainsi que la connaissance sensible se forme avec le concours de l'idéal et que, réciproquement, on acquiert des notions idéales occasionnées par la considération du sensible. Déjà dans la conscience vulgaire se rencontrent un nombre incalculable de notions abstraites du domaine des sens. Mais, d'autre part, l'idéal doit se réaliser dans la vie; on exige, par exemple, que l'homme accomplisse avec le temps ce qui est éternellement bon, qu'il s'efforce de réduire en acte l'idéal du beau dans sa propre vie et dans les beaux-arts; l'idéal apparaît comme l'objet qui doit devenir actuel, et c'est pourquoi nous jugeons d'après l'idéal tout ce qui s'effectue dans le temps. De cette union intime des deux genres résulte une troisième sphère de connaissance scientifique, la *connaissance combinée* de l'idée et du fait, de l'idéal et de l'historique, aussi riche que l'ensemble des deux genres qui s'unissent en elle. Des exemples de cette connaissance s'offrent sans cesse à la pensée: si l'on estime que le caractère d'une personne est beau et bon, on possède une connaissance combinée du genre de celle que nous avons définie; car, d'une part, on fait appel aux notions idéales du bon, du beau et du caractère; d'autre part, on envisage la personne dans son individualité concrète, et ceci est une connaissance expérimentale et sensible; puis, on réunit les deux espèces de notions, pour apprécier l'objet sensible et trouver l'objet non-sensible réalisé en lui. Sans cette connaissance combinée, l'homme ne pourrait vivre de la vie rationnelle; car vivre rationnellement veut dire: effectuer dans la vie, avec une volonté éclairée et libre, ce qui est bon à soi; si l'homme ne connaît pas idéalement ou rationnellement le bien-faire, si, d'autre part, il ne perçoit pas avec une précision suffisante les circonstances et les particularités de la vie, ou s'il ne rapproche dans la pensée les deux genres de notions et d'objets, il vivra, comme on dit, au jour le jour, sans savoir ce qu'il doit, ce qu'il veut, ce qu'il peut. Ce troisième domaine de la connaissance scientifique est donc aussi essentiel que les deux précédents qui le composent.

21. Nous avons distingué les connaissances sensibles et idéales, nous les avons considérées ensuite dans leur union; mais ici se pose un problème plus élevé: l'homme ne puise-t-il aucune notion à une source supérieure à celles de ces connaissances, n'entrevoit-il aucune notion qui ne soit ni idéale, ni sensible, ni constituée par l'union de ces dernières? Qu'il en est ainsi, c'est évident; car, si l'on se remémore ce qui a été dit plus haut du principe de la science, on y trouve un exemple d'une pareille connaissance, d'une notion absolue, indivise, supérieure et antérieure à la distinction de l'idéal et du sensible.

Cette connaissance absolue et indivise se rencontre, d'ailleurs, dans la considération de chaque objet. Si l'on songe, par exemple, à la Nature, on acquiert, d'une part, par l'entremise des sens, une connaissance sensible de la vie individuelle de la nature environnante; on a, d'autre part, par l'intermédiaire de la raison, une idée, une notion idéale de son essence générale éternelle, et l'on proclame, d'après cette dernière, que dans la Nature tout est soumis à des lois, que ses productions doivent répondre à leur idéal; en conséquence, on juge les unes parfaites, saines et belles, les autres imparfaites, malsaines et laides. Mais l'homme a aussi une pensée de la Nature, supérieure et antérieure à ces antithèses, une notion de la Nature même, une et entière, qui est essence éternelle aussi bien qu'elle contient en soi des productions particulières et individuelles, en un mot, de la Nature même, indivise, sans aucune distinction. Cette pensée n'est ni une notion idéale, ni une notion sensible de la Nature, ni un résultat de leur combinaison, mais elle en est la pensée pure, absolue et indivise, dans laquelle et sous laquelle sont comprises concurremment la notion idéale et la notion sensible de la Nature et de ses objets particuliers, ainsi que toute notion combinée de celles-ci.

Cette nouvelle espèce de connaissance se rencontre même en ce qui concerne les choses de pure forme. Ainsi, dans la pensée de l'espace, on embrasse assurément la notion idéale, l'idée de l'espace, qu'on exprime en disant qu'il est extension, étendue; on se crée aussi des représentations sensibles de ses figures particulières, et l'on combine les deux points de vue; mais, en outre, on saisit la vision absolue et indivise de l'espace, en pensant qu'il est un, entier, infini, et, comme tel, contient précisément l'étendue, ainsi que toutes les figures individuelles finies, qui existent dans l'univers ou qu'on crée dans l'imagination.

Enfin, si la condition fondamentale de la science (9) peut être remplie, s'il est possible de reconnaître le principe un, l'Être, cette connaissance sera précisément la pensée entière, absolue et indivise, comme je l'ai montré plus haut; elle ne sera ni une notion purement idéale, ni une notion sensible d'un objet complètement fini, ni la combinaison d'une notion idéale et d'une notion sensible, mais elle sera *la* connaissance, sans plus, la *connaissance absolue et indivise*, sans condition, antérieure et supérieure à la distinction de l'idéal et du sensible, et à leur combinaison.

22. Après ce rapide examen des divisions principales de la science, nous pouvons répondre à la question que nous nous sommes posée (16): Quel est le rôle de la philosophie dans le système entier? Qu'elle embrasse les plus hautes connaissances, tout le monde en convient; beaucoup de penseurs cependant sont d'avis qu'une connaissance absolue est impossible pour l'esprit limité, mais alors ils nient aussi la possibilité de la philosophie, prise dans son acception rigoureuse. Qu'en outre la philosophie comprenne la connaissance idéale, on l'admet généralement; et, surtout, qu'elle est la science des idées générales et éternelles, qu'ainsi elle étudie ce qui est bon, beau et sage pour soi, non ici ou là, aujourd'hui ou demain, mais immuablement, éternellement. On

accorde donc généralement qu'elle s'occupe de la connaissance absolue et de la connaissance idéale. Au contraire, de l'avis unanime, la connaissance purement sensible, empirique, ne fait point partie de son domaine; la sphère infinie de l'histoire pure, des connaissances historiques et expérimentales, l'étude des transformations temporelles des êtres vivants, de leur évolution, en est exclue.

Toutefois, puisque la connaissance idéale est en relation essentielle avec la connaissance sensible (21), puisque toutes les notions idéales s'envisagent dans leurs rapports avec les objets temporels, la philosophie doit aussi nous mettre à même d'appliquer la connaissance absolue et idéale à la connaissance sensible.*)

De plus, la connaissance purement historique et expérimentale nous présentant les objets individuels dans lesquels l'essence générale apparaît réalisée, il s'impose une science combinée de la philosophie et de l'histoire, la *philosophie de l'histoire*, science à peine ébauchée de nos jours.**)

23. Le présent ouvrage traite uniquement de la connaissance au point de vue absolu et idéal, c'est-à-dire du *système de la philosophie*, tel que nous venons de le définir. Suivant l'ordre que nous avons reconnu nécessaire (17), nous abordons la première *partie fondamentale* de la science, la *science intuitive subjective-analytique* ou l'*analyse*, qui s'élève de la conscience commune de l'esprit à la connaissance du Principe un, infini et absolu.

---

*) La philosophie ne s'occupe pas des faits de la vie; mais elle pose néanmoins les lois des faits et fixe les conditions de la connaissance légitime de ces derniers. Bref, elle a pour objet les lois. l'organisation de la science et de la connaissance en général. *(Note du traducteur.)*

**) La *sociologie* et la *physique mathématique* en sont de premiers essais; toutefois ces sciences ne pourront progresser sûrement qu'après l'édification de la philosophie absolue et idéale du droit et de la mathématique. *(Note du traducteur.)*

Première partie fondamentale.

L'analyse.

La recherche du principe et de la notion de la science par l'observation propre du moi.

Première partie.
La connaissance analytique du moi.

Première section.
La vision propre du moi.

Chapitre premier.
La connaissance du moi comme être entier et organisé.

Avant-propos.

Le point de départ de la science. — La vision propre du moi.

24. Il importe avant tout de trouver le véritable point de départ de la science. Dans l'introduction (3), nous avons remarqué qu'il doit être une connaissance *incontestablement certaine*, que le sceptique même fût obligé d'admettre comme condition de son doute. Puis, cette connaissance par laquelle débute le savoir doit être *immédiatement certaine;* il ne doit pas être nécessaire de discerner un fondement supérieur qui la renferme. Il faut même qu'on n'ait nul besoin, en ce qui la concerne, de recourir à la notion de fondement: s'il n'en était pas ainsi, elle ne serait pas le point initial de la science; ce serait, au contraire, son fondement qui pourrait le constituer. Elle se rencontrera, sans aucune préparation, dans *chaque* intelligence, dans la conscience vulgaire dépourvue de culture scientifique; car, si une connaissance préparatoire quelconque était requise, celle-ci serait le point de départ et ne serait, du reste, une préparation au savoir qu'à la condition d'être aussi absolument certaine.

Mais, que la première connaissance soit celle d'un objet fini ou d'un objet infini, qu'elle résulte, en ce qui concerne l'objet et le sujet, d'un principe supérieur, peu importe. Il suffit qu'elle soit certaine et immédiatement évidente, et la question de savoir si son contenu est fini ou infini, ou si ce contenu résulte effectivement d'un principe supérieur, sera résolue dans la suite, en temps et lieux.

En résumé, les caractères de la connaissance initiale qu'il faut découvrir sont les suivants: — Premièrement, sa certitude ne saurait présupposer aucune autre vérité, aucune autre notion. — Secondement, on ne peut, en conséquence, l'établir sur aucune science déjà existante, comme fondement ou base de démonstration. Cela se conçoit sans peine, semble-t-il; cependant d'illustres penseurs ont erré à ce sujet; par exemple, *Kant*, et *Fichte* dans la première exposition de sa théorie: tous deux présupposent la logique formelle comme condition préalable du savoir. — Troisièmement, puisque ce point de départ, évident par lui-même, ne nécessite aucune instruction, aucune connaissance de ce que d'autres ont tenu pour vrai, il sera universel, commun, propre et accessible à tout homme, quel que soit son degré de culture.

25. Une pareille connaissance se rencontre-t-elle dans la conscience humaine? Que chacun s'interroge. La réponse ordinaire sera: „Certes, je trouve en moi une pareille connaissance, et même elle est triple; premièrement, la connaissance de moi-même; secondement, celle de mes semblables, d'autres êtres intelligents qui me sont extérieurs; troisièmement, celle des objets matériels qui m'environnent". Il est de fait que chaque homme s'imagine connaître ces trois objets avec une complète certitude; quoi qu'on allègue, il maintiendra, s'il est sincère, qu'il en est absolument sûr, et si on lui objectait qu'il y pense, qu'il y croit, qu'il les présume seulement, il répondra: „Vos objections ne sont pas sérieuses; je vois certainement ces objets". Et cependant, cette assertion est-elle bien légitime? ces connaissances regardées comme certaines sont-elles bien *immédiates?*

26. Envisageons, en premier lieu, la connaissance des choses sensibles et des objets matériels extérieurs. Il saute aux yeux qu'elle n'est pas immédiate; car chaque notion de

cette espèce est conditionnée par les sens du corps; ce qu'on dit savoir de choses externes individuelles repose sur les perceptions de la vue, de l'ouïe et des autres sens; on ne saisit pas ces choses mêmes, mais bien les impressions particulières qu'elles produisent sur la rétine et le tympan, les nerfs de l'odorat, du goût et du toucher. Par exemple, nous croyons avoir des connaissances très-précises sur le système céleste, sur les relations et la constitution d'astres éloignés; or, si tant est qu'elles soient exactes, elles ne s'acquièrent pas immédiatement, sans intermédiaire, mais grâce à l'image du firmament reflétée sur la rétine; si nous étions frappés de cécité, la disposition du ciel nous échapperait. De plus, les perceptions seules des sens ne suffisent pas pour former cette connaissance, soi-disant immédiate, des objets externes; leur reproduction dans l'imagination, ainsi que la pensée pure, la science idéale ou rationnelle, y concourent également. Que saurait-on, en effet, de précis sur le système céleste, si l'astronome n'y appliquait la science mathématique?

Ainsi, puisque la connaissance des objets présumés extérieurs n'est pas immédiate, mais formée, au contraire, par l'entremise de la réceptivité et de l'activité d'organes sensoriels qui exigent un long apprentissage, elle n'est en aucune façon apte à constituer le point de départ de la science.

27. En second lieu, voyons ce qu'il en est de la connaissance, soi-disant certaine et immédiate, d'autres êtres intelligents extérieurs à nous. Il est manifeste qu'elle a aussi pour intermédiaire les sens du corps; en effet, ce que chacun sait d'autres êtres individuels doués de raison s'appuie sur la perception de leurs corps; il les voit, les écoute, etc., et la connaissance déterminée de leur individualité, de leur vie intellectuelle s'acquiert surtout grâce au langage. Or, le langage est un phénomène sensible en ce qui concerne son expression: les mots se perçoivent comme sons par l'ouïe, ou comme signes par la vue.

Ainsi, la notion d'êtres intelligents n'est pas non plus immédiate; leur corps seul est perceptible au moyen des sens; l'esprit, l'intelligence ne se manifeste que par l'entremise du corps, et spécialement de la parole, qui elle-même ne nous parvient que par l'activité des organes sensoriels. La connaissance de ses semblables est donc, pour l'homme, doublement médiate: d'abord, celle de leurs corps s'appuie sur un intermédiaire, et ensuite celle de leur esprit a pour condition la précédente. Par cette raison, cette connaissance ne saurait, pas plus que celle d'objets matériels externes, devenir le point initial du savoir.

28. Mais, en outre, les deux assertions que nous venons d'examiner sont-elles effectivement exemptes d'aucun doute? J'accorde qu'aucune objection ne serait capable de faire renoncer quelqu'un à leur évidence; mais là n'est pas la question pour l'esprit scientifique; le problème qui s'impose à son attention consiste à trouver dans la pensée les raisons pour lesquelles il accepte la certitude d'un objet quelconque. D'ailleurs, on peut soulever des doutes sérieux au sujet des deux notions qui nous occupent: certains philosophes soutiennent qu'il n'existe pas de monde extérieur, qu'il ne se présente pas d'autres esprits au dehors du moi; car, disent-ils, ces visions ne sont qu'hallucinations internes du moi pensant et produits du rêve. Lorsqu'on leur objecte: „Nous distinguons cependant très-bien ce qui survient en songe de ce qui arrive pendant la veille", ils répondent: „Mais non, nous rêvons aussi tout ce que, durant le soi-disant état de veille, nous affirmons trouver hors de nous. Ne voyons-nous pas en rêve une nature créée par nous-mêmes, et d'autres personnes qui nous regardent, nous parlent et semblent aussi étrangères au moi que pendant la veille; ne croyons-nous pas en songe que ce sont là aussi des objets externes, n'éprouvons-nous point, à leur vue, frayeur, joie, jouissance physique et intellectuelle; et ces sentiments ne sont-ils pas aussi vifs, souvent plus vifs, dans le sommeil que dans la veille? Nous rêvons souvent que nous nous éveillons, que nous sommes éveillés, que nous expédions nos affaires, et cependant nous continuons à dormir et à rêver. Ne serait-ce point également une illusion de nous dire éveillés, tandis qu'en réalité nous le rêvons seulement?" Ces considérations, je le pense bien, n'ébranleront chez aucun de vous, amis lecteurs, la conviction de l'existence d'un monde extérieur et d'autres êtres raisonnables; je les mentionne seulement pour faire voir que la certitude de cette conviction n'est pas immédiate et qu'il est permis de la ré-

voquer en doute aussi longtemps qu'on n'aperçoit point son fondement. Que ce doute puisse s'enraciner profondément dans l'esprit humain, c'est ce que montrent plusieurs systèmes de philosophie, basés sur l'assertion que l'existence d'objets matériels extérieurs au moi est une hypothèse fausse: j'entends ici les systèmes de l'idéalisme subjectif.

29. Mais, pourrions-nous douter de même de notre existence propre? Chacun reconnaît l'impossibilité de ce doute; en effet, il n'a besoin d'aucun intermédiaire pour avoir conscience de soi; ce n'est point par le moyen des sens du corps qu'il saisit l'existence de son moi; il ne saurait, primitivement, le regarder, l'entendre ou le percevoir de quelque manière sensible; et si, plus tard, il acquiert la conscience de *se* voir, de *s*'entendre, etc., dans cette opération intervient déjà la conscience suprême de soi.

La connaissance dans laquelle chacun se reconnaît est donc immédiate; on ne peut soulever aucun doute à son égard, et la distinction de la veille et du rêve n'a aucune influence sur sa certitude; car, que je dorme et que je rêve, c'est bien moi qui rêve là, et si j'acquiers la conscience du moi dans les songes, c'est absolument la même que j'eusse acquise pendant la veille. Que le prétendu état de veille soit encore le sommeil, peu importe au point de vue de ma connaissance de moi-même: c'est *moi* qui pense dans le rêve, c'est *moi* qui pense dans la veille, toujours le même moi.

Ensuite, la connaissance des choses dites externes est indissolublement liée à la précédente; en effet, puisqu'elles sont reconnues par l'intermédiaire des sens du corps et que les impressions des sens doivent être observées et saisies par moi, en tant qu'intelligence, je m'affirme, je me pose déjà avant de percevoir et d'interpréter mes impressions sensibles; si, *moi*, je ne pensais pas, je ne connaîtrais rien, je n'observerais rien non plus par le moyen des sens.

Il est établi maintenant que des trois connaissances acceptées par le vulgaire comme immédiatement certaines une seule remplit effectivement cette condition, à savoir la *connaissance propre du moi*, laquelle, dès lors, *peut seule constituer le point de départ de la science.*

I. La vision absolue et indivise du moi.

30. Chacun de nous trouve en soi l'intuition ou la vision primordiale de son être, qu'il exprime: *moi, je (ich, I, ego)*, qui ne saurait être importée du dehors et qui est *son* point de départ pour *son* savoir.

Cette vision semble si simple, si claire qu'il paraîtra peut-être superflu d'en parler plus longuement. Cependant nous devons nous y arrêter; car, simple assurément, elle n'en est pas moins mécomprise fort souvent, soit qu'on pose en elle ce qu'elle ne contient pas, soit qu'on la conçoive d'une manière partielle et incomplète. Tout d'abord, en disant primitivement: moi, je, nous désignons notre être, sans aucun égard à sa variété; nous exprimons la conscience que nous avons de nous-même, comme être entier; nous ne nous envisageons pas sous tel ou tel rapport, ni dans quelque attribut particulier, mais comme être entier, qui subsiste par soi. De plus, nous ne songeons nullement encore à l'antithèse de l'interne et de l'externe; nous n'opposons pas le moi au non-moi.

31. C'est pourquoi le contenu de la vision primordiale du moi ne saurait s'exprimer sous la forme d'une relation avec quelque particularité existant à ou en lui, ou hors de lui. Par exemple, „*je*" ne signifie pas: je suis esprit, corps ou homme; „*je*" ne songe à aucune de ces particularités dans la conscience primitive de soi. La pensée: *moi*, n'implique pas non plus les rapports spéciaux: *j'existe*, *j'agis;* car les attributs de l'existence ou de l'activité ne se comprennent qu'à l'être qui les possède; certes, en poursuivant sa pensée, chacun s'attribuera aussi l'existence et l'activité, mais, par ce fait précisément, „*je*" a une signification plus étendue que les propositions précédentes, basées sur des qualités déterminées. Seul, le mot initial: *je*, de ces propositions désigne la vision primordiale qui nous occupe; en effet, pour penser: j'existe, j'agis, on doit d'abord penser: je, pour ajouter ensuite: je suis, et plus particulièrement: je suis agissant. Par des raisons semblables, cette intuition ne saurait s'énoncer: *je pense*, *sens* ou *veux;* ce sont là tous attributs spéciaux que je m'accorde, ce qui n'est possible qu'après la connaissance préalable de mon être.

Bref, ce qu'expriment les propositions précédentes pourra sans doute s'affirmer ultérieurement, si le moi continue son analyse, mais, pour acquérir la conscience de soi en général, comme être entier, il n'a nul besoin de penser à ces objets particuliers; au contraire, leur notion présuppose déjà la vision: *moi*.

32. Ces considérations paraissent si élémentaires qu'on a peine à s'imaginer que beaucoup de philosophes aient laissé échapper la simplicité et la pureté de la vision primordiale. Citons l'exemple de *Fichte*. A *Fichte* revient le mérite incontestable d'avoir ramené les penseurs au véritable point de départ subjectif de la science; mais, ce point rigoureusement déterminé, il affirmait: Pour être à même d'acquérir la conscience du moi, je dois, au préalable, avoir conscience de quelque chose d'extérieur à moi, et c'est en m'opposant les objets externes que j'acquiers la connaissance de mon être. Evidemment, il n'en est pas ainsi; on n'acquiert pas la notion primitive d'une chose en y opposant ce qui n'est pas elle, on ne définit pas originairement un objet en énonçant ce qu'il n'est pas, le négatif ne se présente point avant le positif, par exemple, le non-beau avant le beau, le non-bien avant le bien. Au contraire, pour reconnaître un objet comme non-interne, je dois saisir déjà mon moi interne; je dois posséder la vision de mon être, pour pouvoir assurer, lors de la vision d'un objet quelconque externe, qu'il n'est pas cet être, qu'il m'est étranger.

Puis, *Fichte* ajoute: „Lorsque ensuite je m'oppose moi-même à l'objet externe, je m'estime actif; ainsi, le moi n'est qu'activité, et rien de plus". C'est encore une erreur; en effet, pour avoir conscience de moi, je n'ai nul besoin d'en appeler à mon activité; la pensée: *moi*, est indépendante de cette conception; en outre, lorsque je dis: j'agis, je m'oppose à moi-même en tant que je suis actif, je distingue le moi entier du moi considéré à un point de vue particulier, celui de l'activité; de plus, je me sais le fondement de mon activité, en tant que j'exerce ma volonté; donc, je ne suis pas seulement activité, car je dois exister déjà pour être aussi actif.

Si *Fichte* était embarrassé à saisir le moi comme s'affirmant en opposition avec l'extérieur, c'est qu'il envisageait seulement son activité et que même il la restreignait encore à une activité réflexe, répulsive, ou à une activité de réaction, le moi, d'après lui, se trouvant simplement replié sur soi. Mais cela n'est pas; chacun s'en rend compte lorsqu'il déploie son énergie au dehors, sur ses semblables ou sur les choses de la nature.

Au surplus, toutes ces considérations sont déplacées en cette matière, puisque dans la pensée: moi, il n'est pas question d'activité, encore moins d'activité réflexe ou d'activité spontanée.

33. Laissons cette digression historique, pour en revenir à l'examen de la vision primordiale. Celle-ci, comme on l'a vu (30), saisit son objet entier; par suite, elle n'est point une notion proprement dite, la notion d'une chose étant la pensée de ce qu'elle a de général et nécessaire. Or, dans la vision primitive, il n'est pensé ni à l'antithèse du général et du particulier, ni à celle du nécessaire et du contingent; il n'y est encore nullement question de la connaissance de plusieurs moi pareils; il n'y s'agit donc point de leur notion générale. Ce que nous pensons et exprimons: moi, je (*ich*), c'est la vision entière et indivise de l'objet, avec toute son essence, sans distinction.

La connaissance initiale n'est pas non plus un jugement (31), car le jugement est la pensée d'un rapport; par suite, pour porter un jugement sur le moi, il faudrait l'avoir considéré déjà sous un rapport déterminé, mais alors il n'est plus saisi à soi, dans son intégralité, comme il l'est primitivement. Certes, aussitôt que l'attention se fixe sur quelqu'une de ses particularités, qu'on se rend compte de quelque attribut particulier, la connaissance s'énonce sous la forme d'un jugement, qui rapproche l'attribut particulier de l'être entier; par exemple, lorsqu'on dit: je suis, on exprime un jugement, on reconnaît la relation de l'existence avec le moi; il en est de même lorsqu'on dit: je suis esprit, car cette proposition n'envisage pas non plus le moi dans son entièreté, mais seulement dans la qualité: d'être esprit.

Enfin, la vision primordiale n'est pas la conclusion d'un raisonnement; en effet, la vérité du jugement conclusif d'un argument est basée sur la thèse du fondement; la conclusion est reçue comme fondée dans les prémisses, posée conjointement avec elles; or, en pensant: *moi*, je ne songe pas à m'enquérir de sa raison; certes, je puis rechercher cette dernière, mais cette opération présuppose, à coup sûr, que j'aie conscience de l'être dont je veux trouver le fondement.

Des considérations précédentes, il résulte donc que la vision primordiale de la conscience humaine ne peut absolument s'exprimer que par le seul mot: *moi*, *je*, qui, pris dans son acception rigoureuse, n'est pas simplement un substantif ou un pronom substantif; car un substantif ne pose et n'affirme l'objet que comme subsistant par lui-même, comme substance; et, dans la vision: moi, on ne pense pas encore à la qualité déterminée de substance. *Moi*, *je*, est le nom du premier être dont nous ayons conscience, conçu absolument, sans distinction, dans son entièreté, le nom qui désigne la première connaissance *absolue*, indivise, de l'esprit.*)

34. Reprenons maintenant la question de sa certitude (29). Son évidence est, pour chacun, immédiate; chacun se connaît sans intermédiaire, sans plus. Une connaissance médiate exige le concours de quelque autre pensée, son évidence est liée à celle de quelque autre objet. Or, tel n'est point le cas pour la vision primordiale: moi; je n'ai nul besoin, pour être sûr de moi, de rechercher un fondement au dehors, ni même de recourir à la notion de fondement; et, si j'arrive à me demander: existe-t-il un fondement de ma

---

*) La dénomination vulgaire de pronoms donnée aux mots *je*, *me*, *moi*, *toi*, etc. présente une idée qui est directement contraire à celle qu'on doit se faire de cette espèce de mots. Car les grammairiens supposent que les noms ont été substitués aux mots *moi*, *toi*, *il* etc. Il nous semble même impossible de concevoir comment un homme qui aurait voulu parler de lui-même aurait imaginé de se donner les noms de *Pierre*, *Paul*, etc. ou tout autre nom indirect, plutôt que de s'appeler *moi*, *je*. Cette observation n'a pas échappé à *Court de Gébelin*, qui dit positivement: Ces mots existent de la plus haute antiquité, et ils forment nécessairement une classe séparée, parce qu'ils ont une fonction unique qui n'a rien de commun avec celles d'aucune autre espèce de mots. Aussi beaucoup de grammairiens les regardent-ils comme de vrais noms, et les appellent en conséquence *noms personnels* (*Voy. Bescher*, *pronom.*). (*Note du traducteur.*)

connaissance propre, j'aperçois conjointement que la possibilité ou l'impossibilité de résoudre ce problème n'ont aucune influence sur la certitude de cette connaissance; elle est donc certaine *immédiatement.*

Le relatif est ce qui existe concurremment avec un autre objet, ce qui, pour être, requiert ce dernier; or, la certitude de la vision: moi, n'en suppose aucune autre; elle est donc *absolue.* Il ne faut pas entendre par là que le moi n'a pas de fondement, qu'il est lui-même absolu: la vision primordiale ne décide rien à cet égard; c'est uniquement l'évidence de cette pensée primitive que nous affirmons trouver dans notre conscience, sans condition, absolument.

35. Dans l'avant-propos (24), nous avons posé également, comme condition du point de départ de la science, que sa certitude fût *incontestable,* et que le sceptique lui-même la confirmât par l'expression de son doute. La vision primitive: moi, remplit cette condition; le doute ne peut surgir à son égard; en effet, *douter* signifie ne pas savoir si une chose ou son contraire est vrai; si donc, faisant profession de scepticisme, je dis douter de l'évidence de la vision de mon être propre, je déclare que je ne sais si cette vision est vraie ou fausse; or, *qui* ne sait point? *Je, moi,* c'est moi qui doute; je m'aperçois donc que je dois *me* connaître, pour me reconnaître: *doutant.* Et si, confirmant mon scepticisme, je prétends douter même de mon doute, ne sachant pas ce qu'est le doute, je témoigne à nouveau que le fond et la certitude de la vision de mon être me sont présents à la conscience: c'est toujours *moi* qui doute de mon doute. Quand même toutes mes pensées particulières s'évanouiraient dans ce doute général, je ne perds pas cependant ma conscience propre, je sais que c'est *moi* dont les pensées s'effondrent. Je ne puis, sans contradiction, proclamer que je ne sais rien; car je sais, au moins, que c'est *moi* qui le proclame. La vérité et la certitude de la connaissance: moi, sont donc inattaquables, inébranlables.

36. Occupons-nous d'un troisième desideratum du point de départ, signalé déjà dans l'introduction (3), et examinons si la connaissance: moi, satisfait effectivement à la condition d'être *au-dessus* de l'antithèse du sujet et de l'objet. Dans cette vision primordiale, je ne m'occupe pas de savoir si

c'est moi qui me connais; je ne songe, en aucune façon, à opposer le moi connaissant au moi connu, à l'envisager sous des points de vue distincts. Certes, lorsque la conscience de mon être gagne plus de précision, je discerne le moi, objet de la connaissance, du moi, le sujet qui connaît; mais, si je fais cette distinction, je sais conjointement qu'à l'un et l'autre point de vue, je suis le même, que *je me* connais; le *je*, comme être connaissant, se *distingue* seulement du *me*, comme être connu; mais ils ne se séparent pas, et ne se considèrent pas comme divisés, comme dédoublés, pour ainsi dire, l'un étant celui qui connaît, l'autre celui qui est connu.

Ainsi donc, le moi, conscient de lui-même, se saisit primitivement *avant* et *au-dessus* de l'opposition du sujet et de l'objet; on ne peut dire qu'il soit simplement sujet, ou simplement objet; originairement, il n'est ni l'un ni l'autre, il est le moi entier et indivis; et lorsque ultérieurement, comme sujet, il se distingue du moi comme objet, il sait aussi qu'il est à la fois l'un et l'autre, que, sous les deux aspects, il est le même, qu'il est le *sujet-objet*.

37. Ici s'impose une remarque que, sans doute, l'on aura faite déjà. Les conditions du point de départ, énumérées ci-avant, se signalent et s'appliquent aussi au principe de la science (12, 13). La vision de notre être serait-elle, en conséquence, le principe de toute connaissance? S'il en était ainsi, elle devrait renfermer tout ce que la pensée agite, son contenu devrait envelopper tout ce qui est, l'Être entier; car, seul l'objet qui est à soi et en soi tout objet, et n'a rien hors de soi, peut constituer le principe (13). En est-il ainsi de la vision: moi? Non, je n'y trouve affirmé rien de semblable; elle ne tranche aucunement la question de savoir si le moi existe seul, ou s'il existe quelque chose au dehors de lui. Pour cette raison déjà, elle se manifeste comme impropre à servir de principe à la science une et entière.

A cette considération s'ajoutent les suivantes. Chacun trouve en soi la certitude, jugée inébranlable, de l'existence d'autres esprits et d'un monde externe sensible. Bien que ces deux notions n'offrent qu'une évidence médiate (26, 27), on ne saurait cependant s'y soustraire. Puis, il se rencontre dans notre intelligence des pensées plus élevées que les précédentes; dans la conscience vulgaire, plutôt à l'état de pressentiments, il est vrai; par exemple, celle d'un être infini et absolu. Quoiqu'on puisse ici, au seuil de la science, se demander s'il faut accorder à cette notion la certitude objective, on ne saurait en nier l'existence, et chacun est autorisé à la scruter, du moment qu'elle s'offre à lui dans les langues des peuples civilisés. Or, si la pensée initiale: moi, était le principe, elle devrait se suffire complètement à elle-même, elle exclurait toute autre; par conséquent, la seule idée de ces objets qui me sont étrangers m'avertit suffisamment que celle du moi ne renferme pas toutes les pensées.

38. Cette conclusion soulèvera peut-être l'objection suivante. Bien que, dans la vision du moi, on ne décide point s'il existe quelque objet en dehors de lui, néanmoins on ne nie pas non plus qu'en s'examinant avec précision il ne puisse se reconnaître comme l'être un et entier; donc, il est au moins permis de rechercher s'il est possible d'aboutir dans le champ du savoir en posant la pensée: moi, comme le principe universel. Je répondrai à cette objection qu'il ne s'agit pas, dans la science, de faire des hypothèses, de raisonner arbitrairement sur des conjectures, mais bien d'atteindre à la connaissance certaine. Nous bannirons donc de notre méthode scientifique toutes les hypothèses, la précédente comme les autres.

On pourrait être porté à croire qu'il est inutile d'insister sur ces remarques et qu'il est trop aisé de se convaincre de ce que nous nous donnons la peine de discuter. Cependant, l'exemple de *Fichte* montre qu'il est facile de s'égarer en cette matière, si l'on ne se préserve de fausses hypothèses. *Fichte*, ayant reconnu avec justesse que la connaissance initiale: moi, était une pensée immédiatement, inébranlablement certaine, dont l'évidence n'était basée sur aucune autre, et qui était antérieure à la distinction du subjectif et de l'objectif, proclama, dans la joie de sa découverte, que cette intuition intellectuelle, dont *Kant* avait contesté la possibilité à l'esprit humain, était le principe de toutes connaissances — car, disait-il, telles doivent être précisément les conditions du principe —; et que, par suite, la tâche de la science se ramenait à „*connaître chaque objet comme fait de la conscience propre du moi*“. *Fichte* ici ne perd de vue qu'une chose, mais la chose capitale; à savoir que le principe doit embrasser tout ce qui est, dès lors aussi les pensées différentes de celle du moi.

Transition à la recherche prochaine.

39. Conjointement avec la vision initiale, absolue et indivise, de soi apparaît le problème de la déterminer et de décider dans quelle mesure elle est le principe de la connaissance entière *du moi*. Voici ce qui s'observe à cet égard: tout objet subséquent particulier que j'attribue au moi est ou l'une de ses parties constitutives, de ses substances, ou l'un de ses attributs; en disant, par exemple: je suis composé d'esprit et de corps, et, de ce chef, je suis être humain, j'énonce les substances du moi; en constatant, d'autre part: je sens, j'exerce mon activité sur les choses qui m'entourent, je mentionne non plus des substances, mais des attributs.

Tout ce qui se perçoit dans la suite concernant mon être, je le suis, je l'ai *à* moi ou *en* moi. Par exemple, à moi, je suis esprit; en moi, pensant et imaginant: en d'autres termes, l'esprit est à moi, la pensée et l'imagination en moi. Les choses que je me trouve être sont unies entre elles et avec l'ensemble d'une manière indissoluble; ainsi, comme esprit, je suis inséparable du corps; puis, je dois, concurremment et fatalement, penser, sentir et vouloir. De plus, je me détermine moi-même en ce qui concerne mes attributs: comme être entier, je règle, en liberté, ma pensée, mon sentiment, ma volonté. Je suis donc bien, suivant la définition donnée (9 et ss.), le principe effectif auquel et dans lequel sont les choses du moi; et les pensées particulières de ce que je découvre ultérieurement à et en moi coexistent *en puissance* dans la conscience primitive de mon être. Assurément, celle-ci n'étreint pas en une fois toute sa variété, mais elle témoigne que la connaissance de cette dernière, après qu'elle aura été développée, sera partie intrinsèque de la connaissance totale du moi.

Par là on entrevoit la légitimité de parfaire cette connaissance selon les conditions de la méthode qui ont été exposées dans l'introduction. Cette connaissance ne sera, il est vrai, qu'une partie de la science, dont la possibilité, d'ailleurs, reste encore problématique. Toutefois, il faut observer déjà qu'elle pourra être semblable à l'organisme scientifique entier; car la vision absolue et indivise: moi, comme principe particulier, répond aux exigences requises précédemment du principe général: elle a l'unité, la certitude absolue, elle est posée au-dessus de l'antithèse du subjectif et de l'objectif, antérieurement à l'opposition du sujet et de l'objet, elle ne subsiste pas sous l'une des formes spéciales de la notion, du jugement ou du raisonnement; il ne lui manque qu'une chose pour être le principe absolu lui-même, à savoir que son objet n'est point l'être absolu, infini, mais seulement l'être: moi.

40. D'après ces considérations, le problème à résoudre est le suivant: *Parfaire la connaissance propre du moi, déterminer ce qu'il est* ***à****) *et* ***en*** *soi.***) Mais, nous devons, en

*) La préposition *à* marque ici la relation une, propre et entière, le rapport de toute l'essence posée, absolue et indivise, sans distinction de parties, sans égard à ce qu'elle peut contenir ultérieurement dans son intérieur, *en* soi. *(Note du traducteur.)*

**) Deux remarques s'imposent ici: Premièrement, le problème que nous avons en vue est, disons-nous, le suivant: Acquérir la conscience déterminée de soi par le savoir. Mais la conception de ce problème suggère une autre question: N'ai-je de relation intime avec mon être que par la connaissance, ou bien ai-je encore d'autres rapports avec moi-même? S'apercevoir par intuition, est-ce là le seul rapport propre du moi au moi? Certes non; chacun observe qu'il est encore en intimité avec soi de deux autres manières, puisqu'il se sent et se veut. Chacun a le sentiment de soi et le distingue de la connaissance; il se sent, originairement, comme être entier, mais, dans la suite, comme vertueux, heureux, triste, malade, etc.; ces sentiments particuliers sont contenus dans le sentiment de soi, qui est un comme la connaissance. En outre, chacun est aussi en intimité avec soi par la volonté; originairement, chacun n'a en vue, ne veut que soi, veut tout pour soi; mais cette volonté une de se réaliser, de développer toute son essence, contient, dans la suite, des actes de volonté particuliers: je veux penser, sentir, vouloir, m'efforcer, me corriger, etc. — Nous n'avons donc pas considéré jusqu'ici l'intimité complète du moi avec lui-même par la connaissance, le sentiment et la volonté, mais seulement une partie de celle-ci: la connaissance de soi.

Secondement, la vision primordiale se présente, sans doute, à un instant déterminé du temps, et le temps s'écoule pendant que je

cette matière, procéder avec prudence; car, si dès le début nous faisions un faux pas, si nous nous engagions dans une voie détournée, nos recherches n'aboutiraient pas au résultat que nous voulons atteindre, à savoir: trouver le principe de la science et l'organiser en lui. Cherchons donc la véritable voie de son développement. D'abord, ce développement est possible, puisqu'on possède, comme point de départ et d'appui, une connaissance immédiatement certaine: la vision absolue et indivise de soi, reconnue également comme le principe de

---

l'examine. Mais cette vision même est-elle temporelle, issue à un instant donné de circonstances particulières? Non, elle est immédiate; quelques propriétés contingentes que je puisse m'attribuer, de quelque manière que j'envisage mon évolution individuelle, je dois m'appuyer sur la vision initiale, absolue et indivise, indépendante du temps; dans laquelle je ne me reconnais point, dès l'abord, comme être temporel, créé à un instant donné, je ne pense pas que, parmi d'autres propriétés, j'ai aussi celle de me modifier progressivement, de me déterminer de différentes manières, je ne songe pas même au temps; dans laquelle, au contraire, je vois que, comme être entier, je me trouve non pas temporel, mais fondement permanent de mes modifications successives. — *Kant*, qui, ainsi que *Socrate*, s'est proposé d'établir la connaissance propre du moi et de faire, au préalable, la critique du savoir, n'a pas observé cette circonstance que chacun se connaît d'une manière éternelle; il niait même que ce fût possible: „C'est seulement“, dit-il dans la *Critique de la raison pure*, „parce que je me saisis intérieurement, individuellement dans le temps, que je me connais“. J'objecte à cela: c'est seulement parce que je me connais déjà en général que je puis aussi m'apparaître dans mon individualité sensible, temporelle; en effet, lorsque *Kant* dit: „je me connais seulement si et pour autant que je m'apparais“, je lui demanderai: *Qui* donc apparaît? Il n'y a qu'une réponse: C'est *je, moi,* qui m'apparais comme être individuel; et elle témoigne déjà que je ne me considère pas comme être purement individuel, mais que je conçois déjà le moi entier auquel j'attribue cette propriété particulière: d'être individuel. Je demanderai en outre: A *qui* donc apparais-je? Il n'y a, encore une fois, qu'une réponse: A *moi*, *me;* et elle implique que c'est „à *moi*“ qu'apparaît le „*je*“ au point de vue spécial susdit. Je puis demander encore: *Qui* donc voit que je m'apparais? C'est moi qui voit là que je m'apparais. Ainsi donc, en premier lieu, j'ai une connaissance générale du moi; en second lieu, je me rends compte aussi comment le moi, en tant qu'individu, apparaît à lui-même, l'entier.

toute la connaissance déterminée de soi. En ceci, nous sommes d'accord avec la conscience de l'homme dépourvu de culture scientifique, pour qui la vision de son être est incontestablement la première évidente; en effet, chacun confirme sa certitude dans les formules: „Aussi vrai que je vis, aussi vrai que j'ai conscience de moi-même, j'en réponds comme de moi-même".

Ensuite, la certitude de cette connaissance primordiale étant reconnue immédiate et inébranlable, nous concluons: „Tout ce que, dans la suite, nous pourrons dire certain doit nous apparaître aussi évident qu'elle". Nous apercevons donc concurremment un caractère intellectuel, un criterium subjectif de la vérité, de l'évidence intuitive, qui peut s'exprimer comme suit: „Sera certaine chaque connaissance qui se présentera à la conscience comme la vision primitive de soi".*)

Cela ne signifie point: ce qui sera certain doit le devenir *par le moyen* de cette vision, mais bien: doit paraître aussi évident que celle-ci *à* notre conscience propre.

Ces considérations montrent qu'on ne pourra procéder par déduction, par démonstration, mais uniquement par intuition, par observation particulière au cœur de la vision générale du moi. Puisque la déduction part du principe, pour démontrer, il faudrait avoir établi déjà la notion du fondement et trouvé le principe des choses, que nous nous proposons seulement de découvrir. Par suite, notre théorie analytique se bornera à constater et à enregistrer ce qui se rencontre ultérieurement dans et avec la vision propre du moi.

41. Cette dernière est, sans aucun doute (29), le point de départ de la science. Demandons-nous maintenant sous quelles conditions nous pourrons progresser au-delà de ce point. La prochaine connaissance doit être adhérente à la connaissance initiale; les recherches futures doivent *faire un* avec elle, au point de vue de l'objet comme à celui de la certitude. Ces conditions seront remplies si l'on fait du moi le seul objet de l'analyse, et si l'on détermine ce qui s'y

---

*) L'existence d'une seule vérité analytique ou intuitive certaine décide de la solution du problème de la certitude intuitive et immédiate. *(Note du traducteur.)*

trouvera ultérieurement, sous la forme de l'évidence ainsi exprimée: Aussi vrai que je me connais. On pourrait m'objecter: La connaissance de mon être est déjà complète, lorsque je dis: moi, *je me* connais; qu'y a-t-il donc à y ajouter? Certes, du dehors rien ne viendra s'y joindre; mais, intérieurement, une foule d'objets viendront s'y rattacher, par la considération de son contenu.

42. D'aucuns proposeront peut-être une marche différente. Puisque, diront-ils, vous convenez que nous avons connaissance d'autres êtres intelligents, ainsi que du monde externe et des choses sensibles, puisque nous pressentons aussi Dieu, le but ne serait-il atteint plus tôt en examinant ici le moi dans ses relations avec l'extérieur, dans ses rapports avec le monde, avec les autres êtres doués de raison, avec Dieu? Je demanderai à mon tour: Comment savons-nous qu'il existe au dehors un monde et d'autres êtres raisonnables? Evidemment en les percevant dans notre intelligence. Il n'est donc point permis de franchir dès à présent les limites du moi, de l'examiner dans ses rapports avec les choses externes, puisqu'il ne sait les concevoir qu'intérieurement, comme reproduites en lui. Avant l'examen consciencieux de lui-même, tout ce qu'il alléguerait sur ces rapports ne constituerait que des opinions incertaines. De même, en ce qui concerne l'idée de Dieu, comment saurons-nous s'il faut lui accorder légitimité objective? Evidemment, *nous* devrons le savoir; c'est *en nous* que la divinité devra être effectivement présente sous le rapport particulier de la connaissance; nous ne pouvons espérer la connaître qu'en méditant sur notre propre savoir.

Bref, pour que nous arrivions à saisir des choses extérieures et nos rapports avec elles, ces choses doivent préalablement être reproduites, recréées en nous, se manifester dans notre imagination; nous avons, avant tout, à reconnaître le monde comme donné en nous-mêmes et à nous rendre compte du fondement supérieur qui nous autorise à affirmer qu'il existe un monde au dehors de nous.

43. Ainsi la marche à suivre à partir du point de départ n'est point arbitraire; elle est imposée par la condition même de l'objet; la voie suit l'objet, comme véritable

méthode.*) Nous venons de la tracer et de soulever le problème à résoudre prochainement, à savoir: *Parfaire continûment la connaissance propre de soi par l'observation et l'analyse pure.* Ce problème contient les deux questions particulières qui suivent: la première, trouver ce que le moi est *à* soi, à son entier, observer les attributs qui sont *à* lui, qui lui appartiennent comme être entier; la seconde, rechercher ce qu'il se trouve intérieurement, ce qu'il est *en* soi, en d'autres termes, quelles sont ses substances constitutives, et quelles sont ses propriétés internes, telles que, par exemple, la pensée, le sentiment, la volonté. Nous partons donc de la considération du moi indivis, et pénétrons ensuite, en l'observant, dans son intérieur; ainsi l'objet est et reste toujours le même: le moi; il n'y a qu'à le déterminer de plus en plus.

44. Ce procédé est absolument semblable à celui du géomètre, dont la science a pour objet l'espace. D'abord, le géomètre aperçoit l'espace entier, dans une intuition absolue et indivise; puis, les propriétés que ce dernier a *à* soi: l'étendue, la divisibilité, l'extension infinie suivant trois dimensions, etc.; ensuite, il développe régulièrement ce que l'espace est *en* soi: les figures et les étendues finies qu'il renferme. Le géomètre, en cette matière, se borne à enregistrer ce qui est; de ce qu'il voit, il affirme sur-le-champ que: „c'est vrai"; et aucun esprit, en exposant les théorèmes de la géométrie, ne songe à mettre en doute leur légitimité objective; aussi en proclame-t-on la certitude et l'évidence.

C'est précisément de cette manière que nous procéderons dans notre investigation; partant de la vision primordiale immédiatement certaine de notre être, nous la développerons continuellement au point de vue de ce qu'elle est *à* et *en* soi, persuadés qu'aussi certaine elle est, aussi évident sera tout ce qu'elle implique, tout ce qui s'y trouve adhérent. La certitude de la théorie du moi, ainsi formée, ne le cédera en rien à l'évidence mathématique de la géométrie; au contraire,

---

*) *μέθοδος*, recherche, méthode, *μετά*, avec, *ὁδός*, voie; *Mitweg mit der Sache.*

la certitude de cette théorie est immédiate, tandis que celle de la mathématique n'est que médiate, puisqu'elle a pour condition l'évidence du moi.

II. Ce que le moi est *à* soi. — L'essence fondamentale du moi.

45. *Le moi est un être, un, propre et entier.* Est-ce vrai? J'en appelle à la conscience de chaque homme; car c'est à lui de voir s'il trouve à soi ce que je discerne à moi; et je ne puis que donner quelques explications pour faire comprendre ma thèse purement et complètement. Examinons, en particulier, chacun des points énoncés.

46. Premièrement: le moi est un être. Que signifie *être*? demandera-t-on. A cette question, je n'ai aucune réponse; car ce que je pourrais alléguer serait déjà *quelque chose;* or, *quelque chose* fait partie de l'*être.* La pensée exprimée par ce mot doit donc se trouver comprise de tous, et chacun peut exiger de son interlocuteur qu'il comprenne la proposition: je suis un être.*)

Toutefois, les remarques suivantes éclairciront cette pensée. D'abord, on distingue dans le langage les termes *être* et *essence. Être* sert à qualifier ce qui subsiste par soi-même, une substance; ainsi, la Nature, l'animal, l'Esprit sont des êtres. Par le mot *essence,* on entend, au contraire, la propriété de l'être, ce qui lui est propre, *ce qu'il est.* Cette distinction est conforme au génie du langage et a été observée déjà par beaucoup de penseurs; d'autres cependant emploient

---

*) Au surplus, les mots n'engendrent aucune connaissance. Toute notion est saisie spontanément par chaque intelligence, et les explications ne sauraient servir qu'à stimuler son activité et éveiller son attention, et à établir la signification des sons. L'enfant même, avant d'être initié au langage conventionnel, possède les idées dont nous nous occupons ici, bien qu'il ne soit pas initié à la correspondance établie par l'usage entre la série de ces idées et la série des sons qui les expriment. Il est, d'ailleurs, manifeste que pour apprendre à parler, il faut avoir déjà conscience des actes intellectuels que les sons désignent. La langue n'est pas la source de la pensée, mais elle en est le résultat, et quand la langue commune ne suffit plus aux besoins de la science, celle-ci en crée une nouvelle qui se prête mieux à sa marche. *(Note du traducteur.)*

ces deux termes indifféremment avec la même signification; par exemple, „l'être des choses" pour „l'essence des choses", qu'on appelle aussi „la nature des choses", *natura rerum.*

Lors donc qu'on dit: „Le moi est un être", on exprime qu'il n'est pas simple essence attribuée à quelque objet, mais, au contraire, un être qui a essence. — De plus, on ne songe nullement encore à ce qui lui est propre comme individu particulier et le différencie des autres êtres; ses particularités seront recherchées ultérieurement, lorsqu'on l'examinera dans son intérieur, examen d'où résultera, il est vrai, que le moi est aussi un être individuel, circonstancié dans le temps.

„Le moi est un être" ne signifie point: „le moi seul est un être", ou „d'autres êtres existent également"; on ne se préoccupe pas non plus de savoir si le moi est contenu comme être fini dans l'entier suprême de l'Être. Certes, en conscience éclairée, je me trouve être partiel dans l'Être total; comme corps, membre de la nature, comme esprit, membre du règne des esprits, comme homme, membre de la société humaine. Mais, à cette place, nous réservons ces questions.

47. Secondement, quelle est *mon essence?* Nous y avons répondu plus haut: „je suis être un, propre et entier". — Que signifie: le moi se reconnaît comme *être un*? Qu'est-ce que l'*unité*? Je ne puis que remarquer: L'unité est précisément la qualité du moi, comme être, d'être *un*; et chacun doit concevoir la pensée pure de son unité. Toutefois, tâchons de l'expliquer. Lorsque, primitivement, je dis: je suis être un, je ne pense pas conjointement: je suis un composé de parties diverses; je ne songe nullement aux parties, ni à leur union; et même, il me serait impossible de concevoir une partie ou une pluralité quelconque, si je ne saisissais déjà l'unité; avant de discerner des parties, je dois saisir l'objet un, l'unité qui les renferme. Eclaircissons cette notion par l'exemple de l'espace: l'espace aussi est un; ce qui ne veut pas dire qu'il est constitué de parties diverses, mais il est un comme *entier*, infini dans son genre. Certes, il a en soi une pluralité d'éléments; mais, précisément, cette qualité est fondée dans l'unité qui les embrasse.

Le jugement: le moi est un, ne doit pas être interprété au seul point de vue du nombre, comme signifiant: le moi n'est pas multiple; mais il exprime l'unité simple et indivise, l'homogénéité de l'essence même du moi. En vérité, celui-ci est un numériquement; mais il ne l'est pas à ce point de vue seul. Reprenons l'exemple de l'espace pour nous faire mieux comprendre; il n'existe assurément qu'un espace, et non deux, trois ou plusieurs espaces, mais l'unité de l'espace même consiste en ce qu'il enveloppe de part en part l'étendue continue; son essence une et homogène est d'être toute l'étendue, et partout rien que l'étendue. De même le moi n'a qu'une essence: d'être, en tout, le moi, et pas autre chose.

48. Abordons maintenant l'examen de la pensée: *le moi est un être propre*, en d'autres termes, *un même être;* chacun affirme qu'il est toujours et tout à fait le même être, qu'il conserve son essence propre. Pour élucider cet attribut, je dois, encore une fois, me borner à quelques remarques. Examinez ce qui est *à* vous, en tant que vous vous concevez comme un être, et vous aurez conscience de la *propriété* de votre essence. Un être propre, autonome, se considère *à* soi, c'est-à-dire non en relation avec quelque objet externe, mais, comme on dit, *pour soi, comme tel.* Doué de sa valeur propre, il est non quelque dépendance ou quelque phénomène; mais son essence est *à* lui, il s'appartient. Par là je n'entends nullement que le moi est absolument indépendant, et n'est pas aussi en relation ou relatif; je soutiens seulement qu'il a propriété, et qu'il a le droit et le devoir d'affirmer sa dignité propre.

Ordinairement, on ne sert pas en ce sens de l'expression: *propre;* mais on dit: le moi est un être *subsistant par soi-même.* Cependant cette proposition n'exprime pas purement ce dont il est question ici; à cette place, on n'envisage pas encore l'existence dans le temps; la propriété de *substance* n'est qu'une propriété subordonnée de la propriété en général.

49. Le troisième attribut fondamental s'énonce: *le moi est un être entier, l'entièreté de son essence est à lui.* On dit en ce sens et en bonne part: „l'homme doit rester entier". Encore une fois, je ne puis définir cet attribut. Regardez en vous, examinez-vous, et voyez ce que, comme être, vous êtes de plus qu'être propre; voyez si votre unité n'est

que propriété et vous affirmerez aussi être unité entière. Je suis entier, ne signifie point: je suis un entier composé de parties, en quelque sorte comme le nombre trois réunit trois unités; je ne pense nullement encore à des parties; il est évident même qu'en considérant une partie, je préconçois déjà la pensée de l'entier. Il est possible qu'on puisse dire avec certitude: l'homme est formé de deux parties, le corps et l'esprit: mais cela n'exprime point qu'elles sont ajoutées l'une à l'autre, que le moi est la somme, la collection de deux morceaux; celui qui a conscience de l'entièreté telle que nous l'entendons reconnaîtra qu'il ne consiste pas en une collection, qu'il n'est pas divisé, ni divisible en morceaux, mais indivisible. Pour éclaircir cette idée, recourons de nouveau à la pensée de l'espace: en concevant l'espace entier infini, on ne pense nullement encore qu'il est intérieurement susceptible de limitation, qu'on y distingue autant de parties qu'on le veut; au contraire, on envisage précisément l'objet qui sera conçu comme impliquant des étendues partielles. Et, de même que l'entièreté de l'espace n'exclut pas l'existence de parties internes, mais l'inclut, au contraire; de même la pensée que le moi est entier n'exclut nullement qu'on puisse aussi distinguer en lui des éléments variés; ce qu'il y aura lieu de décider par un examen approfondi.*)

50. Avant d'aller plus loin, je rencontrerai une objection que, sans doute, notre méthode aura suscitée déjà. Nous avons adopté pour règle de nous baser uniquement sur l'intuition personnelle, de ne rien avancer d'incertain et de nous tenir rigoureusement à ce qui apparaît à et en nous comme immédiatement évident. Il semble cependant que nous n'ayons pas observé cette loi avec fidélité, en excipant de qualités qui ne sont pas immédiatement adhérentes au moi et

---

*) Chaque homme, en s'interrogeant dans la conscience au sujet de son essence, dira: c'est moi qui suis mon essence, entre cette essence et moi il y a identité, elle m'est propre, je ne suis pas ceci ou cela, je suis moi-même mon essence. Je suis toute mon essence, tout ce qu'elle peut impliquer, je suis mes facultés, mes activités, mes forces, mes tendances. En résumé, je suis mon essence une, propre et entière, quelques attributs que l'analyse puisse y découvrir.

lui ont été simplement appliquées, auxquelles on n'a fait que le comparer. Telles sont les notions: Quoi, comment, l'être, le propre, l'entier, la partie, la relation, etc. En jugeant, par exemple: le moi est un être, vous aviez là, nous dira-t-on, une pensée „l'être", que vous appliquez au moi et qui, dans la conscience, s'étend bien au-delà de celui-ci; car les choses externes, les créations de la nature, les autres esprits sont aussi des êtres; Dieu même est un être. Vous jugez ainsi le moi d'après une idée générale, admise arbitrairement et dont vous ne vous êtes pas encore rendu compte. En ajoutant: le moi est un être entier, vous rapprochez la pensée générale „entier" de la vision „moi"; car on n'affirme point que le moi seul soit entier; quelque objet qu'on imagine, on lui attribue, entre autres, la qualité de l'entièreté. Il en est encore de même du jugement: le moi est un être propre ou subsistant par soi; en effet, on se figure beaucoup d'autres êtres ayant une existence propre; ainsi, selon toute apparence, vous empruntez cette notion ailleurs, pour l'appliquer au moi.

Bref, il semble que nous préconcevions des notions supérieures à celle du moi, auxquelles nous ne faisons que subordonner ce dernier et les autres êtres. Nous devons même convenir que nous avons eu recours au raisonnement dans nos recherches; par exemple, lorsqu'il s'agissait (43) de tracer la voie à suivre, nous avons conclu: Puisque toutes les parties sont dans l'entier, il est rationnel de considérer d'abord le moi comme entier, puis de l'envisager dans ses parties et ses attributs subséquents. Cette conclusion, pourrait-on dire, est une simple conjecture dont la légitimité n'est nullement démontrée; c'est encore une fois en admettant les pensées générales de l'être, la propriété, l'entièreté, la relation des parties avec l'entier, et sans dire d'où vous les avez tirées, que vous marchez de l'avant.

Je reconnais qu'il en est ainsi; aucun esprit ne saurait se soustraire aux notions, jugements et raisonnements qui s'offrent à sa conscience et auxquels il attribue plus d'extension qu'à soi. Comme il semble que ces préconceptions sont non-sensibles, ne tirent pas leur origine des sens, on les a nommées des *prénotions a priori* (antecipationes a priori, *προλήψεις*); et, comme elles sont inhérentes à tout esprit humain et qu'il les applique à chaque objet proposé à la pensée, on les a nommées aussi des idées ou des *notions communes* (*κοινὰς ἐννοίας*).

Mais je vais montrer que cette circonstance n'est, en aucune façon, contraire à la loi que nous nous sommes prescrite, et qu'elle ne rend pas notre savoir moins admissible ou moins certain. — D'abord, en effet, la clarté et l'évidence de la vision primitive de notre être ne dépendent nullement de l'existence de ces prénotions *a priori* dans notre pensée. Chacun le voit immédiatement dans sa propre conscience; et lorsque, déterminant ultérieurement cette vision, il juge: je suis un être, un être entier, propre, il ne déduit pas ces jugements intuitifs de ces prénotions, et n'invoque pas leur certitude et leur valeur objectives; au contraire, il laisse absolument de côté la question de savoir si elles ont aussi légitimité en dehors du moi; il dit simplement comment elles lui apparaissent. Cela seul semble immédiatement certain, c'est qu'elles sont valables pour le moi, puisqu'il se trouve, sur-le-champ, être un, propre et entier. — Ensuite, nous ne contestons pas que ces pensées *a priori* ne soient ici que de simples préconceptions, mais il n'en est pas moins vrai qu'elles s'imposent à l'intelligence, et nous restons conséquents à la méthode analytique en les notant scrupuleusement. Il est certes conforme à la recherche scientifique de séparer avec soin tout ce qui n'est que pure supposition de ce qui est immédiatement certain; mais les préconceptions que nous venons de mentionner sont des faits positifs et remarquables de notre pensée, et, dès lors, nous ne nous écarterons pas de notre voie en nous proposant le problème particulier d'en acquérir une connaissance déterminée et de les développer méthodiquement en temps et lieux convenables. Toutefois nous ne pouvons, dès à présent, en aborder l'examen; car elles ne se rencontrent que dans la pensée; leur énumération trouvera donc place naturellement au moment où, nous considérant comme être connaissant et pensant, nous démêlerons l'ensemble de nos pensées.

En résumé, nous observons notre méthode avec une scrupuleuse exactitude en appliquant au moi, sans préjuger de leur légitimité objective, des prénotions que, dans notre conscience, nous lui voyons sans conteste applicables.

III. **Ce que le moi est *en* soi.**

51. Le moi se trouve, dans son unité suprême comme être humain, composé de l'esprit et du corps. Il est à la fois immuable et changeant, c'est-à-dire non-temporel, éternel, permanent, et passant avec le temps par des états opposés. Il se reconnaît, au cours même de ces états transitoires, fondement de ses modifications successives; en d'autres termes, le moi vit, il s'attribue *la vie.* Puis, comme fondement éternel de ses états passagers, il se reconnaît *faculté*; comme fondement temporel de ceux-ci, *activité;* comme déterminant son activité en grandeur, il se dit *force;* comme faculté dirigée sur les objets à réaliser par l'activité, il est *tendance* ou a tendance. Plus particulièrement, comme fondement de ses états temporels, il se discerne *pensant, sentant* et *voulant*, et, à ce triple point de vue, faculté, activité, force et tendance. Enfin, enveloppant ces particularités, il se trouve l'organisme substantiel de ses parties constitutives et de ses propriétés.

Le problème dont on vient de résumer la solution renferme deux questions principales: 1. De quelles parties le moi se voit-il constitué? 2. Quelles propriétés internes s'attribue-t-il?

1. Les parties constitutives du moi.

52. Je suis, comme homme, composé de l'esprit et du corps. Telle est l'opinion la plus répandue.

En nous constituant ainsi, nous affirmons qu'aucune des deux parties présumées, l'esprit ou le corps, ne peut faire défaut; elles sont aussi essentielles l'une que l'autre pour l'organisation humaine. Cependant est-ce bien certain? le corps serait-il réellement indispensable? le moi ne pourrait-il subsister comme pur esprit? Assurément, dans notre état actuel, cela n'arrive pas; nous ne pouvons, à notre gré, nous détacher du corps, et l'âme intimement liée à la chair ne se souvient d'aucun état dans lequel elle aurait existé comme pur esprit. Mais l'observation n'apprend pas si l'esprit et le corps sont des parties constitutives nécessaires du moi; elle constate simplement le fait que nous reconnaissons, en conscience, le corps comme l'une de nos parties intrinsèques, puisque nous n'avons pas la faculté de nous en délivrer, à moins qu'il ne périsse; et la rigueur commande de s'abstenir avec soin de toute assertion qui ne serait pas établie scientifiquement; telle, par exemple, que nous n'aurions aucune idée d'une existence purement spirituelle, car l'imagination en crée incontestablement des fictions, et beaucoup de poèmes dépeignent la vie de purs esprits.

53. Ici se place naturellement la question: Comment le moi forme-t-il la connaissance du corps, comment parvient-il à s'en octroyer un, qu'il dit sien? Les particularités du corps sont connues par l'observation sensible; on en voit les membres, on entend ses mouvements, on le goûte, on l'odore, on le palpe. Mais ces observations, comme on dit, se font par l'intermédiaire de ses sens mêmes; or, en s'exprimant ainsi, on préconçoit dejà comment cette connaissance se forme, on admet que l'esprit voit l'œil, perçoit les vibrations de l'ouïe, saisit les impressions des nerfs du goût, de l'odorat, du toucher.

Est-ce là tout? La connaissance du corps est-elle acquise après que l'esprit a perçu les impressions des nerfs? Evidemment non; car, pour connaître quoi que ce soit des membres, de la figure, de la structure, des mouvements du corps, il doit aussi appliquer aux perceptions sensibles les prénotions rencontrées déjà dans l'examen du moi (50). S'il n'avait à sa disposition les pensées: „chose, être, chose particulière, unité, identité, entier, partie, membre", s'il ne concevait, en outre, celles de cause et d'effet, s'il n'était convaincu qu'une qualité ne va pas sans un être auquel elle est inhérente, il ne saurait, en aucune façon, acquérir la connaissance des particularités de son corps. Ainsi, il doit interpréter l'image des formes sur la rétine, conclure d'après les notions *a priori* qu'elle correspond à un membre qui a son existence propre, la main, par exemple. De plus, les impressions nerveuses se trouvent distribuées dans les divers sens, l'image dans l'œil, le son dans l'oreille, d'autres dans les nerfs du toucher, de l'odorat, du goût; l'esprit est donc astreint à les réunir par la pensée et à les rapporter à un objet permanent qui les occasionne toutes, pour aboutir finalement à l'assertion que le moi, en tant que distinct du corps, possède aussi un corps.

54. Ces considérations suggèrent une nouvelle question. Comment l'esprit a-t-il connaissance des organes de la vue, de l'ouïe, de l'odorat, du goût, du toucher? Les connaît-il également par un intermédiaire? On l'admet généralement: le cerveau paraissant le siége de la perception, on pense que l'âme réside dans l'encéphale*), et épie en quelque sorte de là les organes des sens. Comme, par l'étude de la science naturelle, on a découvert que ces organes sont des branches particulières du système nerveux, on s'est demandé quelles étaient les conditions organiques nécessaires pour que l'esprit en perçût les affections diverses. Or, à cet égard, il nous est impossible de rien décider par intuition immédiate; la conscience ne donne aucune indication. Si l'on disait qu'il existe dans le cerveau un œil plus délicat où se réfléchit l'œil sensible, qu'il existe une oreille plus subtile, faite d'une étoffe plus fine, dans laquelle les impressions du son se reproduisent, ces assertions n'aideraient en rien à résoudre le problème qui nous occupe: quand même l'œil sensible serait vu par un œil plus fin, celui-ci, à son tour, par un plus fin encore, et ainsi de suite, il faudrait cependant adopter un dernier *centre sensitif* que l'esprit percevrait immédiatement.

Bornons-nous donc ici à la simple constatation du fait que nous n'avons conscience d'aucun intermédiaire par lequel nous saisirions les impressions diverses des organes sensoriels, et que c'est l'esprit qui regarde l'œil, écoute l'ouïe, etc. En effet, quand même l'œil est ouvert et que les objets extérieurs s'y réfléchissent parfaitement, si moi, l'esprit, je ne prête attention, je ne vois rien, même de ce qui „me crève les yeux", comme on dit familièrement; quand même l'oreille est saine et qu'elle est frappée de sons très-forts, si je suis plongé dans de profondes occupations intellectuelles, je n'entends rien, je ne perçois pas le moindre bruit.

55. Nous venons d'observer que nous ne connaissons

---

*) Comme l'araignée au centre de sa toile, d'après une antique comparaison. *(Note du traducteur.)*

les états déterminés du corps que par l'intermédiaire de ceux des organes de ses sens, lesquels, en tant qu'esprits, nous semblons percevoir immédiatement. Le moi n'a-t-il pas d'autre sensation de son corps? Cela n'est pas douteux; il a, à tout instant, et dès qu'il y est attentif, une sensation de sa disposition générale; ou, comme on dit encore, il a un *sens général,* qui l'avertit de la présence du corps dans son ensemble et par l'intermédiaire duquel il éprouve des sensations de bien-être ou de malaise général. Par exemple, on peut se sentir fort mal, au physique, sans avoir de renseignements précis sur la cause du malaise et sur la nature des agents qui l'amènent. De même, on se réjouira d'une sensation de bien-être, sans que celle-ci soit produite dans un organe déterminé. Existe-t-il un intermédiaire en ce qui concerne ce sens général? Nous n'en trouvons aucun dans notre conscience et jugeons percevoir ce dernier immédiatement. Je n'avance pas, d'ailleurs, qu'un pareil intermédiaire n'existe pas; mais, en conscience, je constate un fait: c'est que je ne le saisis point.

56. Jusqu'à présent nous avons examiné la relation de connaissance du moi avec son corps. — Mais, comme esprit, nous sommes encore avec lui en une autre relation indissoluble qui n'est plus la connaissance et que nous avons effleurée déjà dans la considération du sens général (55), à savoir la relation de plaisir et de peine. Nous ressentons jouissance physique et souffrance physique, et les accueillons dans le sentiment en les distinguant, d'une manière précise, du plaisir moral et de la peine morale. Il arrive qu'on éprouve concurremment et à la même occasion plaisir physique et peine morale, lorsqu'on s'afflige de se laisser absorber par les jouissances matérielles, que l'on goûte néanmoins. On peut savourer simultanément et ne pas confondre le plaisir du corps et celui de l'esprit: par exemple, à l'audition de belle musique, l'harmonie des sons nous réjouit en même temps que sa beauté idéale nous transporte et nous remue au fond de l'âme. On endure conjointement souffrance physique et morale, lorsque l'âme s'inquiète d'une blessure qui cause de la douleur au corps. L'illusion de l'imagination avive, pour l'être moral, la jouissance physique et la procure même, surtout dans le rêve.

Les observations précédentes montrent à l'évidence que l'homme distingue avec précision ces deux domaines du plaisir et de la peine, de la joie et de la douleur, et qu'il accorde à chacun une existence propre. Comment y parvient-il? Encore une fois, nous n'avons conscience d'aucun intermédiaire qui détermine cette distinction, et, sans même savoir ce qu'est le corps ou l'esprit, nous discernerions encore dans le sentiment une jouissance ou une souffrance physique d'un plaisir ou d'une peine morale. C'est donc là encore une relation essentielle du physique et du moral, d'être tous deux liés inséparablement au plaisir et à la peine. Quelle en est la raison? C'est un nouveau problème à dénouer; mais, en ce moment où nous ne recueillons que de simples observations, il serait contraire à la rigueur scientifique de chercher à l'approfondir.

57. Signalons encore une question qu'il ne faut point passer sous silence. Que devient l'esprit après la mort du corps? Qu'était-il avant sa naissance? L'esprit est-il né avec le corps et s'éteindra-t-il avec lui? L'intuition et l'expérience ne fournissent aucune indication à ce sujet; car nous n'avons point souvenir d'un commencement à notre vie intellectuelle, et, de l'état qui suit la mort, nous n'avons jusqu'ici aucune connaissance historique. Mais, en supposant même que la mémoire s'étendît à des milliers d'années de l'existence antérieure et que des esprits vinssent annoncer que les trépassés de notre globe continuent à vivre, la solution de notre question n'en serait guère plus avancée; il serait établi simplement que l'existence spirituelle se manifeste encore quelque temps après cette vie. Le point capital est le suivant: L'esprit a-t-il, en général, un commencement et une fin dans le temps? Aucune observation, ni expérience sensibles ou historiques ne sauraient porter la réponse; car toute observation se fait à un instant donné, elle a commencement et fin. Par suite, s'il est possible de trouver la solution de cet important problème, elle découlera d'une source de connaissance absolument différente de l'intuition pure et immédiate, à laquelle seule nous recourons dans les recherches actuelles. Nous nous bornerons donc ici à prendre note du problème, en nous réservant de le reprendre plus tard.

58. Toutes les formules du langage accusent la conviction que l'esprit et le corps sont unis intimement, pour constituer un seul et même être. „Je suis ici", dis-je, lorsque j'annonce la présence de mon corps; „c'est un tel", remarque-t-on, en constatant sa présence par la seule vue du corps; „je me mire", dis-je, exprimant ainsi que comme esprit et corps je forme un même être entier, bien qu'un peu de réflexion m'avertisse sur-le-champ que le miroir ne renvoie pas l'image de mon esprit. „Cet homme est beau, est fort", pense-t-on, et l'on ne songe cependant qu'à son corps. „Je me trouve bien, je souffre", dis-je, en parlant uniquement de l'organisme physique, auquel je suis lié. A la vue d'un cadavre, on s'écrie: „il est mort", comme s'il s'agissait de l'homme entier.

Cette union de l'organisme corporel avec l'esprit est, semble-t-il, si intime; la conviction que le moi se compose d'un esprit et d'un corps et que le corps est une de ses parties constitutives essentielles est si profondément enracinée qu'en parlant uniquement de la substance physique on emprunte le nom de l'individu complet.

59. Examinons maintenant la relation de l'esprit et du corps au point de vue de leur distinction. D'une part, on pense que le corps, formé par la nature, existe et subsiste en elle; or, on assure que celle-ci est extérieure au moi, et, par suite, que l'organisme corporel, comme tel, lui est aussi extérieur. La génération, la croissance, l'affaiblissement, la consomption du corps sont des opérations de la nature, à laquelle, de ce point de vue, il appartient bien plus qu'au moi.

D'autre part, esprit ou âme, je ne puis rien ajouter ni retrancher à la substance du corps comme création naturelle; je ne puis le reconnaître que si ses sens sont en bonne santé, travailler au moyen de ses membres que s'ils ont reçu de la nature force et agilité, en mouvoir librement qu'une partie; je ne perçois pas tout son système nerveux; mon cœur bat, mon estomac digère, mes poumons respirent, que j'y songe ou non; je n'ai sur ces phénomènes qu'une influence restreinte. Le corps ne m'appartient donc pas complètement, il n'est que partiellement lié au moi, je n'ai sur lui qu'un pouvoir limité. Certes, moi, l'esprit, je puis tuer ce corps;

mais comment? par le moyen de sa force propre, par l'emploi abusif de ses membres; si le bras, qui se prépare à lui ôter la vie, se trouvait subitement paralysé, je ne pourrais mettre mon projet à exécution.

Ces observations révèlent l'étendue du pouvoir de l'esprit sur le corps, pouvoir si étendu que l'esprit sait le faire périr par l'usage de ses propres membres; mais elles montrent aussi clairement l'indépendance du corps, qui abandonne l'esprit sans que celui-ci puisse s'y opposer.

60. Qu'est cette Nature, créatrice de mon corps? On répondra communément: „la nature est une chose extérieure au moi, répandue dans l'espace, variable dans le temps; elle est un tout continu; son essence propre est la corporéité, la matérialité". Cependant une observation plus rigoureuse décèle que son caractère distinctif n'est pas d'être corporelle ou matérielle, de tomber sous les sens. Ce n'est pas à ces qualités que nous la différencions de notre esprit; car chacun porte en soi, dans son imagination, un monde corporel qui l'occupe dans le rêve à tel point qu'il le confond même avec la nature présumée externe.

Un autre caractère essentiel, dit-on, procure la certitude que la nature est matière étrangère au moi: l'objet qui prend corps dans l'imagination pendant la veille ou le rêve est formé en pleine liberté; l'esprit, dans sa fantaisie, produit ce qu'il veut, crée chaque objet fantastique isolément et volontairement, tantôt un arbre, tantôt un animal, tantôt un être humain. Au contraire, pour ce qui concerne les productions naturelles, il sait qu'il ne les crée pas, il les rencontre complètement formées, il ne les engendre pas séparément et spontanément, comme le feraient le peintre et le statuaire; mais toutes prennent naissance au sein de la nature, avec toutes leurs particularités, en une fois, en un acte, pour ainsi dire, d'un seul jet. Le peintre, de son plein gré, fixe sur la toile de simples traits, mais la nature ne saurait composer une œuvre picturale; elle développe simultanément son règne végétal, son règne animal, ses terres, ses soleils, et chacune de ces productions est déterminée et conditionnée par toutes celles qui surgissent conjointement. Nous n'avons, il est vrai, aucune peine à discerner les créations naturelles de celles de la fantaisie, mais il n'en est pas moins aisé de voir que ce n'est pas sur le précédent contraste que se fonde la certitude de l'extériorité de la nature: il se pourrait, en effet, que nous rêvions également les objets matériels qui nous environnent, comme formés d'une pièce et sans le concours de la volonté, tout comme cela a lieu, disons-nous, pour ceux qui s'offrent pendant la veille et que nous certifions alors être extérieurs.

Comment donc parvient-on à la pensée qu'il existe au dehors du moi une nature indépendante de celui-ci?

61. Avant de répondre à cette question, nous en rencontrons une autre plus spéciale: Comment atteint-on à ce que l'on assure savoir des objets de la nature présumée externe? comment en acquiert-on connaissance?

Ce que l'on dit en connaître s'obtient par l'intermédiaire des sens du corps (53). Bien entendu, je soutiens seulement que nous acquérons par cette entremise chaque connaissance se rapportant aux particularités individuelles des objets naturels complètement spécifiés, mais nullement que nous lui sommes redevables des notions de ces objets.*) Les remarques qui suivent entraîneront la conviction de ce que j'avance.

Portons d'abord notre attention sur le sens de la vue et sur ce que l'on sait des propriétés physiques de la lumière par le moyen de la vision. Quelques observations très-simples indiquent à l'évidence que l'esprit ne voit nullement des objets soi-disant extérieurs au corps, mais bien le nerf optique et les impressions lumineuses sur la rétine. Si l'on ferme l'œil, on n'aperçoit plus rien; cette remarque banale suffit pour confirmer la perception indirecte des objets. Dans certaines affections, par exemple dans la jaunisse, l'image reçue sur la rétine change également; l'homme atteint de jaunisse voit tout en jaune. Fermant un œil et pressant l'autre du doigt, on voit simultanément plusieurs images du même ob-

---

*) Comme le dit *Fichte*, nous savons l'existence des objets parce que nous les voyons ou touchons, mais nous savons que nous les voyons ou touchons uniquement parce que nous le savons. Nous le savons immédiatement. *(Note du traducteur.)*

jet; or, si l'on voyait celui-ci même, il faudrait, dans ce cas, admettre qu'il se dédouble selon notre désir. Le corps étant immobile, si l'on fait avec la main mouvoir un œil vers le haut ou le bas, l'autre étant maintenu fixe, on perçoit deux images, l'une oscillante, l'autre fixe, et la première suit chaque mouvement de l'organe. Le champ même de chacun des yeux est différent, sans qu'on y prête attention; en effet, puisque la saillie du nez les sépare, je ne découvre avec chacun d'eux qu'un angle plus petit que deux droits; si je ferme l'œil droit ou l'œil gauche, il m'échappe une grande partie des objets qui se trouvent immédiatement à ma droite ou à ma gauche; mais, en laissant les deux yeux ouverts, je les vois tous conjointement sans faire la distinction du champ commun aux deux organes et des champs particuliers à chacun.

De même, dans le sens de l'ouïe, l'esprit n'entend pas résonner les corps extérieurs, mais la membrane du tympan. Pour ce qui est du goût et de l'odorat, il ne goûte et n'odore pas les choses soi-disant savoureuses et suaves, mais bien l'action chimique organique sur les nerfs de la langue et du nez, laquelle persiste après qu'on a éloigné l'objet qui l'a occasionnée. — Dans le sens du toucher, ce n'est pas la matière extérieure au corps que l'esprit touche, mais ce qu'il sent au dehors de lui, c'est l'affection du nerf tactile, aussi bien en ce qui concerne les sensations de température que les divers degrés de pression.

On ne perçoit donc immédiatement par les sens que les impressions des nerfs du corps, et celles-ci, comme leurs objets, sont contingentes, individuelles, mais nullement générales, ni nécessaires. Toute perception sensible est limitée sous le rapport de l'étendue, de la durée et de la force; par exemple, la vue ne pénètre qu'à une distance restreinte, et l'ouïe se trouve bornée à une proximité plus grande encore.

62. Cependant, comme chacun sait et comme je l'ai déjà signalé précédemment, on ne s'en tient pas à la représentation des objets matériels qui subsistent dans la sphère de la perception des sens: la conscience réfléchie présume déjà, avant toute spéculation philosophique, que la nature s'étend sans limite dans l'espace et dans le temps. Sur quoi donc s'appuie-t-elle pour avancer pareille opinion? Comment ar-

rive-t-elle, en partant d'impressions sensibles isolées, à proclamer l'existence propre de la nature même?

Cette question en renferme plusieurs autres subsidiaires. La première: Comment parvient-on à interpréter, à comprendre chaque sens? par exemple, à figurer perspectivement l'image de la rétine, à la transporter concurremment à l'extérieur du corps, et admettre que des objets externes visibles lui correspondent et s'offrent sous des figures et des positions déterminées. La seconde: comment procède-t-on pour rassembler les impressions isolées, dispersées dans les sens, et les rapporter à un seul et même objet? par exemple, à savoir que c'est la même fleur que l'on touche, voit et flaire, bien que l'image en soit dans l'œil, le toucher dans les nerfs tactiles des doigts et l'odeur dans les nerfs olfactifs. La troisième enfin: Comment arrive-t-on, par le moyen de ces impressions sensibles isolées d'abord et rassemblées ensuite, à se former une image d'ensemble de la nature externe qui nous entoure? image d'ensemble que chacun se crée à tout degré de conscience, restreinte, de peu de variété et de profondeur chez l'homme inculte, plus riche pour l'homme instruit, et variant de la conception du monde terrestre jusqu'à celle du système de l'univers.*)

*) Un exemple frappant, rapporté par *MM. Ahrens* et *Tiberghien*, fait saisir les difficultés que présente dans l'enfance l'interprétation des sensations, et permet de se rendre compte de l'activité de l'intelligence qui juge les impressions sensibles et doit en chercher la cause. Un jeune homme, auquel le Dr. *Cheselden* abaissa les cataractes en 1727, ne distingua de longtemps, après sa guérison, ni grandeurs, ni distances, ni figures. Un objet d'un pouce mis devant son œil lui paraissait aussi grand qu'une maison. Il croyait que les objets étaient appliqués sur les yeux comme sur la peau. Il connaissait la rondeur et les angles, le haut et le bas par le tact, mais il ne les discernait pas par la vue. Il lui fallut un grand nombre d'expériences pour s'assurer que la peinture représentait les corps solides, et quand il se fut bien convaincu, à force de regarder les tableaux, que ce n'était point des surfaces qu'il voyait, il y porta la main et fut bien étonné de ne rencontrer qu'un plan uni et sans saillies; il demanda alors quel était le trompeur, le toucher ou la vue. Il eut beaucoup de peine à reconnaître ses propres organes; il en avait depuis longtemps remarqué les reflets dans les yeux, avant qu'il concût la pensée que

Examinons rapidement ces divers points. Comment parvient-on à interpréter l'impression de chaque sens? Dans cette opération, l'esprit fait intervenir évidemment des pensées non-sensibles, des notions ou des idées, des jugements et des raisonnements. Et, à la vérité, de deux espèces: d'abord, des préconceptions *a priori*, des prénotions, qui ont rapport à l'essence propre de la nature, mais qui ne découlent pas de perceptions sensibles; par exemple, les pensées: matière, corps, celles de la cohésion de la matière, de l'activité comme cause du changement dans les impressions des sens, etc. A ces pensées se joignent celles de la durée, de l'étendue, du mouvement; on affirme sans hésitation que les objets de la nature existent et se meuvent dans l'espace et dans le temps, et cependant on ne saurait ni flairer, ni entendre, ni goûter, ni saisir de quelque autre façon par les sens du corps, le temps, l'espace et le mouvement.*) Mais

---

ces organes étaient les siens. Il ne parvint que lentement à comprendre la correspondance qui existe entre les sensations de la vue et celles du toucher; il se figurait qu'un corps ne pouvait avoir qu'une seule forme et ne s'expliquait pas que son chat pût se manifester aux yeux sous tant de formes différentes. (V. *Tiberghien*, Logique, T. 1, p. 161.) *(Note du traducteur.)*

*) Ce qu'on dit savoir de général et de nécessaire au regard de la nature, on n'a pu le tirer des sens, puisque ceux-ci ne signalent que les qualités complètement finies, déterminées, d'un objet singulier. Nous ne saurions, en aucune façon, concevoir par leur intermédiaire l'espace, le temps ou la force; dans le champ de l'imagination, nous reconnaissons l'espace, et retraçons ses figures finies; par notre activité interne propre, nous acquérons la conscience du temps et de la force; mais il nous est impossible de les voir par les yeux du corps, de les entendre par l'ouïe ou de les percevoir d'une manière sensible quelconque. Même, ce qui paraîtra plus étrange à beaucoup de personnes, la matérialité ou la corporéité n'est pas saisie uniquement par la pure perception sensible corporelle; bien que chacun dise qu'il voit, entend, odore, goûte, touche des corps, cela n'est pas cependant; la corporéité est la pensée de ce qui est essentiellement permanent dans l'espace, qui existe étendu suivant trois dimensions, longueur, largeur et profondeur, qui est cohérent; or, ces propriétés, nous ne pouvons les saisir par le moyen d'un sens du corps, mais seulement les contempler dans l'imagination. Le toucher, d'après les sensualistes,

ensuite, outre ces prénotions non-sensibles qui ont rapport à l'essence supposée de la nature même, on fait appel à beaucoup d'autres plus générales, qui ne valent pas pour elle seule; telles les pensées: objet, quelque chose, chose particulière, sans lesquelles il serait impossible de rapporter les impressions sensibles éparses aux objets qu'on présume les produire. Puis interviennent les notions: entier, partie, relation, fondement, causalité, sans lesquelles on ne saurait conclure qu'il existe hors des sens des objets permanents qui occasionnent leurs impressions; grâce à ces notions, on raisonne sans cesse comme suit: les impressions produites sur les organes sensoriels doivent avoir une cause externe qui les détermine, et celle-ci est la chose, l'objet, l'être permanent.*) Il est évident aussi qu'on applique à l'examen de

---

nous fournit la notion de solidité, de matière, d'étendue; mais la sensation du tact n'a aucune dimension et peut, tout au plus, en se répétant, suggérer ou rappeler la pensée d'un solide ou de l'espace.

*) Ce raisonnement, tout homme a dû le faire, sous une forme ou sous une autre, avec quelque degré de clairvoyance, pour se convaincre de l'existence d'un monde corporel extérieur, à la différence des représentations internes de l'imagination. Si, à l'âge adulte, nous avons perdu le souvenir de cet acte, c'est qu'il se rapporte à notre première enfance, où nous avons tout appris sous l'impulsion des instincts de l'esprit, qui s'effacent ou se transforment devant l'observation psychologique. Les procédés de l'enfant ne sont pas les nôtres, ils sont plus intuitifs et paraissent plus sûrs, si l'on en doit juger par voie de comparaison avec les adultes qui recouvrent l'usage d'un sens. Mais le raisonnement revient à la conscience dès qu'il faut expliquer des sensations peu communes ou interpréter les illusions de nos sens. Un bruit se produit dans ma chambre pendant que je suis assoupi, je me réveille et j'écoute. Est-ce un son réel ou l'écho d'un rêve? Je n'entends plus rien, je reste dans le doute. Mais le bruit se renouvelle; cette fois la chose est sûre: je ne dors pas, je ne suis pas sujet aux hallucinations, le phénomène a donc une cause étrangère: il y a quelque chose. Qu'est-ce donc? Un meuble qui joue, un animal qui gratte à la porte, une personne qui est entrée dans l'appartement? Je l'ignore... Ce raisonnement vulgaire n'est que la traduction de cet autre: tout phénomène a une cause; si la cause n'est pas en moi, elle est au dehors; quelle est la cause? C'est ce que l'impression de mon ouïe ne m'a pas appris; mais à coup sûr la cause n'existe pas sans un être qui la supporte. (V. *Tiberghien,* Logique, T. 1, p. 169.) *(Note du traducteur.)*

la nature les pensées: loi, ordre; car les impressions des sens étant séparées, si réellement elles sont soumises à des lois, l'intelligence doit posséder déjà la notion de loi, pour l'estimer réalisée en elles. Tel est l'un des fondements de la possibilité d'interpréter les sens, de réunir les perceptions sensibles éparpillées et de parfaire une image d'ensemble des objets réputés externes.*)

A ce fondement s'en ajoute un second, interne, intellectuel, à savoir la faculté de se représenter dans l'imagination sous une forme sensible, corporelle et individuelle, d'y faire prendre corps, tous les objets matériels imaginables; chaque esprit sait, avec le concours des prénotions générales mentionnées ci-avant, se créer un monde corporel interne, propre à lui seul, auquel il transmet les propriétés physiques et chimiques. Cette faculté se manifeste dans le rêve, se constate chez le poète et l'artiste. Dans cette création, l'esprit procède intérieurement en pleine liberté et forme à volonté chaque objet matériel spécial. Après avoir observé les impressions des organes, après avoir, par exemple, perçu une image sur la rétine, il l'étend aussitôt en imagination suivant les trois dimensions, et bien qu'il ne saisisse dans l'œil qu'un dessin superficiel de l'objet vu sous une seule face, intellectuellement il le constitue en relief, comme le ferait un statuaire, s'imagine regarder la périphérie entière et complète la figure en toutes ses parties. Dans ces reproductions de l'imagina-

---

*) *Platon* déjà avait signalé ce point dans le Théétète. „Comme chaque sens", dit-il, „a un ordre spécial de perceptions et qu'il est impossible de sentir par un organe ce que l'on sent par un autre, il faut admettre que les choses communes à toutes nos sensations ne sont perçues par aucun organe du corps. Or la première idée que nous ayons au sujet de deux sensations, par exemple, d'un son et d'une couleur, c'est que toutes deux *sont*, puis que chacune est identique à elle-même et différente de l'autre, que prises conjointement elles sont deux et que chacune prise à part est une. Ces idées de l'être et du non-être, de l'identité et de la différence, de l'unité et des autres nombres ne sont acquises ni par la vue, ni par l'ouïe, ni par aucun autre sens, puisqu'elles sont communes à tous les objets, elles sont de ces choses que l'âme connaît immédiatement par elle-même sans le secours du corps". (V. *Tiberghien*, Logique, T. I, p. 261.) (*Note du traducteur.*)

tion, l'intelligence ramasse les impressions de la lumière sur la rétine, du son sur le tympan, de la saveur, de l'odeur et du contact sur les papilles nerveuses; il lui est absolument indifférent qu'au sein de l'organisme corporel, celles-ci se trouvent dispersées en des endroits différents; car, dans la vision interne de la fantaisie, elles subsistent ensemble au même objet matériel, en étendue, en durée et en force. Tel est le procédé général que suit l'esprit humain pour retracer l'image des objets de la nature.

Cependant les considérations que nous venons d'exposer n'éclaircissent pas le point principal soulevé plus haut: Comment parviens-je à reconnaître que les objets sont extérieurs à moi, l'esprit? Ne pourraient-ils pas aussi bien se trouver en moi? Car, pour reproduire pendant l'état de veille leur aspect dans l'imagination, ne dois-je pas réunir leurs diverses particularités l'une après l'autre, et n'en est-il pas de même pour les figures créées par la fantaisie durant le sommeil; les formes des choses rêvées n'ont-elles pas autant de précision que celles des choses supposées extérieures? Nous n'apercevons pas encore ici le fondement de la solution de ce problème; prenons-en note, et poursuivons l'observation des faits jusqu'à ce qu'elle nous donne la réponse cherchée.

63. Une réflexion surgit, dès à présent, au sujet du fait signalé ci-avant, à savoir qu'il intervient, dans notre connaissance de la nature, des prénotions *a priori* que ne procure aucune expérience sensible. Pour ce qui est de la vision propre du moi, la conscience en témoigne, ces dernières lui sont applicables et se trouvent confirmées en lui (50). Mais il en est autrement lorsqu'on leur attribue légitimité à l'égard de la nature externe, dont on ne connaît rien sans intermédiaire. Par exemple, on affirme fatalement et l'on présuppose sans cesse qu'elle est, partout et toujours, régie selon des lois; on s'en rapporte sur-le-champ, sans hésitation, aux calculs du calendrier, admettant que le cours des évènements naturels ne sera point modifié; et s'il vient à se produire des phénomènes qui semblent anormaux, tels que des éruptions de volcans, des tremblements de terre destructeurs, des déprédations d'animaux féroces, l'étonnement nous saisit, notre sentiment se soulève, parce que nous exigeons de la nature

qu'elle soit réglée harmoniquement; mais, en réfléchissant à ces évènements, nous finissons par penser qu'ils doivent nécessairement avoir lieu d'après une loi naturelle supérieure encore inconnue. Qu'est-ce qui autorise à faire ainsi des suppositions générales *a priori* au regard de la nature? Ce n'est point la connaissance propre du moi, car la pensée: moi, n'implique nullement celle de la nature; ce n'est pas non plus l'observation sensible externe, car elle ne fournit jamais qu'un cas particulier, une chose purement et complètement limitée, rien de général, aucune loi. Si néanmoins on fait usage de ces prénotions à l'égard de la nature, c'est qu'on admet qu'il se rencontre dans la conscience certaines idées générales, dont le contenu et la légitimité dépassent le moi et qui s'adaptent à tous les objets de la pensée.

De là découle à nouveau la nécessité d'acquérir une connaissance complète et précise de ces idées autodidactes, de ces préconceptions non-sensibles et générales, pour rechercher ultérieurement, en temps et lieux, à quels objets et sous quelles conditions elles sont légitimement applicables.*) Nous nous

---

*) *Fichte* a très-bien vu que la sensation n'est qu'une manière d'être du moi même, que le moi ne perçoit donc que lui-même. „Si je différencie les objets", dit-il, „c'est que je saisis des différences dans mes sensations. Mais alors, pourquoi parlons-nous des objets extérieurs et de leurs qualités? D'où vient que nous ne laissons pas les sensations où elles sont réellement, c'est-à-dire en nous, que nous les transportions, au contraire, à un objet hors de nous; que nous en fassions des attributs des choses, tandis qu'elles ne sont, en définitive, que des modifications de nous-mêmes? Bien plus, aux qualités sensibles nous présupposons un support, un soutien que nous concevons comme étendu et que nous appelons matière ou substance. Mais nous ne voyons pas cette étendue, nous ne la touchons pas davantage. Comment se fait-il donc qu'au lieu de nous représenter nos sensations comme successives, dans l'ordre où nous les éprouvons réellement, nous nous les figurions, au contraire, sous la forme de modifications simultanées, coexistantes à la fois sur plusieurs points d'une surface? Nous ne percevons d'aucune façon de l'étendue dans les corps, et cependant nous croyons voir et palper des surfaces, et derrière la surface nous imaginons encore une troisième dimension, aussi invisible et impalpable. Nous allons au-delà de nos propres impressions. Au lieu d'étendre

occuperons plus loin de la légitimité de nos connaissances non-sensibles; ici nous constatons seulement que si elles ont un fondement, il doit être supérieur au moi, puisque la simple notion de celui-ci ne les implique pas, comme telles, et que si elles sont confirmées en lui, elles le dépassent néanmoins.

64. Au problème de l'observation externe se rattache aussi la question suivante: Comment l'homme acquiert-il la connaissance d'autres êtres raisonnables, de ses semblables, avec la certitude qu'ils ne sont pas des créations de la fantaisie, mais des êtres réels, subsistant par eux-mêmes? C'est uniquement par l'intermédiaire de leur manifestation physique dans la sphère commune de la nature que nous percevons leurs particularités. Comme esprits, ils ne nous apparaissent

---

aussi arbitrairement celles-ci dans la nature, déclarons nettement qu'il n'y a point de corps pour la pensée, puisque la matière n'a d'autre propriété que d'être perceptible. Nous ne sommes pas même fondés à prétendre que nous ayons des sens extérieurs. Chacun reçoit uniquement des sensations dont il a conscience; il y applique ensuite, d'après une loi de son intelligence, le principe de causalité. Nos impressions, disons-nous, doivent avoir une cause, et comme nous ne croyons pas cette cause en nous, nous concluons qu'elle est hors de nous, dans les objets. Et d'ailleurs, comment savons-nous que tout doit avoir une cause ou un fondement, même nos impressions? Dans la vision du moi. Quelle est alors la valeur de ce principe en dehors du moi? De quel droit l'imposer aux choses soi-disant extérieures? Il faut toujours en revenir là: dans ce que nous appelons la connaissance des objets, c'est nous que nous reconnaissons. Le monde extérieur n'est qu'une création de notre commune imagination, née du besoin qu'a l'esprit d'objectiver ses représentations internes. Comme objet de la science, il n'a pas d'existence indépendante du moi". (V. *Tiberghien*, Logique, T. I, p. 145.)

Ces déductions rigoureuses de l'idéalisme montrent à l'évidence que l'existence du monde extérieur ne peut être acceptée scientifiquement qu'appuyée d'une déduction non-moins sévère. Les idéalistes déclarent qu'une pareille déduction est impossible et que le sens commun, qui proteste, n'a qu'à se soumettre aux décisions de la science. *Fichte* convient cependant que si le principe de fondement ou de causalité avait une valeur universelle, l'existence du monde extérieur serait aussi certaine que celle du moi. Là est donc le nœud de la difficulté; il s'agit d'établir la légitimité universelle de nos pensées non-sensibles et, en particulier, de celle de fondement et de cause. *(Note du traducteur.)*

pas directement; nous ne savons pénétrer leur intérieur par l'imagination, ni connaître immédiatement leurs pensées, leurs sentiments, leurs actes de volonté; il ne nous est point départi de nous mettre en rapport les uns avec les autres comme purs esprits.

Bien entendu, je ne soutiens point qu'un pareil commerce est, *à soi*, impossible; car, de ce qu'une chose n'a pas lieu actuellement, il ne s'ensuit aucunement qu'elle ne puisse jamais se présenter. Il est, comme on sait, des personnes qui assurent converser directement avec des esprits: toutefois elles doivent examiner avec soin si elles ne s'abusent pas et ne confondent pas dans l'imagination des apparitions fantastiques avec des esprits subsistant effectivement au dehors d'elles-mêmes. Pour nous, qui n'avons jamais eu conscience de semblable relation, leur témoignage n'est d'aucun secours, car elles-mêmes, qui l'attestent, nous sont étrangères; or il s'agit précisément de savoir, pour la première fois, comment se forme la connaissance des êtres raisonnables existant *au dehors;* et l'on ne peut attacher ni valeur ni certitude absolue à ce que l'on n'observe et ne trouve pas soi-même.

Quant à *nous*, nous sommes actuellement, en tout rapport avec d'autres êtres intelligents, assujétis à l'entremise du corps, et, dans cette condition, aussi longtemps qu'il ne nous sera pas accordé de communiquer avec eux d'une nouvelle manière, leur connaissance est basée sur les points principaux qui suivent. Premièrement, à chaque homme se dévoile son propre corps par l'intermédiaire de ses sens. Secondement, il se rend témoignage que, comme esprit libre, il meut spontanément l'organisme corporel qui lui sert d'instrument, et, de plus, que certains sons et mouvements expriment les états internes de l'âme. Troisièmement, grâce aux perceptions des organes sensoriels, il se fait une représentation de la nature extérieure, ainsi qu'on l'a expliqué plus haut (62). Quatrièmement, en observant celle-ci, il perçoit d'autres corps, tels précisément qu'il a trouvé le sien; et alors, juge-t-il, aussi certaine est l'existence de ce dernier, aussi évidente est celle d'autres organismes semblables; car le fondement de connaissance est absolument identique pour les deux espèces d'organismes: c'est par l'intermédiaire des mêmes sens qu'il les reconnaît, qu'il voit, par exemple, sa main ou celle de son voisin; les deux phénomènes sont, à soi, absolument identiques, et le fondement de leur certitude est tout à fait le même. Enfin, cinquièmement, chacun constate que ces corps, qu'il croit ne pas mouvoir, sur lesquels il pense n'avoir aucune action, se déplacent, se meuvent exactement comme le sien et produisent les mêmes sons; de cette remarque, fort de la conscience qu'il a de régir comme esprit libre son organisme corporel et de manifester ses états intellectuels par des gestes et des sons, il induit, d'après l'analogie et avec l'aide des prénotions non-sensibles déjà mentionnées, que des phénomènes semblables dans les corps d'autres êtres, perçus par les sens, ont un fondement semblable; ces êtres sont, pour lui, des *moi* comme le sien, qui, liés à des corps, les meuvent, agissent et manifestent par leur entremise l'activité de l'intelligence.

Ce n'est donc pas d'autres esprits que l'on perçoit d'abord, mais des corps, et l'on conclut de ces derniers à l'intelligence; ils reproduisent certains actes externes, qui matériellement n'ont aucune signification, mais qui en ont une intellectuellement: j'entends surtout la parole. Les mots du langage sont, comme phénomènes sensibles, absolument sans but au point de vue du corps, à l'exception des seuls cris exprimant la douleur ou la joie; les termes et les paroles désignant des pensées ou dépeignant des sentiments complètement déterminés, n'ont physiquement aucune signification, et leurs sons n'ont aucun rapport immédiat avec ce qu'ils désignent. C'est pourquoi, conclut-on, partout où s'entendent des voix articulées, domine une intelligence qui les emploie comme signes. Si, par exemple, l'on écoute un discours prononcé en une langue étrangère, sans apercevoir l'orateur, on conclut sur-le-champ qu'un esprit décèle sa présence, quand même les sons seraient émis au moyen d'une machine à parler; et cela parce que ce phénomène considéré au simple point de vue matériel est absolument inexplicable. Qui dit langage, dit intelligence.

65. Telle est, brièvement exposée, la voie par laquelle l'esprit fini arrive à reconnaître ses semblables par l'entre-

mise de la nature. C'est un fait particulièrement digne de remarque que la possibilité de la connaissance d'autres esprits, subsistant comme hommes, a pour conditions la connaissance de soi comme intelligence et la faculté de s'y figurer les autres. *Fichte* enseigne justement le contraire: „tout esprit“, dit-il, „ne se reconnaît que si un autre individu, extérieur à lui, stimule son activité propre“. Nos développements montrent assez le peu de fondement de cette assertion: chacun découvre par soi-même l'existence d'autres individus intelligents, parce qu'il se rend compte de la relation de son esprit avec son corps, et interprète, d'après elle, les manifestations d'autres organismes humains.

Nos observations paraissent en contradiction complète avec la conscience commune: dans l'état de conscience antéscientifique, on s'imagine converser sans intermédiaire avec ses semblables, être en leur présence immédiate, les voir eux-mêmes comme esprits unis avec le nôtre. C'est de la plus haute importance de se convaincre qu'il n'en est point ainsi; nos semblables mêmes ne s'offrent pas à notre esprit, mais seulement l'image, l'idée que nous nous formons d'eux dans notre intimité; leur corps même ne nous est pas immédiatement présent, mais seulement les impressions sensibles distribuées dans nos organes sensoriels (61) et rassemblées par l'imagination en une image matérielle (62); toute appréciation de l'intelligence d'une autre personne résulte aussi uniquement de l'idée qu'on s'en est formée par libre activité, grâce à plusieurs intermédiaires et d'après les manifestations externes de cette intelligence. La plupart des hommes perdent de vue cette particularité et se figurent que leurs contemporains sont en réalité tels qu'ils les jugent, et rien de plus. Ils émettent ainsi les uns des autres des jugements tout à fait erronés; confondant la copie avec l'original, ils s'irritent et se chagrinent souvent sans motif réel l'un au sujet de l'autre. De plus, chacun ne sait juger que selon sa propre capacité intellectuelle; d'où la nécessité de la circonspection et de la tolérance dans l'appréciation de ses semblables.

66. En cette matière encore, il semble que nous affirmions d'autorité l'existence et la vie d'autres esprits au dehors de nous. Certes, nous l'affirmons et nous nous en disons

convaincus. Cependant, est-ce bien là une certitude? Ne sont-ce pas des phénomènes du rêve que nous venons de décrire? Ne pouvons-nous pas rêver des sociétés d'hommes, avec les caractères d'extériorité et d'existence propre inhérents à celles rencontrées pendant la veille, avec les émotions que procurent ces dernières? Le poète inspiré ne crée-t-il pas de toutes pièces, dans la fantaisie, l'image d'un monde intellectuel semblable au monde effectif? Les personnages de la fiction n'émeuvent-ils pas aussi profondément que les êtres de la réalité, ne font-ils pas, comme ces derniers, verser des larmes de joie ou de douleur?

On ne saurait donc éluder la question: Qu'est-ce qui donne la certitude que l'état nommé la veille n'est pas plutôt un état d'hypnotisme ou de sommeil profond? Pour y répondre, on devrait savoir, au préalable, sur quelle base repose la légitimité de considérer le corps comme extérieur au moi qui l'observe. Le moi rêve-t-il aussi son corps ou un corps différent de celui qu'il possède effectivement? C'est ce dont il faut s'assurer avant de porter jugement sur la légitimité d'accepter au dehors de soi des esprits individuels effectifs; car on ne raisonne à leur égard que par l'intermédiaire d'impressions particulières des organes sensoriels, comme nous l'avons reconnu plus haut (64).

J'insiste sur cette remarque. Nous n'avons pas jusqu'à présent reconnu le fondement concluant de la certitude de l'existence d'une nature externe (62 et ss.) et d'autres êtres intelligents. Je signale, encore une fois, ce problème capital de la recherche scientifique: Sur quelle base inébranlable s'appuie l'évidence de la vérité de nos représentations et de l'existence propre d'un monde extérieur et d'autres êtres raisonnables au dehors de nous? En cette matière, on ne doit pas se payer d'hypothèses; dire, par exemple: „le monde externe est une création de notre commune imagination, la nature est ce que nous sommes en commun"; ou, comme *Fichte:* „il existe un moi absolu qui, par son activité infinie, par son activité créatrice originale, pose en soi la nature entière avant et au-dessus de la conscience des moi individuels, et puis enveloppe aussi tous les esprits finis". Qu'importent ces conjectures? Elles ne sont pas moins incertaines que notre connaissance actuelle du fondement suprême de la certitude, et, quelque ingénieuses qu'elles paraissent, il ne faut leur accorder aucune influence sur la marche de l'analyse scientifique.

67. Nous avons été conduits (51) à examiner les parties constitutives du moi et nous avons reproduit l'opinion généralement adoptée: Il se compose, comme homme, d'esprit et de corps. Nous avons élucidé ensuite ce qui concerne plus particulièrement l'organisme physique (53 à 66); il nous reste à envisager la seconde face de la thèse: Le moi est esprit ou âme. Ces termes sont employés ici dans l'acception vulgaire. On sait qu'ils ont des significations différentes dans les diverses écoles de philosophie: ainsi, certaines d'entre elles admettent que l'âme est l'esprit, mais en tant seulement qu'il est en relation réciproque avec le corps, elle est l'esprit uni au corps; pour d'autres, elle est le principe vital du corps, ou l'esprit, comme fondement de la vie corporelle, s'appelle âme (*anima*); pour d'autres encore, l'homme se compose de trois parties: de l'esprit, de l'âme et du corps.

Il y aura donc lieu de discerner avec soin l'opposition de ce qu'on appelle corps et esprit.

68. Laissons les hypothèses et tenons-nous à l'observation: Que suis-je en tant que je parle de *mon* corps, que je *m'*en distingue et *m'*affirme comme être qui n'est pas *mon* corps? Ce que je suis comme tel, ce qui pose inéluctablement que *moi* et *corps* ne sont point des mots d'égale valeur, je le nommerai provisoirement: *esprit* ou *âme*, tout en me réservant de préciser plus tard.*)

---

*) Quelle que soit l'essence de l'âme, il est donc incontestable que nous aurons à nous envisager comme être intelligent. Si l'on appelle l'âme ou l'esprit: ψυχή, la science de l'âme pourra s'intituler *psychologie*, et aura pour objet de déterminer l'essence entière de l'âme. Nous nous demandons ici: En quoi sommes-nous esprit ou substance distincte du corps? Ce problème est évidemment du ressort de la psychologie. Toutefois je ne me propose pas d'exposer dans ce chapitre la théorie complète de cette science, mais seulement de spécifier par l'observation interne ce qu'expriment les termes *esprit* ou *âme*. La psychologie comprend deux parties: la *psychologie absolue et générale*, qui déduit l'essence éternelle et

Comme être distinct de *mon* corps, du corps *de moi*, je me dis plus proprement: *moi*, *moi-même comme âme*. Ainsi *je* suis un être entier, subsistant par lui-même, en opposition avec son corps. Cela ne signifie point cependant que je puisse exister également comme esprit seul, sans corps. Cette existence est-elle ou non susceptible de se réaliser? L'expérience ne fournit aucune donnée à cet égard; je n'ai aucune réminiscence d'un état dans lequel je me serais trouvé uniquement comme esprit, dénué d'organisme corporel. Cela ne veut pas dire non plus que l'âme ne saurait continuer d'être sans le corps: parce que je ne puis actuellement me dépouiller de celui-ci, il n'est point démontré que je n'ai jamais subsisté, ni que je ne subsisterai pas sans lui après sa mort.

Je note simplement les faits. Chacun s'accorde entièreté et existence propre, en tant qu'il se distingue du corps, ou comme on dit, en tant qu'esprit. Toutefois cette existence spirituelle n'est pas une existence séparée (*Alleinständigkeit*), mais plutôt une existence d'union; chacun octroie l'existence propre à *son* corps (52 et ss.) comme à *son* esprit, et en conclut que les deux substances sont unies intimement tout en maintenant leur individualité. Mais originairement, dans la vision primordiale de soi (30), chacun se saisit comme être un, propre, entier, substantiel, sans aucune antithèse; et s'attribue alors, antérieurement à la distinction de l'esprit et du corps, une existence absolue, selon laquelle purement: il subsiste par soi-même. Cette existence entière comme moi im-

---

générale de l'âme, ou *psychologie métaphysique*, suivant l'expression reçue; et la *psychologie expérimentale* ou historique. Dans cette dernière partie, la connaissance de l'âme se développera par l'observation des phénomènes de la vie spirituelle, aussi bien en ce qui concerne l'individu qu'en ce qui touche à la Société. Aussi la psychologie expérimentale commencera-t-elle par analyser et classer les manifestations remarquables de la vie de l'esprit; puis, avec l'aide des idées autodidactes inhérentes à l'intelligence, elle en abstraira rationnellement les caractères communs et les lois, dans la mesure où son procédé intuitif le permet. Mon but n'est pas, dis-je, d'exposer dès à présent toute la psychologie analytique, mais d'établir, comme fait interne de la conscience, la manière dont le moi s'affirme *esprit*.

plique l'existence comme esprit, l'existence comme corps, enfin l'existence d'union, comme être constitué d'esprit et de corps unis intimement, comme homme.

69. Quelle est la relation de l'esprit avec le corps? Faut-il mettre l'esprit à côté du corps, sur le même rang, le premier étant aussi essentiel que le second, et celui-ci non moins essentiel que le premier? Ou bien, l'esprit est-il l'être supérieur, le corps, au contraire, l'être dépendant, de sorte que l'essence de ce dernier serait d'ordre inférieur à celle de l'esprit, et que même le corps, comme substance étrangère, viendrait, de l'extérieur, s'unir simplement à l'âme? Ou bien le corps apparaît-il l'être principal auquel est soumis l'esprit? L'âme ne serait-elle qu'une activité spéciale de la matière? Ou enfin, leur relation serait-elle ordonnée de la manière suivante: je serais l'entier comme moi, et, à la vérité, un autre entier encore comme esprit; et le premier se composerait des deux substances constitutives, l'esprit et le corps, comme parties internes subordonnées?

Il importe de n'omettre aucune de ces opinions, en apparence plausibles au même degré; car toutes ont été défendues par les systèmes philosophiques, et se retrouvent dans les idées religieuses des peuples. D'après la diversité des bases admises, ces systèmes s'écartent éminemment l'un de l'autre dans leurs conséquences. Par exemple, ceux qui placent le corps au-dessus de l'esprit et considèrent celui-ci comme une manifestation de l'activité corporelle, sont les systèmes sensualistes ou matérialistes; ceux qui soutiennent, au contraire, que le corps est un être d'une espèce étrangère à l'âme, une substance matérielle, naturelle, à laquelle l'âme se trouve simplement unie, sont les systèmes spiritualistes.

De plus, pour la conduite de la vie, la manière dont l'homme envisage la relation de l'esprit et du corps, est de la plus grande importance pratique. S'il regarde l'esprit comme d'essence égale à celle du corps, il estimera aussi le développement physique une chose essentielle, ayant sa dignité propre; il cherchera à entretenir le corps, à le fortifier, à le perfectionner, à le maintenir en état de santé et de beauté. S'il pense que l'âme n'a aucune existence propre et n'est qu'activité corporelle particulière, fonction animale, il ne tardera guère à admettre que la mort du corps marque aussi la fin de l'âme; par suite, son devoir consiste à s'occuper surtout et avant tout de soigner l'organisme, siége même de la vie, de toutes les joies et de toutes les douleurs. S'il se persuade, au contraire, que le corps n'est qu'un objet matériel, d'une espèce étrangère à l'esprit, une matière vile, indigne, imposée à l'âme, une prison, une guenille, il professera l'opinion qu'il doit s'en rendre indépendant, le mépriser, le contrarier dans ses tendances, le mortifier, l'affaiblir, afin de libérer l'esprit, de le délivrer de ses chaînes le plus tôt possible; la vie actuelle devient alors indifférente, méprisable, puisque l'âme est souillée par le monde matériel et sensible.

En considérant au point de vue précédent la marche ordinaire du développement humain, on remarque que les enfants et les hommes qui restent en enfance pendant toute leur vie, n'ont aucune conscience de l'opposition du corps et de l'esprit; ils se laissent aller dans la vie, sans examen, aux penchants de l'un et de l'autre, l'enfant avec son innocence naïve, l'homme mûr ignorant avec sa brutalité volontaire. Mais, lorsque l'être humain commence à s'éveiller à la raison éclairée, il distingue l'esprit et le corps; si alors, sans plus de réflexion, il s'abandonne à l'empire des sens, il finit par obéir aux inclinations et aux instincts du corps d'une façon aveugle et excessive, par rechercher sans cesse les jouissances et éviter toujours les douleurs physiques; s'il persiste ainsi dans l'oubli de sa dignité morale et intellectuelle, il mènera une vie vagabonde, avide de plaisirs grossiers, s'il est inculte; une vie de jouissance sensible raffinée, s'il est plus instruit, plus délicat et plus judicieux. Bien souvent, lorsque, au cours d'une pareille existence déréglée et insipide, l'âme par un motif interne ou externe renaît à la conscience de sa dignité morale, elle se laisse entraîner brusquement au mépris du corps, et tient pour infamant tout plaisir des sens, toute tendance sensible; elle regarde sa vie actuelle comme une calamité, se croit prisonnière sur cette terre, et devient son propre géolier, tandis qu'elle a sous la main les clefs qui pourraient la délivrer de ses fers.

70. Ces considérations accusent l'importance de la détermination du rapport de l'esprit avec le corps et la nature.

Tâchons de nous affranchir des préjugés et de voir en nous-mêmes quel est effectivement ce rapport. D'abord, je me trouve un seul et même être entier. Puis, dans et sous mon unité, je signale une opposition entre *moi*, *l'entier*, et *mon corps*. En faisant cette distinction, je me nomme précisément *esprit;* moi, l'être intégral qui ne se confond pas avec son corps, se dit *l'âme*. Ainsi, *moi-même*, je m'appelle esprit, et ne me trouve rien de supérieur; car je ne vois rien de plus et d'autre que ce que, comme être intégral, je place au-dessus du corps. En d'autres termes, comme esprit, je me pense l'être supérieur, principal, auquel est subordonné le corps. De plus, j'envisage le corps comme un objet venu de l'extérieur s'unir effectivement à moi, l'esprit.

71. Eclaircissons les divers points de cette doctrine. — D'abord, ai-je dit, je me nomme esprit ou âme en tant que je me distingue, comme entier, du corps; chacun en conviendra. Cela ne signifie point que ce corps n'est pas mien et ne fait pas partie de mon être; mais néanmoins je me déclare aussi un être supérieur à lui. — Puis, je ne m'accorde rien de plus qu'esprit et corps: tout ce que j'aperçois ultérieurement en moi appartient soit à l'un, soit à l'autre.

72. De quelle espèce est la subordination du corps à l'esprit? Les remarques suivantes contribueront à nous l'apprendre.

Premièrement, le corps m'apparaît un objet matériel, affecté d'étendue et de durée; au contraire, comme esprit, je ne me vois pas occuper une portion déterminée de l'espace, ni croître progressivement avec le temps; bien plus, je possède et développe librement en moi, dans l'imagination, un monde d'objets corporels qui ont étendue et durée déterminées; comme tel, je me proclame donc autre chose que matière. — Secondement, il ne m'est pas même possible de considérer le corps comme complètement à moi, bien que je m'affirme un même être entier, subsistant par soi; en effet, tout en m'en attribuant la propriété, je me vois contraint néanmoins à le tenir pour une partie subordonnée de la nature, et je juge celle-ci extérieure à moi, l'esprit, parce que je crois la différencier avec précision du monde corporel interne de mon imagination.

73. Ce dernier point de vue, de l'extériorité de la matière, a été rencontré déjà (59), lorsque nous envisagions plus spécialement le corps et la manière dont on le reconnaît; des observations faites à ce sujet, et surtout de la conscience qu'on a de ne pas l'engendrer soi-même, mais de le trouver donné par l'intermédiaire des perceptions de ses propres sens, ressort que, indépendant de l'âme, il naît, se développe, périt au sein de la nature, et semble un organisme particulier, venu de l'extérieur s'unir avec l'esprit. Ce dernier, pourrait-on m'objecter, forme peut-être lui-même, à son insu, l'organisme corporel; il en est à la fois l'auteur et l'artisan. Pour le moment, je n'ai rien à répondre à cette objection, puisque mon contradicteur même convient que nous n'avons pas conscience de ce qu'il avance, mais aussi cette supposition ne porte aucune atteinte à la valeur de ma thèse; car, si l'âme concourt inconsciemment à l'organisation du corps, on m'accordera néanmoins qu'elle en emprunte l'étoffe à la nature, qu'ainsi le corps ressortit, dans une certaine mesure, à celle-ci, et se trouve en relation réciproque avec ses activités.

74. Le premier point de vue (72), l'existence d'un monde corporel interne, déterminé et créé librement par chaque esprit dans son imagination, a été signalé également, lorsque nous nous sommes demandé comment s'acquiert la connaissance de la nature et des choses matérielles (61). C'est l'imagination, avons-nous remarqué, qui nous révèle, pour la première fois, l'objet: *matière, corps;* en effet, ses propriétés caractéristiques, l'étendue, l'opposition, la continuité, etc., ne se perçoivent point par les sens extérieurs, ne se goûtent, ne s'entendent, ne s'odorent, ne se tâtent point, mais s'observent seulement à l'image que la fantaisie, en interprétant les données des sens, se forme de la matière et des corps, de ce qui remplit l'étendue. D'ailleurs, à ces représentations physiques ne se restreint pas le domaine interne; chacun imagine également des pensées, des sentiments et des actes de volonté déterminés, qui n'ont rien de matériel; par exemple, l'auteur dramatique invente des personnages fictifs avec leurs caractères particuliers, et les dépeint dans leur vie individuelle.

De ce domaine sensible interne de l'imagination, chaque

esprit est lui-même le maître et l'auteur; aucun autre moi, pour autant du moins qu'on le reconnaisse dans le cours de la vie présente, ne peut y pénétrer, ni exercer sur lui une action immédiate. En outre, pas plus que l'âme n'est capable de changer les lois naturelles, de produire des forces dans la nature et d'engendrer, comme elle, des êtres physiques, pas plus la nature ne saurait constituer ou modifier le moindre objet dans le champ de l'imagination; c'est l'esprit seul qui y règne.

75. Cela posé, en comparant les représentations sensibles corporelles du monde imaginaire avec celles qui s'offrent à nous par l'entremise des sens du corps, nous nous croyons autorisés aux assertions qui suivent: Le domaine corporel de notre imagination est à l'une quelconque de ses créations et, par suite, à l'image de notre corps, comme la nature est à chacun des corps dont elle est l'ensemble et, par suite, au nôtre. De même que le monde de la fantaisie renferme les images de beaucoup d'objets particuliers sensibles et matériels, autres que notre corps, de même nous trouvons, avec le concours de la perception des sens, que la nature contient et forme également beaucoup d'objets différents de notre organisme; puis, de même que, esprits, nous nous reconnaissons créateurs des objets sensibles imaginaires, de même nous nous figurons la nature force créatrice des objets individuels offerts par elle à notre connaissance; et, pas plus que nous ne pouvons, comme fondateurs du monde de l'imagination, nous croire substances corporelles, affectées d'espace et de temps, pas plus nous ne sommes en droit de penser que la nature elle-même, comme créatrice et cause des organismes finis, se trouve uniquement matière, n'est qu'un immense corps infini, étendu dans l'espace et dépourvu de vie.*)

---

*) Il est donc impossible d'accepter l'opinion vulgaire de la conscience anté-scientifique, à savoir que la nature ne serait, à soi, que matière inerte; et la science naturelle, pour ne pas faillir à son nom, doit expliquer comment elle fonde toutes ses productions. La simple intuition interne du moi ne donnera point la clef de ce problème; elle offre uniquement des perceptions sensibles éparses que l'imagination transforme en matière dans l'étendue et la durée. Aussi, pour en donner la solution, l'esprit humain devra-t-il s'élever

Par quel procédé chacun aboutit-il ainsi à l'idée de la nature comme fondement de l'ensemble de ses corps? Chacun discerne, ai-je dit, le monde physique intérieur, qui lui est propre, et l'oppose à la nature externe, qu'il juge commune aux êtres intelligents, aux hommes vivant en société avec lui. Il pense, d'ailleurs, connaître l'univers sensible extérieur avec autant de vérité que le monde sensible intérieur; car, tout ce qui se dévoile aux sens du corps, il le rencontre également dans le domaine de la fantaisie; dès lors, aussi vrais qu'il reconnaît les objets originaux de l'imagination, aussi vrais doit-il reconnaître ceux qui y sont introduits par l'entremise des sens du corps, à la fois comme semblables aux créations internes et distincts de celles-ci. Puis, il a conscience d'être cause des productions originales de l'imagination et de ne pas occasionner, au contraire, les images dont les éléments particuliers sont donnés dans les organes sensoriels. Enfin, observant que les figures d'objets qu'il est forcé d'admettre comme extérieurs, se modifient et prennent forme, il conclut, d'après l'analogie avec son propre procédé dans le champ de la fantaisie, qu'il doit exister un fondement externe modifiant et formant ces objets, conséquemment aussi, son corps, dans les organes duquel ils se réfléchissent par fragments et d'après des propriétés diverses.

Telle est l'une des bases de la conception de l'univers sensible extérieur et de la nature. Cette conception est suggérée, en outre, par les sensations de plaisir et de peine physique, que l'esprit éprouve et partage, et par le pouvoir qu'il a de réagir spontanément sur le monde extérieur, non toutefois sans intermédiaire comme dans le domaine de l'imagination, mais en recourant à cette faculté et en se servant intelligemment des membres et des forces du corps. En union avec ce dernier, il se voit ainsi une puissance de la nature, agissant à la fois selon des fins rationnelles et selon des lois naturelles. Mais, puisqu'il estime, d'une part, ces

---

à la conception d'un objet supérieur à lui-même et à la nature, et reconnaître en cet objet quelle est, à soi, l'essence de celle-ci. Cette conception est-elle réalisable? La suite de l'analyse en décidera.

membres et ces forces indépendants de lui-même, qui ne les a point créés, et qu'il est incapable de rien changer aux forces du corps, comme, d'autre part, il sait néanmoins, avec leur concours, régler et développer les phénomènes de la nature conformément aux vues de l'imagination et aux buts de la raison, sans pouvoir cependant altérer les lois naturelles que ces phénomènes continuent à suivre dans leur cours régulier, par ces raisons, dis-je, il est amené à reconnaître la nature un être créateur, ayant ses lois propres, telles, il est vrai, qu'elles s'accordent, dans la mesure indiquée, avec les siennes.*)

---

*) Signalons quelques réflexions que suggère notre thèse sur l'union de l'esprit et du corps.

Premièrement, pourrait-on se demander: D'où provient cette union de l'esprit et du corps? Pourquoi l'union de l'âme et de la nature est-elle déterminée et restreinte comme il a été reconnu? Pourquoi l'esprit n'est-il pas aussi intimement lié à l'ensemble du corps qu'au système nerveux, aux nerfs de la vue, de l'ouïe, de l'odorat, du goût et du toucher? Pourquoi le corps continue-t-il à vivre, conformément à ses lois, indépendant de la volonté de l'esprit; pourquoi, par exemple, le corps respire-t-il sans que l'esprit se le propose, pourquoi, par contre, celui-ci a-t-il la faculté de retenir la respiration et de la régler à son gré dans une certaine mesure, pourquoi peut-il diriger les mouvements des bras et des jambes, mais non ceux du cœur, de l'estomac et d'autres organes? Pourquoi ignore-t-il ce qui se passe dans certaines parties du système nerveux? Il est évident que ces questions ne peuvent recevoir de réponse à notre point de vue présent, car elles dépassent le champ de l'intuition interne individuelle. Certes, l'esprit se rend témoignage qu'il n'est point la cause de l'existence de ces rapports merveilleux, mais cette cause, il ne saura la trouver qu'en s'élevant au-dessus de soi-même et du corps.

Secondement, on pourrait nous objecter que des créations de la fantaisie ne sont pas susceptibles d'entrer en comparaison avec des choses externes effectives, car ces créations ne sont que des produits du rêve; et ces choses, au contraire, sont des masses réelles ou des corps. Je réponds: Si l'on examine l'objet des images de la fantaisie et celui des images extérieures, on trouve qu'ils sont absolument pareils, à savoir des objets qui s'étendent dans l'espace, qui remplissent l'étendue. On ne pénètre non plus les objets extérieurs, on ne sait ni entendre, ni voir, ni goûter, ni odorer, ni toucher la matérialité; c'est l'esprit seul qui attache cette essence aux choses externes, comme aux choses internes. Pourquoi donc voudrait-on que les premières eussent plus d'ob-

76. Nous sommes à même maintenant de répondre d'une manière plus précise à la question que nous nous sommes posée (69): De quelle espèce est la subordination du corps à l'esprit? Puisque nous subordonnons le monde interne de l'imagination au moi entier et à l'esprit, nous devons, pour la même raison, leur subordonner le corps; car celui-ci paraît absolument de même genre que le monde corporel interne de la fantaisie, et, par suite, placé au même rang. Puis, nous remarquons la particularité que le corps est au dehors du monde corporel interne, et appartient, comme organisme fini, au monde matériel externe. Cet organisme, du reste, est si essentiellement lié au moi, à l'esprit, que celui-ci se l'attribue.

Le corps apparaît donc un tout fini qui se forme, grandit

---

jectivité que les secondes? Les œuvres de l'imagination n'ont-elles pas des qualités aussi réelles que les corps? La réalité de la beauté d'une invention originale du poète ou du peintre, par exemple, subsiste-t-elle moins que celle d'une production de la nature?

D'ailleurs, tout ce que l'art effectue dans le monde extérieur existe auparavant dans le champ de l'imagination, et n'est que la reproduction de l'image entrevue. L'imagination ne se borne point à copier les données des sens, ainsi qu'on l'admet communément; bien au contraire, ses représentations sont absolument spontanées et rien que spontanées; en effet, comme on l'a vu dans la théorie de la connaissance des corps (61 et ss.), on doit déjà y faire appel pour comprendre et interpréter les impressions de l'œil, de l'ouïe et des autres sens. Le savant et l'artiste se montrent absolument originaux dans leurs œuvres; le géomètre, par exemple, trace selon son idée des figures qu'il ne voit pas extérieurement, dont on peut même démontrer l'impossibilité d'existence dans la nature. L'artiste mécanicien crée spontanément, lorsqu'il invente quelque outil ou quelque machine, et surpasse alors les forces et les lois de la production naturelle, bien qu'il fabrique son ouvrage avec le concours de ces forces et conformément à ces lois. Le poète ne se borne point à accueillir librement en son esprit la réalité extérieure, mais son souffle inspiré enfante un monde idéal interne, propre à lui seul, qui dépasse les propriétés et les limites des œuvres de la nature, qui n'est ni rencontré, ni réalisable en elle.

Au surplus, même ce qui se trouve simplement reproduit dans l'imagination lui appartient alors en propre comme ses créations originales, et reparaît au cours de la vie, par exemple dans le rêve, comme son propre ouvrage.

et périt avec le temps dans le sein du tout supérieur qu'on appelle *la Nature**), absolument de même que des créations corporelles prennent naissance, se développent et s'évanouissent dans l'imagination. A la vérité, il offre une croissance progressive et continue qui ne se retrouve pas au même degré dans les productions de la fantaisie; mais cela ne constitue point une différence essentielle, puisque les deux genres d'objets naissent, croissent et périssent.

77. Chacun certifie le corps distinct du moi à certain point de vue et, comme partie de la nature, complètement extérieur à l'âme, bien qu'uni intimement à celle-ci. Tout différents se présentent les corps de nos semblables; en effet, ceux-là ne sont pas seulement extérieurs à notre âme, mais aussi à notre propre corps; nous ne percevons immédiatement que les impressions qu'ils occasionnent dans les organes de nos sens. C'est pourquoi les êtres humains se jugent réciproquement extérieurs l'un à l'autre et vivant les uns à côté des autres, comme esprits et comme corps; comme esprits, car aucune conscience ne peut pénétrer sans intermédiaire dans celle de ses semblables, ni agir immédiatement sur elle; comme corps, car les organismes corporels subsistent par eux-mêmes, côte à côte et à rang égal dans la nature.

---

*) Toutefois, le fait de la naissance et de la mort du corps ne prouve nullement que le fondement de sa vie, la force qui préside à sa formation ait une origine et une fin. Ce problème ressortit à la science de la nature.

Parce qu'on trouve le corps fini et périssable, on ne doit point méconnaître son essence et sa dignité, mais l'estimer encore comme l'organisme le plus parfait et le plus essentiel de la nature, et, à ce point de vue, avoir pour lui autant d'estime que pour les œuvres harmoniques de l'inspiration. On ne doit point rabaisser sa valeur, car c'est par son système nerveux et musculaire que la nature s'ouvre et se dévoile à l'intelligence jusque dans ses parties les plus intimes, qu'elle nous confie sa force créatrice et nous constitue un centre dynamique. C'est par son intervention encore que, dans notre état actuel, nous communiquons avec d'autres esprits: nos connaissances des êtres intelligents ont pour intermédiaire le corps et la parole, parce que les corps de tous les hommes individuels sont des substances de même espèce, participant à la vie organique de la nature.

78. Puisque tous les hommes se trouvent ainsi dans la même condition, leur devoir est de se traiter dans leurs relations comme des êtres d'égale dignité. Ensuite, l'observation sensible montre que les corps ont une commune descendance, et la réflexion conduit alors à la pensée de leur genre organique sur la terre, lequel, uni à une série d'esprits individuels, liés eux-mêmes par l'entremise des corps, constitue l'humanité terrestre.

Les organismes corporels sont unis dans et par la nature, et exercent l'un sur l'autre des actions physiques immédiates; mais les intelligences, du moins sur cette terre et jusqu'à présent, n'ont point entre elles de commerce immédiat. A ce propos surgissent beaucoup de questions que le penseur ne saurait négliger. J'en mentionnerai quelques-unes.

Premièrement, est-il de nécessité éternelle que les êtres intelligents n'aient jamais entre eux de rapports plus larges que dans cette vie terrestre, et ne se trouvent en communion avec la nature et leurs semblables que par l'entremise d'un organisme corporel?

Secondement, est-il impossible que l'esprit voie, sente, domine son corps complètement, et non partiellement comme dans la vie actuelle? Ne saura-t-il jamais être avec la nature, sans aucune intervention des nerfs, en relation vitale plus libre de connaissance, de sentiment et de volonté? Dans sa condition présente, par exemple, l'âme n'aperçoit que le globe illuminé de l'œil, et non la lumière même; ne pourrait-elle un jour contempler directement chaque corps éclairé comme elle perçoit maintenant sans intermédiaire l'impression qu'il produit sur la rétine?

Troisièmement, en ce qui concerne la relation mutuelle des esprits, ne pourraient-ils également, dans une vie plus parfaite, être en union plus intime de connaissance, de sentiment et de volonté? Actuellement, les domaines de nos imaginations sont complètement séparés; mais ne peut-il survenir un état dans lequel ils se pénétreraient l'un l'autre sans intermédiaire?

Quatrièmement, les esprits n'auraient-ils pas unité d'origine comme les corps; ne seraient-ils pas les membres d'un esprit un, d'un règne spirituel ou intellectuel, en quelque sorte comme les divers rayons lumineux émanés d'une même source de lumière?

Il est évident que les questions précédentes sont basées sur des idées générales, suprasensibles, entre autres, sur la pensée de l'union parfaite et immédiate dans la vie. Cette pensée s'impose à la conscience, et l'on est ainsi amené à se demander si elle répond à une réalité de fait. On conçoit comme plus parfaite une condition dans laquelle chacun contemplerait directement la nature, percevrait l'ensemble du corps, et converserait sans entremise avec d'autres esprits.*) Mais l'intuition propre du moi ou de l'esprit ne fournit aucune donnée sur ces questions, elle les pose simplement comme problèmes de l'investigation scientifique. Pour les résoudre, nous devrions posséder déjà la notion de la nature, savoir si cette pensée de l'union parfaite a une valeur objective; or, il est impossible d'en décider ici, puisque, selon notre méthode, nous devons nous en tenir exclusivement à ce qui se trouve sur-le-champ dans toute conscience et à ce qui s'y rencontre de certain. Contentons-nous donc de signaler ces problèmes, sauf à y revenir en temps et lieux.**)

79. En résumé, l'analyse des parties constitutives du moi aboutit au résultat suivant: Moi, l'être entier, je me dis esprit. Esprit, je me subordonne le monde de l'imagination, corporel en partie; comme tel, je ne suis ni matière, ni mon corps, mais je m'attribue un corps, fragment de la nature, qui m'est uni intimement. En tant qu'esprit essentiellement

---

*) Comme l'entend *Malebranche*, par exemple, lorsqu'il dit: „Les esprits pourront peut-être se découvrir directement à notre pensée, lorsque la justice et l'ordre régneront, comme au ciel, par l'union intime des âmes". *(Note du traducteur.)*

**) Nous ne pouvons encore traiter ici ces diverses questions, ni tenir compte des résultats des expériences sur les modifications des rapports entre l'esprit et le corps ou des relations des esprits entre eux, que des personnes, dignes d'ailleurs de confiance, disent avoir faites; telles sont, par exemple, les expériences relatives au magnétisme animal, au somnambulisme et à l'hypnotisme. Car, ces soi-disant expériences ne pouvant être contrôlées par tout le monde, nous ne pouvons exiger qu'elles soient acceptées immédiatement par chacun; il faut être circonspect en parlant de ces états et faire la juste part entre la vérité et l'illusion.

lié au corps et, par l'entremise de ce dernier, avec la nature et d'autres âmes, qui sont toutes dans le même rapport avec la nature et entre elles, je m'appelle *homme.*

Bref, le moi se reconnaît *esprit* ou *âme* et, dans le sens précité, *corps;* puis, être d'union de ces deux substances, c'est-à-dire *homme.*

2. Les propriétés internes du moi.

80. Abordons la seconde partie du problème que nous avons énoncé en ces termes (51): Observer ce que le moi est *en* soi; à savoir la recherche de ses *propriétés* internes. Qu'il ait intérieurement des attributs de plusieurs espèces, nous l'avons déjà remarqué incidemment au cours de notre exposé; par exemple, il pense, il ressent plaisir ou peine, il veut. Nous en avons reconnu aussi en observant ce qu'il est *à* soi, mais ceux trouvés alors, l'unité, la propriété, l'entièreté, sont *à* lui, non *en* lui; *à* lui comme être un, mais non *en* lui, comme être varié intérieurement. Il s'agit maintenant d'examiner les attributs qu'il distingue dans la variété interne de son ensemble.

81. Nous remarquons, en premier lieu, que ces attributs sont sujets au changement, passent avec le temps par des états opposés. Ainsi, notre connaissance est à chaque instant différente; à tel moment, nous connaissons telle chose, à tel moment telle autre, mais jamais tout. Pareillement, notre sentiment et notre sensibilité sont toujours variables; maintenant nous ressentons plaisir ou peine à l'occasion d'une chose, plus tard, à l'occasion d'une autre, tantôt plus, tantôt moins vivement; mais jamais nous ne sentons tout, ni avec tous les degrés de force. Il en est de même de notre volonté; nous voulons sans cesse quelque chose, bon gré, mal gré, mais en aucun temps notre volonté ne reste invariablement la même, tantôt nous voulons ceci, tantôt cela.

Observant ainsi que nos attributs internes deviennent et changent, nous sommes conduits à rechercher ce que veut dire: le moi se modifie, et à élucider, à cette fin, la notion du *devenir autre* ou du *changement.*

Le moi considéré dans ses modifications.

82. Que pense-t-on en disant: *autre?* On envisage un rapport spécial de deux objets distincts, tels que l'un est *autre* par rapport au second; par exemple, *droit* est autre que *courbe*. Considérant en quoi l'on trouve le premier des objets autre que le second, on voit que le premier est ce que le second n'est pas, et, réciproquement, le second est ce que le premier n'est pas; par exemple, *droit* désigne l'identité de direction, ce que *courbe* n'est pas; par contre, *courbe*, comme direction continuellement changeante, signifie précisément ce que *droit* n'est pas. Discernant ainsi au premier objet ce que l'on n'attribue pas au second, on nomme celui-là *l'autre* de celui-ci.

Mais on remarque conjointement que, pour pouvoir comparer ces deux objets entre eux, on doit aussi les penser semblables sous certain rapport; ils doivent avoir quelque chose de commun, un point de contact. Par exemple, *droit* et *courbe* ont ceci de commun: d'être longueur avec direction; sous ce rapport, les deux objets se confondent. Après avoir aperçu ce qu'ils ont de comparable, on peut déterminer ce en quoi ils sont autres ou différents; l'attribut commun: longueur dirigée d'une manière spéciale, est constitué pour la ligne droite d'une façon, mais, pour la ligne courbe, d'une autre façon; pour la droite, la longueur dirigée est partout et continuellement identique; pour la courbe, partout et continuellement non-identique.

De là se voit que deux contraires sont autres l'un par rapport au second, et réciproquement, en ce qu'ils ont quelque essence commune et comparable, à laquelle est alors chez le premier ce qui n'est pas chez le second, et réciproquement.

83. Des objets qui entre eux s'opposent comme autres peuvent être temporels: ainsi, dans son évolution successive, l'être humain enfant est autre que l'être humain adulte, au point de vue de ses qualités particulières et transitoires. Mais des objets non-temporels ou éternels peuvent aussi se trouver dans cette relation; par exemple, un triangle est autre qu'un quadrilatère, sans aucun égard au temps; vrai est autre que faux, sans aucune spécification d'époque.

84. Cela posé, que signifie: *changer* ou *devenir autre?* Penser deux objets autres ou un objet en opposition avec un second, c'est établir un rapport externe de l'*un* avec l'*autre;* mais *changer* désigne un rapport interne d'un seul objet avec soi-même. „Un objet change“ veut dire: il est quelque chose qu'il n'est pas, et n'est point quelque chose qu'il est; et, en vérité, tandis qu'il change, on le regarde comme le fondement de ce fait.

A première vue, la définition précédente semble un non-sens; en effet, comment le même objet sait-il être quelque chose qu'il n'est pas, et ne pas être quelque chose qu'il est? Et cependant s'il est autre, cela doit avoir lieu; ou bien il faut que ce soit un non-sens: d'être autre. La contradiction apparente s'évanouit si aux termes employés plus haut je substitue ceux-ci: changer, signifie: être quelque chose que l'objet n'était point auparavant et n'être plus quelque chose qu'il était auparavant. Considérons, par exemple, l'homme adulte; il est actuellement ce qu'il n'était pas comme enfant, et n'est plus ce qu'il était enfant; vieillard, il aura bien des facultés qu'il n'avait ni comme adulte, ni comme enfant, et aura perdu des qualités qu'il possédait dans l'adolescence ou l'enfance. Ou bien, imaginons une plante; elle reste le même végétal à partir de l'instant où elle éclot du germe jusqu'à celui où elle se fane; elle est, dans son ensemble, tout ce qui y croît successivement; mais, à chaque instant de sa croissance, elle devient quelque chose qu'elle n'était pas encore. Ainsi, la contradiction que le même être est ce qu'il n'est pas, et n'est pas ce qu'il est, se trouve résolue par l'intuition du temps, par le fait que ce qui ne saurait être *simultanément* au même objet peut cependant s'y trouver *successivement.*

85. Examinons de plus près la propriété du changement. Comment un être se rapporte-t-il à soi, tandis qu'il change?

Premièrement, quant à son essence, il reste le même être, il maintient son identité pendant le changement; c'est précisément pour cette raison qu'on dit qu'il change. Par exemple, l'individualité, l'identité de la plante qui croît, est et reste la même; bien qu'elle change à chaque instant en beauté, en figure, en vigueur, son essence ne se modifie point pour cela; elle reste le végétal qu'elle est, et conserve ses qualités fondamentales; elle ne change point comme être entier, subsistant par soi au-dessus de ses modifications, mais simplement en ce que ses propriétés se déterminent ou non de telle ou de telle manière. L'objet qui subit des modifications n'en reste pas moins toujours le même: chaque être organique vivant voit, pendant sa croissance, changer continuellement sa physionomie et son degré d'énergie, mais la physionomie et l'énergie ne cessent de subsister à chacune de ses variations.

Secondement, les états divers, au cours du changement, sont parfaitement définis et s'excluent l'un l'autre. Par exemple, l'animal qui se développe affecte à chaque instant une grandeur complètement déterminée, ses membres ont entre eux un rapport arrêté, et une seule de ces déterminations devient effective au même instant: il ne saurait avoir simultanément telle et telle autre grandeur, la tête ne peut présenter à la fois deux relations différentes avec le tronc; et cependant toutes ces situations particulières sont à la même substance, il faut les réunir par la pensée si l'on veut se figurer tout ce qui appartient à l'animal comme être changeant. Ainsi encore, l'on n'embrasse toute l'essence de l'homme individuel qu'en s'en faisant une représentation depuis son premier germe à travers sa vie entière.

Le fait que les états successifs s'excluent a son fondement dans leur parfaite détermination, leur complète spécification; ainsi un corps qui manifeste actuellement telle grandeur ne saurait être à la fois ni plus ni moins grand. Du reste, c'est en cela seulement que ces états s'excluent; car ils sont au même être; abstraction faite du temps, tous lui appartiennent; et c'est justement en ce qu'aucun état parfaitement défini n'est l'essence complète de l'être changeant, que semble résider le fondement de la continuation et de l'infinité du changement: Pourquoi la plante tend-elle à se développer? Parce qu'elle n'a pas encore réalisé son essence, n'a pas encore fleuri, ni porté de fruits; mais, dès que son essence s'est déroulée dans tous ses états successifs, elle meurt.

En résumé, on voit donc qu'un être ne change point selon son essence entière, mais modifie seulement les déterminations finies et limitées de celle-ci. Aussi ne saurait-on concevoir de changement aux objets infinis, par suite, sans limites.

86. Ces préliminaires établis, que chacun s'observe au point de vue de ses modifications internes. Il s'attribuera la propriété du changement; il progresse à chaque instant d'états spécifiés à d'autres opposés qui excluent les précédents, et se trouve le fondement de cette évolution. Ainsi, il pense, mais à chaque instant quelque chose particulière, antérieurement absente à la pensée. Qui détermine ce qu'il pensera? C'est lui, l'être entier. Il se dit: Je vais réfléchir, et l'attention suit la volonté. Puis, il sent et veut, mais le sentiment et la volonté, ainsi que leurs objets, changent à chaque instant. Et le fondement de ces modifications? Encore une fois, c'est lui, qu'il s'abandonne ou qu'il résiste.

Au triple point de vue de la pensée, du sentiment et de la volonté, nous nous modifions dans le temps, nous devenons sans cesse. De plus, nous sommes le fondement de ce devenir, nous l'accélérons par notre énergie, nous le ralentissons par notre faiblesse.

87. Quels sont les rapports du moi entier avec ses changements? Lorsque j'exprime la pensée: je me modifie, le premier terme du jugement: *je,* désigne le moi absolu et entier; mais le second terme: *me*, signifie seulement le moi comme être complètement déterminé et spécifié à chaque instant; *je* suis le fondement et la cause de l'évolution; *je* suis celui qui opère le changement, mais ce n'est point tout mon être que je change: seuls mes attributs internes finis deviennent autres. Par suite, le changement n'est pas une propriété *à* moi, l'être entier, mais uniquement *en* moi, l'être limité et borné intérieurement. C'est même cette particularité de mon essence qui me constitue un être changeant; car si, par exemple, je savais, sentais et voulais tout, ou arrivais un jour à tout savoir, sentir et vouloir, il n'y aurait plus en moi de changement possible à l'égard de la connaissance, du sentiment et de la volonté; mais puisque, au contraire, à chaque instant je ne pense, sens et veux qu'un objet spécial à l'exclusion des autres, je dois me modifier afin de parfaire mon savoir, mon

sentiment et ma volonté, d'en étendre les bornes et de réaliser mon essence.

De ces considérations résulte que l'homme ne saurait changer dans son ensemble: son essence même persiste; de quelque manière que ses états alternent, il se rend témoignage qu'il maintient son identité. En disant: l'homme est susceptible de changement, on entend seulement: Il sait changer sa manière de penser, de sentir, de vouloir, de se particulariser à tel ou tel point de vue; en pensant d'un contemporain: il est devenu „*un tout autre homme*", on estime qu'il a modifié sa manière de vivre, ses dispositions physiques et morales, adopté d'autres maximes pour règles de sa volonté et de ses actes.

Les choses qui en nous éprouvent des variations sont simplement les modes spéciaux des attributs, que l'être entier détermine sans cesse autrement; tels notre connaissance, notre sentiment, notre volonté. Telles aussi les propriétés naturelles particulières du corps: chacun varie la position de ses membres, participe au changement des états spéciaux de ses organes sensoriels, lorsqu'il adapte l'œil ou dirige ses autres sens. Mais jusqu'à quel point ces attributs mêmes changent-ils? Me transformé-je en tant que je les ai originairement? Est-ce que je cesse jamais de penser et de connaître? Mon sentiment peut-il s'éteindre, ma volonté être un jour sans objet? Non, je n'ai pas la faculté de m'altérer de la sorte: je me trouve contraint, à chaque instant, de penser, sentir et vouloir. Si quelqu'un certifiait que, dans l'état de sommeil ou de défaillance, cette activité cesse tout à fait, on serait en droit de lui demander: Qui donc certifie cela? Vous-même qui ne vous souvenez point de cet état. A la vérité, l'homme qui sort d'un long évanouissement ne sait pas d'ordinaire ce qu'il a pensé, senti et voulu durant cet état, mais, de l'absence de souvenir, il n'est pas autorisé à conclure qu'il ne s'est rien passé en lui. N'oublie-t-il également beaucoup de choses effectuées pendant la veille? Et en admettant la possibilité de démontrer qu'à certains moments l'esprit fini est complètement inactif et s'immobilise absolument, on ne tirera jamais cette conclusion de l'expérience interne individuelle, puisque l'absence d'observation n'entraîne pas celle de l'objet à y soumettre; cette conclusion devrait donc être basée sur un fondement supérieur, se déduire d'un principe qui existât au dehors et au-dessus du moi.

Ici nous constatons simplement que nos attributs mêmes ne changent point; seules, leurs situations particulières se transforment. Bien plus, c'est parce qu'ils subsistent et demeurent, que l'on sait y concevoir changement.

88. La propriété même de changer change-t-elle aussi en nous? Dans son ensemble, à soi, notre changement est invariable; en effet, je passe sans arrêt d'un état à un autre, bon gré mal gré, et, par suite, le changement même est un attribut constant du moi. De plus, la manière dont il s'opère a aussi quelque chose d'immuable: si je modifie à chaque instant ma pensée, je dois néanmoins toujours en percevoir l'objet et former sa notion, puis, l'envisager dans ses rapports, c'est-à-dire juger, enfin, méditer la dépendance des rapports, c'est-à-dire raisonner. Il m'est loisible, d'ailleurs, de varier à mon gré ma connaissance, mais son procédé même, je ne puis l'altérer: point de savoir sans notion, jugement et raisonnement; il y a donc quelque chose de commun, de constant dans ses phénomènes, et c'est ce qu'on en nomme la *loi;* on exprime alors la constance du procédé de la pensée en disant que, au cours de ses modifications, sa loi reste permanente. Une remarque analogue se présente à l'égard du sentiment; j'éprouve du plaisir aux objets conformes à ma nature, et j'y aspire; je ressens de la peine à tout ce qui est contraire à mon essence, et je m'en détourne. Ma volonté aussi est soumise à sa loi; certes, je change de volonté, mais ce que je ne puis y changer, c'est de la diriger constamment sur tel ou tel but déterminé; ce que je ne *dois* y changer, c'est de l'employer au bien.*)

Le changement est donc, à son essence fondamentale, permanent et immuable; mais, tandis que cette essence supé-

*) Le changement persiste dans l'âme même lorsqu'elle cherche à faire durer l'état présent ou à suspendre son activité; car elle doit continuer à penser pour se résoudre à ne pas penser, à sentir pour s'efforcer de se soustraire au sentiment, à vouloir pour s'arrêter à la décision de ne pas vouloir. *(Note du traducteur.)*

rieure reste identique, il varie cependant en intensité comme en mode. Ainsi le changement de la pensée se modifie, lorsqu'elle s'élève du procédé inconscient à la méthode scientifique; celui du sentiment, lorsque le sens du bien, du beau et du divin s'éveille dans l'âme; celui de la volonté, lorsque l'homme reconnaît le bien pur comme loi de la vie, au lieu de la recherche du plaisir.

89. Les considérations émises sur le changement du moi se résument dans les propositions suivantes: *Tandis qu'il reste toujours le même moi, chacun modifie en soi, continuellement et selon une loi fixée, ses attributs internes subordonnés, pour autant qu'ils passent d'états définis à d'autres complètement spécifiés;* ou en d'autres termes: *Chacun change continuellement et régulièrement dans son intérieur, pour autant qu'il est, d'une manière déterminée et particulière, ses attributs internes subordonnés.*

Le temps, forme du changement.

90. Nous avons jusqu'ici porté notre attention sur l'essence du changement; voyons maintenant sous quelle *forme* ou *comment* il subsiste et s'effectue, c'est-à-dire comment la série, l'enchaînement continu de nos états divers qui s'excluent mutuellement et appartiennent néanmoins à notre essence, compose un tout déterminé. Cette forme est le *temps*, que chacun doit saisir spontanément; car il est impossible d'en inculquer l'intuition à quiconque ne l'apercevrait pas.

Tout ce qui change s'écoule avec le temps. Chaque moi se l'attribue en ce que ses phénomènes internes sont finis et compris entre des limites fixées, mais non au regard de son être pris dans son ensemble; comme l'un et même être entier, il ne se juge point temporel, passant avec le temps, il s'en trouve, au contraire, indépendant, et ne se voit temporel qu'au point de vue de ses situations internes spécifiées, finies, transitoires et changeantes.*) Comme entier, je ne suis pas

---

*) Rappelons, à ce propos, une question qu'a suscitée (57) la nature périssable de notre corps: Cesserons-nous, comme esprit, d'exister en même temps que l'organisme physique? Le véritable sens de cette question se décèle ici d'une manière plus précise; ni mon

avec le temps; au contraire, le temps existe avec et en moi. De plus, il est *en* et non *à* moi.

91. De ces considérations ressort que le temps n'est pas

---

essence entière, ni mon existence en général, ni la conscience de mon être dans son ensemble n'étant temporelles ou variables avec le temps, elle doit s'entendre comme suit: Continuerons-nous, après la mort du corps, à nous modifier intérieurement, à vivre comme esprit? La réponse dépend de la solution du problème: Appartient-il à l'essence de notre âme de changer continuellement? Si l'on parvient à démontrer que notre essence éternelle est, dans son intérieur, tellement conditionnée qu'elle doit, de toute nécessité, passer sans fin d'états parfaitement déterminés qui s'excluent à d'autres analogues, si l'on se trouve capable d'établir ce fait sur des fondements absolus, on aura prouvé que le temps est la forme éternelle de notre essence interne, et qu'ainsi, sous ce rapport, nous sommes infinis; on pourra assurer que non-seulement nous sommes *immortels*, suivant l'expression vulgaire, mais aussi que tout notre être, notre essence propre et entière, n'a point pris naissance à un instant particulier du temps. Je dis: si nous sommes capables d'établir ce fait, mon intention étant seulement de poser le problème important qui nous occupe et de le préciser; je n'affirme pas *ici* l'exactitude de sa solution, qui ne pourra se démontrer que dans la partie synthétique de la science. L'intuition propre individuelle ne saurait procurer cette preuve; en effet, puisqu'il s'agit du temps infini, celui-ci ne saurait être écoulé à aucun des instants où je viendrais à m'observer, et, à aucun instant donné, je ne puis me ressouvenir du passé infini. On se figure généralement que la difficulté serait levée si l'un seulement des morts qui nous ont précédé revenait sur la terre, pour nous raconter ce qui lui est survenu ou ce qui lui survient après cette vie; alors, dit l'homme positif, il admettrait que nous sommes immortels. Non, l'incertitude serait égale après comme avant ce phénomène, et quand bien même des milliards d'esprits viendraient nous décrire leur situation après cette vie; car, en supposant qu'on arrive à se convaincre que des milliards d'individus continuent à vivre depuis des milliards d'années, qu'est-ce que cette période, au point de vue de sa durée, en présence du temps infini? Pas plus qu'une seconde. On serait simplement autorisé à conclure que l'esprit de ces individus ne s'est pas évanoui avec le corps, et il ne resterait pas moins incertain si, un jour, il n'aura pas de fin. Plus tard, en temps et lieux, nous reviendrons à ce problème.

Cet exemple montre que, pour rendre une décision sur un objet infini, l'observation ne peut suffire, et qu'aucune expérience ne saurait la renfermer, l'expérience et l'observation n'étreignant jamais qu'une chose particulière, un objet fini, tout à fait circonstancié.

un être subsistant par soi-même, une substance, mais il est simplement inhérent à une substance, pour autant que celle-ci se modifie; il est donc une propriété ou un attribut. Puis, il n'est pas une propriété de fond ou matérielle, un attribut qui concerne l'essence, mais il exprime la manière d'être, le comment de l'objet qui varie et devient progressivement; il est donc une propriété formelle.

Certaines expressions courantes semblent en contradiction avec cette thèse; on dit: le temps tout-puissant détruit, dévore tout; un mauvais, un heureux temps; l'esprit du temps etc.; toutefois, ce ne sont là que des locutions abrégées et figurées, des *hypostases*, qui se rapportent non à la personne du temps, mais à certaines qualités de ce qui change sous forme de temps; ainsi, *ce temps est mauvais* signifie: les mœurs, les usages des êtres qui vivent et se développent durant cet intervalle défini du temps, sont mauvais; *l'esprit d'un temps* exprime la direction intellectuelle commune aux hommes qui vivent en société pendant cette partie du temps.

Le temps même, simple forme de l'univers qui change, est purement éternel et sans puissance, et, comme chaque forme, supporté par le fond qui se trouve sous lui. Il n'est pas une forme *vide*, n'existe pas sans *ce qui le remplit*, comme on dit, ou, plus rigoureusement, sans l'être dont il caractérise le changement.*) En effet, dès qu'on s'efforce de le contempler, on lui donne un corps, on imagine un évènement qui s'achève avec lui, aux phases duquel on le mesure; par

*) Le temps pur, sans fond, le temps incréé des scolastiques, qui aurait préexisté à la création du monde et qui survivrait à sa destruction, est une simple abstraction de la pensée; le temps, capacité pure, que viendraient remplir, à l'instant fixé par le Créateur, les mutations des esprits et des corps, pour en sortir un jour, à la fin du monde, est une illusion de la fantaisie, issue de la conception restreinte de l'évolution du globe terrestre confondu avec l'univers. Dès qu'on veut saisir cette idée d'un temps qui subsiste sans êtres changeants qui le manifestent, elle devient comparable à ces vapeurs flottantes qui s'élèvent dans l'atmosphère, et des nuages voilent immédiatement la claire notion de la succession de la vie. Il en est de même lorsqu'on veut se figurer une nature sans changement, un univers figé dans une éternelle immobilité. *(Note du traducteur.)*

exemple, le mouvement du pendule ou la révolution de la Terre sur elle-même et autour du Soleil.

92. Nous venons de considérer le temps dans son ensemble. Examinons maintenant ses attributs principaux. Il forme un tout continu, ininterrompu comme l'objet qui change; par exemple, de même que la Terre parcourt sans interruption d'un mouvement continu son orbite autour du Soleil, de même le temps de ce parcours est continu et ininterrompu.

Scrutant le temps dans son intérieur, le souvenir n'en découvre point l'origine, aucun de nous n'a conscience d'un premier changement; et la prévision n'en fixe aucunement la fin, à chaque instant elle le prolonge à l'infini. Par suite, il apparaît à l'intelligence un tout continu, sans commencement ni fin déterminés. Mais, est-il *à soi*, de son essence, infini? C'est là une question à réserver.

93. Le temps est divisible en parties finies, et cela au moyen de deux limites ou instants, un instant initial et un instant final, le premier étant précédé et le dernier suivi de temps; puis, chaque partie se laisse diviser de nouveau en deux, trois, en autant d'autres qu'on le veut, si l'on introduit encore un, deux ou plusieurs instants, et toutes ces fractions s'accolent ou sont liées entre elles d'une manière continue, sans interruption. Cette division se prolonge-t-elle à l'infini? Peut-on d'une moitié prendre encore la moitié, puis de nouveau la moitié de celle-ci, et ainsi de suite sans fin? L'expérience ne l'apprend pas; car on aurait besoin d'un temps infini pour parfaire cette division. Mais la raison révèle que la divisibilité interne d'un temps limité est infinie, bien qu'on ne puisse l'achever. Si, imaginant un intervalle de temps déterminé, une heure, par exemple, puis la moitié de celle-ci, puis de nouveau la moitié du résidu, et ainsi de suite, l'on soutenait qu'en répétant la division, cent fois si l'on veut, on n'obtient plus du temps, mais une simple limite, un instant indivisible, on serait évidemment dans l'erreur; envisageons, en effet, le résidu que laisse la centième division par deux, et admettons que ce ne soit plus une portion, mais seulement un instant, une limite du temps; alors, pris deux fois, il n'aurait non plus aucune grandeur, et la tranche que sépare la nonante-neuvième division ne serait aussi qu'un

simple instant; cela admis, il en serait de même de la fraction laissée par la nonante-huitième division; et, ainsi de suite, on finirait par conclure que la demi-heure et, par conséquent, l'heure n'ont aucune grandeur; ce qui est absurde. On est donc amené à reconnaître la continuité du temps, à affirmer que chacune de ses parties, quelque petite qu'elle soit, est encore ultérieurement divisible, qu'ainsi il est *toujours* divisible dans son intérieur.

94. On peut dire du temps, comme du changement (84), qu'il est ce qu'il n'est pas, et n'est pas ce qu'il est, lorsqu'on l'envisage dans son devenir continu; en effet, à chaque instant actuel, il n'est pas encore ce qu'il sera, il progresse; et n'est plus ce qu'il a été, il s'écoule: en soi, il surgit et passe sans cesse, comme les objets auxquels il est inhérent; mais, lui-même, l'entier, n'a ni origine ni fin. Dans son intérieur, il commence et se compte à partir d'une limite, de l'instant actuel, qui flue continuellement, qu'on pourrait appeler *l'instant d'écoulement*, et par lequel il est toujours et exclusivement divisé en deux parties: le temps *passé* et le temps *futur*. Au passé, on ne fixe aucune origine; aussi loin que porte le souvenir, l'instant d'écoulement perdu y a existé et s'y est avancé toujours. Dans le futur, qu'on ne connaît pas encore par expérience comme une partie du passé, on imagine l'instant d'écoulement à venir, progressant sans fin et toujours suivi de temps. Bref, l'instant d'écoulement, à la fois limite initiale du futur et finale du passé, reste toujours au milieu du temps, ou, pour parler plus correctement, il n'a, dans notre intuition, aucune place déterminée par rapport à ce dernier, puisque nous concevons nécessairement celui-ci comme infini et que l'expérience n'y découvre ni commencement ni fin. S'il est infini en avant et en arrière, l'instant présent se comporte absolument de la même manière par rapport au passé et au futur infinis; il est, si l'on peut s'exprimer comme pour des relations de choses finies, toujours infiniment éloigné du commencement et de la fin.

95. On m'objectera peut-être qu'il est impossible de se représenter ou de se figurer le temps infini; car quelque temps qu'on imagine, se limite fatalement. Je répondrai à cette objection: représenter, se figurer le temps infini, lui donner un

corps dans l'imagination, personne, à coup sûr, n'en est capable, car tout ce qu'étreint la fantaisie est fini; mais l'apercevoir, le saisir par la raison pure, chacun en a la faculté, et, du reste, convient savoir déjà ce dont il s'agit, en nommant: le temps infini. Lorsqu'on s'efforce d'en former dans l'imagination un symbole, un schème, on se le représente sous l'aspect d'une ligne, et on l'introduit ainsi figurément dans l'étendue; c'est pourquoi l'on parle communément d'espace et de longueur de temps.*)

96. La division du temps en passé et futur, séparés à une limite instantanée, est purement mathématique. Ordinairement on le partage en *passé, présent* et *futur*, en le considérant non à lui-même, comme grandeur pure, mais en ayant égard aux évènements qui le manifestent, aux objets dans lesquels il devient. C'est ainsi que l'on parle de l'année présente, divisant le temps à ce point de vue en trois parties: celle qui précède le commencement de l'année courante, celle de cette année, et celle qui succède à sa fin; or, l'année embrasse un temps d'une grandeur arrêtée, durant lequel un évènement déterminé commence et s'accomplit, à savoir la révolution de la Terre autour du Soleil. On dit de même: la vie présente, pour désigner le temps qui s'écoule depuis la naissance jusqu'à la mort, pendant lequel chacun réalise son essence sur le globe terrestre.

Quel est le rapport de la limite interne mathématique ou de l'instant d'écoulement avec le présent? Cet instant est toujours à l'intérieur du présent; il en termine la partie qui s'est écoulée déjà et continue à s'écouler, et ouvre la partie encore à venir. Le présent n'est donc pas en dehors du passé et du futur proprement dits, mais il renferme une

*) L'un des symboles du temps est le cercle ou une autre courbe qui rentre en elle-même, dont l'origine est arbitraire, et qui rappelle par là qu'au cours des âges le commencement et la fin peuvent être choisis à volonté; de là vient qu'on parle de période ou de cercle des temps. Dans la mythologie, le cercle ou un serpent qui se mord la queue étaient l'emblème du temps infini, de l'éternité; cette courbe qui dans l'espace revient partout sur elle-même constituait l'image sensible de l'infinité et de la continuité du temps; le serpent figure la mobilité de la vie qui s'écoule.

fraction du passé reliée avec une fraction du futur à l'instant actuel, dont la distance au commencement et à la fin du présent dépend du contenu de l'évènement d'après lequel on en détermine l'idée; cette distance varie, dans l'heure, le jour, l'année, le siècle, le millénaire présents, la vie présente de l'humanité sur la terre ou la vie présente du globe lui-même, la vie présente de notre système solaire, et, ainsi de suite, dans des limites de plus en plus larges. Tous ces présents ont en commun l'instant actuel unique, et l'on voit qu'ils peuvent s'étendre infiniment en avant et en arrière de ce dernier; par suite, en considérant le temps purement comme la forme du changement, de la vie et de la création, de sorte que la vie et la création une et entière s'accomplissent avec le temps un et entier, on peut et l'on doit dire qu'il est le présent un et entier, dont une moitié s'est écoulée et dont l'autre moitié s'écoulera. Ce présent est-il infini? - C'est ce qu'on aura à rechercher plus tard; toutefois l'intelligence ne sait le penser comme fini; quelque part qu'elle y suppose l'instant initial et l'instant final, la pensée conçoit du temps antérieur et du temps postérieur. Mais, le temps est-il *à soi*, de son essence, infini? Telle est la question à résoudre.

97. Dans l'intuition du temps, on n'y attache qu'une étendue, une seule direction ou dimension suivant laquelle il progresse sans fin, comme le figure le symbole de la ligne. Mais les évènements qui le marquent et le manifestent sont *en même temps* innombrables; pendant que chacun de nous poursuit sa vie pour soi, tous les objets et tous les êtres extérieurs se modifient aussi, tout ce qui a vie en propre ou fait partie du contenu des êtres vivants est soumis au changement. Les choses dont les changements coexistent au point de vue du temps, qui *deviennent en même temps*, au même instant d'écoulement, sont dites *contemporaines.* A ce point de vue, l'ensemble de ce qui devient avec le temps a deux dimensions, pour ainsi dire: l'une suivant laquelle il se succède, l'autre suivant laquelle il s'étend, en quelque sorte, simultanément en largeur.

98. A chaque objet qui change, on distingue l'essence qui persiste et ne varie point, c'est-à-dire qui *dure.* La *durée* est un temps déterminé adapté au fond qui ne change pas,

à l'essence permanente. Certaines plantes durent plusieurs siècles, signifie: plusieurs siècles s'écoulent tandis que ces plantes réalisent, en se modifiant sans cesse, les états spéciaux de leur essence finie; elles subsistent, comme êtres propres, durant plusieurs centaines d'années, aussi longtemps que le comporte leur présent; après quoi elles perdent leur organisme particulier. On dit de même: le corps dure aussi longtemps que la vie, bien que sa matière constituante devienne autre à chaque instant et qu'en peu d'années aucun de ses atomes ne soit resté le même; néanmoins le corps est durable, juge-t-on, parce qu'il importe peu de quelle étoffe il soit formé et à quelle matière soit inhérente la force qui conserve son organisation; l'essentiel est que cette force continue à le maintenir ce qu'il est: l'instrument de l'esprit dans la nature.

En tant qu'ils gardent quelque chose de constant, d'immuable qui les caractérise, un être ou un attribut changeants ont donc leur *temps de durée*.

99. Dans l'origine, chacun n'a conscience que de son propre changement; aussi le temps est-il primitivement dans l'intuition une forme interne, une qualité subjective de l'esprit qui change et qui l'applique à ses propres variations, aux créations de sa fantaisie, à ses pensées, ses sentiments et ses actes individuels. Mais, dans la suite, chacun perçoit médiatement son organisme physique, médiatement, dis-je, parce que l'esprit doit, au préalable, l'observer, pour s'en rendre compte (52 et ss.). L'expérience dévoilant au corps une essence et une existence propres et apprenant qu'il se modifie par rapport à la grandeur, à la figure, à la position, à la force, sans que l'esprit ait le pouvoir de s'y opposer, on est conduit fatalement à accepter l'existence du temps comme forme du changement de l'organisme corporel. On ne saurait donc admettre que le temps est une simple forme sous laquelle l'intelligence conçoit le corps, mais on est obligé, aussi vrai qu'on convient de l'existence de ce dernier, de reconnaître qu'il a objectivement le temps à soi, que le temps est un de ses attributs effectifs. Cela posé, puisque le corps est considéré comme une création interne de la nature et sa vie comme une manifestation de la vie naturelle, on regarde

aussi le temps comme la forme réelle et objective de la vie de toute la nature.*)

---

*) *Kant* a mis en lumière l'importance de la théorie du temps, en fondant principalement sur elle son système de l'*Idéalisme transcendental.* Son principe fondamental (voy. la *Critique de la raison pure,* 1818, p. 384 et ss.) est le suivant: „Tout ce qui se perçoit sous forme de temps et d'espace, et dès lors tous les objets qu'il est possible d'observer, ne sont qu'apparences, phénomènes, c'est-à-dire pures représentations, qui, tels qu'on se les imagine, êtres étendus ou séries de transformations, n'ont, *à soi,* en dehors de la pensée, aucune existence effective." *Kant* objecte au point de vue empirique et sensualiste de *Locke* et de ses disciples que les représentations de l'espace et du temps se trouvent données *a priori,* comme intuitions pures et comme les premières conditions subjectives indispensables à l'esprit pour rassembler sous forme de notion et ramener à l'unité dans la conscience la diversité des impressions recueillies dans les sens externes. Jusque là nous sommes d'accord avec lui (62), mais il enseigne ensuite que le temps et l'espace *ne* sont *que* des intuitions et des formes *subjectives* des perceptions sensibles, intuitions et formes que l'on apporte *vides* à la sensation. „Le temps", dit-il, „est une simple forme de l'intuition sensible. Or *forme* exprime ce qui rend possible certaine coordination de la variété des objets perçus". De sorte que, d'après *Kant,* les formes purement subjectives et vides à soi de l'espace et du temps n'acquerraient de plénitude et de fond que par l'adjonction des perceptions sensibles, et, par suite, il nous serait impossible de savoir si elles sont des attributs des choses mêmes. En faisant cette assertion dogmatique et transcendante, *Kant* se place au-dessus de l'observation et des faits. On le reconnaît ici en ce qui concerne le temps; en effet, chacun n'a pas seulement une intuition ou une représentation du temps (le mot intuition étant pris dans le sens de *Kant*), mais aussi la notion générale et l'idée du temps comme entier infini, ce dont *Kant* convient, du reste. En outre, chacun le conçoit comme forme du changement non seulement des objets matériels, mais aussi de la vie purement intellectuelle, de la connaissance, du sentiment et de la volonté; par conséquent, même en tant que forme interne subjective, il apparaît déjà, dans l'intelligence, *forme pleine* ou, pour parler rigoureusement, forme unie à son fond. Au surplus, l'existence d'aucune forme ne se comprend sans l'existence du fond dont elle exprime la manière d'être; aussi le temps, comme forme des objets corporels internes dans le domaine de l'imagination, ne se révèle-t-il qu'uni à son fond, forme pleine. Puisqu'ainsi il n'existe pas même en nous comme forme vide, comme forme sans fond, mais

100. L'induction nous conduit à une vue plus générale encore: êtres humains, nous nous faisons part les uns aux autres de notre vie intime, par l'entremise, il est vrai, de l'activité du corps (64), et concluons de là que nos vies individuelles, morales et physiques, forment un tout déterminé qui devient et s'écoule durant le même temps; comme, en outre, (76, 77) nous concevons la vie corporelle du genre humain enveloppée dans la vie supérieure de la nature, nous pensons que la vie de toute la nature, avec celle de tous les corps et de tous les esprits, compose l'ensemble de la vie qui se poursuit *dans* ou plutôt *avec* un et même temps, c'est-à-dire sous une et même forme. C'est cette pensée qui porte la conscience vulgaire à prendre le temps pour une substance, à le personnifier comme un être qui subsiste par soi au dehors de nous et nous renferme également. Nous vivons *dans le temps*, pensons-nous, et cela parce que nous l'envisageons non seulement comme notre attribut, mais conjointement comme une qualité de tous les êtres et de la nature entière qui nous contient. Ce qui fortifie encore cette opinion, c'est que, vivant dans le sein de la nature, nous mesurons le temps commun à nous tous d'après des phénomènes naturels se reproduisant régulièrement, d'après des années, des jours, des heures, etc., mesurés par des évènements de l'univers cosmique. Cependant, il est bien évident qu'à l'origine chacun commence à apprécier le temps d'après son activité

---

toujours comme forme d'une essence changeante, et que cette circonstance s'accorde avec son idée éternelle, innée, donnée à l'intelligence, on doit, pour la même raison, dès que l'on perçoit des objets externes changeants, grâce aux sensations et à l'analogie de leurs changements avec ceux des objets corporels de l'imagination (53), leur attribuer également le temps comme forme propre de leurs modifications. Ainsi s'écroule l'idéalisme transcendental de *Kant*.

Toutefois, le préjugé principal de son système ne consiste pas à introduire le temps et l'espace comme formes intuitives vides *a priori*, mais à supposer gratuitement les objets mêmes dissimulés derrière de soi-disant apparences, cachés sous les phénomènes (Voraussetzung eines Dinges an sich gleichsam hinter den sogenannten Erscheinungen).

spirituelle interne, d'après le nombre des actes de la pensée, du sentiment et de la volonté.*)

La conception précédente en suggère une autre plus étendue, infinie même; elle éveille la pensée que tous les êtres finis de la nature, par tout l'univers matériel, sur tous les soleils et toutes les terres, tous les esprits finis et tous les êtres humains, où qu'ils puissent exister, vivent, deviennent et se modifient simultanément, chacun de sa manière, à l'instant même qui nous concerne; pensée que l'imagination ne saurait déterminer, mais accessible à la raison, puisque celle-ci se trouve capable de comprendre l'univers matériel infini, le règne infini des esprits et l'union des deux sphères. Je n'assure point, dès à présent, que cette notion a réalité de fait; l'observation propre du moi, qui n'est qu'une partie du monde, ne peut fournir d'éclaircissement à cet égard; je constate seulement que cette pensée s'impose à la raison et à l'examen de la science.

Nous bornerons ici les considérations préliminaires sur la théorie du temps, sauf à y revenir dans la suite.

Le moi, fondement de ses modifications. Faculté, activité, puissance, force, tendance.

101. Passons de l'examen du temps, forme pure, à celui de l'essence qui change et à laquelle adhère cette forme. La première question qui s'offre à l'esprit est la suivante: Quel est le rapport du moi entier avec le moi changeant? Chaque moi distingue son être entier de son être changeant,

---

*) C'est en observant ses propres changements que l'enfant commence à spécifier le temps: il estime que la longueur du temps est en raison du nombre des variations qui s'accomplissent dans sa vie intime; et l'homme même, privé d'autres moyens de mesure, recourt souvent à la répétition d'un acte intellectuel pour se faire une idée de la durée d'un court évènement; par exemple, à l'énonciation cadencée de la série des nombres. Mais l'activité d'un agent libre est trop arbitraire pour donner une mesure précise du temps; aussi, dès ses premiers âges, l'humanité a-t-elle pris pour unité commune de la chronométrie la durée des mouvements réguliers des corps célestes qui obéissent à des lois immuables, et surtout celle de la rotation et de la révolution de la terre.

s'affirme avant et au-dessus de ses modifications, en d'autres termes, a conscience que le changement est une de ses propriétés internes. Cette distinction même est la base du jugement: *je me modifie*, c'est-à-dire *je*, l'entier dominant, modifie son essence subordonnée, susceptible de se particulariser dans son intérieur (86 et ss.).

Fort de cette conscience, je me reconnais le fondement de tout progrès personnel, je sais que je me détermine moi-même à me modifier de telle ou de telle façon. Et cela à deux points de vue. D'abord, je suis fondement ou raison de ma propriété de changer, en général, le fondement d'une chose étant (11) ce *à* quoi et *en* quoi cette chose se trouve, et le changement, dans sa généralité, étant en moi un attribut permanent. A ce premier point de vue, je ne m'estime point fondement temporel, car je dois varier bon gré mal gré; mais fondement éternel, posé sans aucun rapport avec le temps, comme l'entier au-dessus de ses parties. Ensuite, je suis aussi, à chaque instant, fondement temporel de la détermination de mon activité et de mes actes; fondement temporel de la formation et de l'expression de telle pensée particulière, de l'accomplissement de telle résolution arrêtée; c'est moi qui m'y décide.

Bref, je me vois, en ce qui concerne mes variations dans le temps, à la fois *fondement éternel* et *fondement temporel.*

102. Avant de développer cette thèse, éclaircissons les termes. Ici encore se présente une pensée non-sensible, la notion de fondement ou de raison, que nous apportons toute formée à l'observation interne de notre changement. Nous n'avons cessé de procéder de cette manière au cours de nos recherches: toutes les fois qu'il s'est agi de spécifier quelque objet nouveau dans le moi, nous y avons employé des notions, des jugements et des raisonnements déjà préparés. Jusqu'à présent, a-t-on remarqué (50, 63), il ne faut, à de pareilles préconceptions non-sensibles, accorder de légitimité que pour autant qu'elles apparaissent réalisées au moi. La notion de fondement a-t-elle aussi légitimité au-dessus et au dehors de lui? Question à réserver pour le moment, puisque notre examen actuel ne peut encore et ne doit point dépasser le moi; il y a lieu de rechercher seulement jusqu'à quel point

cette notion s'adapte à nous-mêmes, et, à cet effet, de l'élucider d'abord dans sa généralité.

103. Arrêtons-nous, en premier lieu, au fait qu'on l'étend bien au-delà du moi, en y rapportant chaque objet fini. Dès qu'une chose particulière et limitée s'offre à la conscience, on s'enquiert, même sans but, de son fondement: Pourquoi existe-t-elle? Et l'on admet sur-le-champ qu'elle a, à coup sûr, sa raison d'être. Quoi qu'il arrive dans la nature, fût-ce un phénomène anormal, une épidémie, une éruption de volcan, une catastrophe quelconque, on en cherche immédiatement la raison, et l'on suppose qu'elle existe, quand même on ne la découvre pas. Il en est ainsi également des objets éternels, indépendants du temps: le géomètre, remarquant à des figures spéciales de l'espace des propriétés déterminées, prend à tâche de montrer le fondement qui les implique, c'est-à-dire de les démontrer.

Par la circonstance déjà que fatalement l'on présuppose une raison à toutes les choses finies et qu'on s'en enquiert, puis que l'on voit celles-ci en relation mutuelle, on est conduit à leur attribuer un fondement commun. De l'essence même de cette pensée ressort que la recherche du fondement ne prend fin que lorsqu'on a saisi la raison une et dernière de la totalité des choses; en effet, si l'on pouvait adopter plusieurs objets dont chacun serait la raison dernière de ce qui est à et en lui, à l'égard desquels cette recherche se trouverait épuisée, chacun d'eux devrait être infini, sans limite, par suite, avoir à soi et contenir en soi la totalité des choses, se manifester le fondement de tout; or celui-ci ne saurait être qu'un, il est impossible de concevoir plusieurs objets sans raison ultérieure, qui seraient eux-mêmes leur fondement dernier. Aussi, chez les peuples civilisés, la pensée anté-scientifique, guidée par cette intuition, a-t-elle atteint déjà au pressentiment d'un être qui, infini lui-même et sans fondement, est le fondement de tout ce qui vit et existe. A quel titre cependant peut-on accepter cette opinion? C'est là une question capitale, de la solution de laquelle dépend la possibilité ou l'impossibilité de la science systématique et coordonnée, comme nous l'avons signalé dans l'introduction (9, 10, 11).

104. Précisons, en second lieu, le contenu de la notion

qui nous occupe. On entend par *fondement d'une chose* l'objet *au*quel et *dans* lequel cette chose est (11), et selon l'essence duquel elle est déterminée.

Si l'on contemple l'espace infini et ses figures particulières avec leurs propriétés, l'espace est l'entier, le tout, et ces figures avec leurs propriétés ne sont que des parties ou des essences partielles *de* ou *dans**) l'espace: la continuité d'étendue est une qualité *de* l'espace, qui n'est pas seulement *en*, mais aussi *à* lui, qui réside non seulement *dans* ses variétés, mais qu'on attribue aussi *à* son ensemble; au contraire, une sphère, c'est-à-dire un espace fini, limité par une surface courbe uniforme, n'est point *à*, mais *dans* l'espace, elle y est contenue et en est enveloppée. Puisque ces déterminations particulières sont à ou en lui, on le considère comme leur fondement. Il est, d'abord, le fondement de ce qu'il est *à* soi, de l'infinité, de la continuité, de l'extension suivant trois dimensions; puis, des choses finies qu'il est *en* soi, des surfaces, des lignes, des volumes finis. Aussi, lorsque le géomètre veut établir certaines propriétés concernant ces objets, doit-il recourir à la pensée de l'espace infini lui-même, leur fondement, démontrer que chacune d'elles est inhérente à son essence, qu'elle est *à* lui ou renfermée *en* lui; par exemple, la divisibilité sans limite d'une ligne droite se déduit de l'essence de l'espace, de sa continuité, qui est précisément la raison de cette propriété. Bref, comme la géométrie démontre ses propositions par l'essence de l'espace, l'espace, principe un, propre et entier de cette science, est le fondement de tout son contenu; ce qu'elle considère est à ou en lui, et se trouve déterminé selon son essence.

105. Pour éviter les méprises, insistons sur quelques définitions vulgaires de la notion de fondement. On dit: Le fondement ou la raison d'une chose est ce par quoi cette chose est, par le moyen de quoi elle a lieu; or cette propo-

---

*) Les quatre espaces délimités par deux plans infinis qui se coupent perpendiculairement sont des parties *de* l'espace, parce que celui-ci ne contient chacun d'eux qu'un nombre fini de fois; mais une sphère ou un cube sont des parties *dans* l'espace, puisque celui-ci les contient une infinité de fois.

sition ne m'explique rien, elle définit l'objet par lui-même (*idem per idem*); en effet, la préposition *par* n'est qu'un autre son qui désigne la même relation que le mot fondement. — La définition: le fondement est ce qui fait qu'une chose existe, a lieu, n'est pas plus explicite. — D'aucuns pensent que *fondement* exprime une de ces notions simples, qui n'a besoin d'aucune explication; et, cependant, dans cette notion interviennent, comme on vient de le voir, celles de *partie, tout, entier, à, dans, détermination, conformité;* ainsi, bien loin d'être simple, elle est, au contraire, fort complexe.

Examinons encore le sens et l'étymologie du mot fondement, *fundamentum;* ce sens est figuré et emprunté de ce qui se place matériellement à la base, ce qui sert à asseoir sur le sol. Ce mot signifie donc primitivement base, soutien, appui, ce sur quoi une chose s'établit, repose, et, par suite, n'est pas absolument propre à désigner l'idée de ce *à* quoi et *en* quoi une chose se trouve. — Souvent, on emploie indifféremment les termes *cause* et *fondement* ou *raison;* mais le fondement est nommé *cause* en tant qu'il *détermine* la chose fondée — l'*effet* — de telle manière que celle-ci s'accorde avec lui, soit conforme à son essence, ait avec lui unité, homogénéité d'essence.*)

Je me servirai toujours des termes *fondement* et *cause* dans le sens défini ci-dessus, sans avoir égard aux diverses acceptions que d'autres philosophes ont pu leur donner.

106. Dégageons maintenant les diverses pensées intrinsèques de la notion de fondement. — La première est celle

---

*) Ainsi, dans une cause physique et fatale est fondé et déterminé un effet physique et fatal; dans une cause intellectuelle libre, un effet arbitraire, volontaire; dans une cause puissante, un effet puissant. La cause et l'effet sont semblables, ont même essence et même forme, toutes proportions gardées. C'est pourquoi l'on appelle aussi la cause: le fondement déterminant ou la raison efficiente, c'est-à-dire le fondement en tant qu'il amène ou effectue par son activité quelque chose de déterminé conformément à son essence, de fait à son image. En ce sens, toute propriété peut être fondement, mais une substance seule peut être cause: la faculté de la pensée est le fondement de la connaissance, mais l'âme en est le fondement déterminant ou la cause. *(Note du traducteur.)*

de *relation;* l'idée de fondement implique une relation, à savoir le rapport d'un tout avec son essence partielle, rapport d'*appartenance* et de *contenance,* d'après lequel la partie est *à* et *dans* l'entier, selon l'essence de celui-ci. — Puis, la chose fondée étant pensée comme essence partielle à et dans le tout, on lui attribue la *limitation* et la *finité;* car, distinguant l'essence partielle de et dans l'essence du tout, on juge que, en dehors de la chose fondée, celui-ci est encore autre chose. De là vient que, si un objet fini, c'est-à-dire qui en a d'autres hors de lui, se présente à la conscience, on ne peut se défendre d'en appeler à l'entier auquel et dans lequel il est comme essence partielle, c'est-à-dire de s'enquérir de son fondement. De plus, c'est en considérant un être comme fondement qu'on le conçoit aussi susceptible de se limiter dans son intérieur, qu'on sait imaginer des parties internes, fondées en lui et limitées par lui, le *limitant.* Ainsi l'idée de la *limitation interne* est également essentielle à celle de fondement.

Une remarque pour parer à toute confusion. Des objets finis, liés entre eux, peuvent être les uns avec les autres dans un rapport tel qu'ils se déterminent mutuellement, qu'ils soient nécessaires les uns aux autres; tels sont, par exemple, l'esprit et le corps, le soleil et la terre. Dans ce cas, il y a *détermination réciproque,* et, si elle est temporelle, *action réciproque.* Mais la notion d'action et de détermination réciproque n'est pas celle de fondement et de cause, notamment parce que deux choses finies en relation pareille ne sont pas dans le rapport de tout à partie, mais se trouvent l'une *à côté* de l'autre. Aussi, dès que l'on discerne deux choses finies qui se déterminent et s'influencent réciproquement, qui ne peuvent subsister l'une sans l'autre*), on ne saurait se dispenser de concevoir un objet supérieur, raison de chacune d'elles, ainsi que de leur action et de leur détermination réciproque.

*) Ces deux choses sont alors liées entre elles selon le rapport de *conditionnalité*: telle est la position de l'âme vis-à-vis du corps dans la vie actuelle. Mais il faut se garder de transformer un rapport conditionnel en rapport de causalité, comme le font les matérialistes. *(Note du traducteur.)*

107. Pour terminer ce sujet, considérons la pensée de fondement dans sa relation avec celles de l'infini et de l'absolu. En pensant un objet fini, on ne peut s'empêcher, disions-nous, de songer à son fondement; mais, au contraire, un objet infini, illimité et, dès lors, absolu, un être qui n'a rien au dehors de soi, on le saisit comme le tout absolu, qui n'est partie de rien, qui n'est ni à ni dans un autre être, qui est sans raison, au sujet duquel la recherche du fondement ne s'impose plus. Je n'affirme pas, dès à présent, qu'un pareil être existe: il faut reconnaître la légitimité de cette assertion; mais je maintiens que, si l'on pense un être comme infini et absolu, on ne saurait le penser comme fondé, comme ayant une raison, puisque, en cette qualité, cette dernière devrait se trouver en partie extérieure et supérieure à lui. De plus, on ne saurait admettre qu'*un* être pareil; car si l'on pouvait en concevoir un second, imaginer la moindre chose qui fût au dehors de lui, il ne serait plus pensé infini et absolu. Cela étant, quiconque l'aperçoit juge nécessairement aussi qu'il est la raison et la cause de toutes les choses finies qui existent, que tous les objets finis à quelque point de vue, les esprits, les corps, la nature, sont *en* lui; bref, qu'il est le fondement infini et absolu.

En résumé, l'être un, infini, absolu, est, de toute nécessité, conçu sans fondement, comme n'étant ni *à* ni *dans* un autre être, comme étant, au contraire, le fondement de chaque fondement. De là résulte que, s'il est possible de reconnaître la légitimité de cette pensée, ce ne sera point sous la forme d'une démonstration, en l'étayant d'une raison supérieure, mais qu'elle devra se manifester, être évidente par elle-même. Cela est-il? Je diffère ici la réponse; mais il est hors de doute que si cette évidence peut être reconnue, elle doit l'être sans démonstration, apparaître certaine à soi-même.

108. La pensée de fondement éclaircie, revenons-en à la question qui nous occupait (101). A quel point me trouvé-je *fondement*, et aussi, *fondé*? Pour la résoudre, il faudra d'abord envisager le moi entier et son rapport avec la notion de fondement; puis le considérer dans sa variété interne, et voir comment il se comporte, en tant que fondement, par rapport à celle-ci; enfin, aborder le problème plus particulier:

A quel point se trouve-t-il fondement temporel de ses modifications?

109. Examinons-nous d'abord comme moi entier. Puisque (30 et ss.) la vision primordiale: *moi*, n'éveille pas sur-le-champ la pensée que le moi est un être partiel, fini, aussi longtemps que je m'y borne sans plus la spécifier, la notion d'un fondement supérieur de son essence ne me vient point à l'esprit: notre vue intuitive de nous-même ne s'établit sur aucun fondement; chacun se dit *soi*, sans en demander la raison. Mais, dans la suite, cette vue se dessine par le fait que non seulement le moi s'assigne des limites dans son intérieur, mais qu'aussi il s'oppose, comme être propre et personnel, comme individu subsistant par soi, à d'autres êtres raisonnables et à la nature, qu'il se voit en rapport de détermination et d'activité avec ceux-ci. La pensée de sa finité lui impose alors l'obligation de se rendre compte du fondement supérieur qui l'enveloppe avec la nature et les autres moi, et par lequel est déterminée l'essence de ces êtres, ainsi que leur union réciproque.

110. La compréhension de notre variété interne nous conduit ensuite à nous demander: Sommes-nous fondement de tout ce qui est *à* et *en* nous? Chacun trouvera qu'il en est ainsi. Quoi que je discerne à mon essence, c'est ou bien une propriété *à* moi, de mon unité, ou bien un attribut *en* moi, de ma variété; les propriétés reconnues fondamentales: l'être, l'unité, la propriété, l'entièreté, sont au moi (45 et ss.); les attributs, à l'examen desquels nous procédons actuellement, sont dans le moi. Cela posé, puisqu'un être est dit fondement au regard de ce qui se trouve *à* et *en* lui, déterminé selon son essence (104), nous sommes en droit de nous appeler fondement eu égard à toute notre variété interne.

111. Il importe de saisir cette pensée avec précision et de ne point la dénaturer.

En premier lieu, le moi est fondement de soi-même, signifie: En tant qu'un et même être entier, il se comporte, dans son intérieur, comme fondement de ses parties et de ses propriétés internes; mais non point: Il est la raison de tout son être. Cette dernière proposition serait totalement dépourvue de sens, puisque l'idée de raison n'exprime que le rapport déterminé du tout avec ses essences partielles. Aussi inexacte se révèle l'assertion analogue: Dieu est fondement et cause de soi en tant qu'être infini et absolu (*Deus causa sui*), ainsi que l'enseignent *Spinoza* et ses disciples; car l'entier, en cette qualité, ne se trouve nullement avec soi-même, comme tout, en relation de fondement et de cause; comme tel, l'entier infini est, au contraire, sans fondement ni cause.*)

En second lieu, la pensée du moi fondement n'inclut pas non plus la thèse opposée, à savoir que le moi, comme entier fini, est sans raison; au contraire, sa finité entraîne l'existence d'un fondement supérieur.

En troisième lieu, cette pensée n'exclut point celle que des êtres plus haut placés que le moi, tels que la Nature ou l'Esprit, et des êtres de même rang, tels que ses semblables, ne puissent agir individuellement sur son intérieur. De plus, la pensée que l'Etre infini et absolu exerce aussi sur lui une action individuelle est-elle ou non légitime? Ce sont là des problèmes importants que nous sommes incapables de résoudre en ce moment, et qui devront faire l'objet d'une étude approfondie.

112. Ces préliminaires établis, abordons la question spéciale (108): A quel point suis-je fondement de moi-même en tant que je me transforme continuellement avec le temps? Est-ce moi qui fais que je pense, sente, veuille, accomplisse intérieurement et extérieurement telles choses arrêtées? Voici ce que nous observons à cet égard.

En discernant la série interne continue de ses états temporels, qui se compose de termes complètement déterminés, chacun de nous s'en reconnaît le fondement; chacun se dit la raison de ce que, à tel instant précis, telles pensées, tels sentiments, telles volontés particulières se réalisent dans le temps; comme être entier, il a conscience d'étreindre et de dominer cette série de phénomènes; il a la conviction d'en fixer les phases diverses. En tant que fondement déterminant ou cause de cette évolution continue, il n'est point tem-

---

*) Si un objet était fondement et cause de soi comme entier, il serait aussi l'effet de soi; il serait à la fois la cause de l'effet et l'effet de la cause, ce qui est absurde. *(Note du traducteur.)*

porel, il ne change point; c'est toujours le même moi qui règle ses modifications successives; il en est donc la raison non pas temporelle, mais *intemporelle, supra-temporelle, éternelle.* J'entends ici par le mot *éternel (aeternus, aeviternus)*, ainsi que l'indique l'étymologie, non le temporel infiniment long, qui se déploie sans fin avec le temps infini, la durée infinie qui n'a ni commencement ni fin; mais bien le non-temporel, le supra-temporel, indépendant du temps et de la durée; je l'emploie donc avec le sens qu'il a dans les pensées: l'Eternel, les vérités éternelles; dans le jugement: les propositions de la Mathématique expriment des vérités éternelles, qui n'ont aucun rapport avec la considération de temps ni d'époque.*)

113. Si l'on désigne par: *le possible*, l'ensemble des états et des actes particuliers successifs marquant le cours de son développement, on dira aussi que le moi se reconnaît fondement de chaque *possibilité* de son évolution temporelle interne, en général. Le possible signifie proprement ce qui est susceptible de devenir; ainsi l'ensemble, pris en général, des objets de l'accomplissement desquels le moi se trouve la raison, est pour lui le possible. Par exemple, connaître, savoir sont des attributs du moi; or, comme il se juge le fondement de ce que, grâce à la pensée, il développe le savoir sous la forme de la succession, il etsime le savoir *possible pour lui.* En ce sens donc, il est le fondement de la possibilité de tout ce qu'il devient et produit avec le temps; en

*) Le mathématicien s'occupe de choses purement intemporelles, de propriétés purement éternelles, qui ne passent, ni ne deviennent, ni ne durent plus ou moins. Dans l'objet de la Mathématique, le temps et, dès lors, l'expérience n'interviennent ni en fait, ni en principe. C'est un préjugé assez commun de regarder le temps comme la forme fondamentale de toutes les intuitions et connaissances mathématiques. Il est bien vrai que la série des nombres, de même que chaque série de pensées, se présente avec le temps, que des nombres et des figures de l'espace s'offrent à l'intelligence sous la forme de la succession; mais ni la numéralité ni l'étendue n'impliquent le temps *à* et *en* elles; les définitions, les divisions et les démonstrations de l'arithmétique et de la géométrie sont exemptes de toute idée de durée; et la première notion mathématique qui affecte à soi le temps est celle du mouvement.

d'autres termes, il est *en puissance* (*potentiâ*), virtuellement, tout ce qu'il a été, est et sera avec le temps.

114. Avant de poursuivre, précisons la signification des termes: *éternel* et *possible*, *éternité* et *possibilité*. Le moi, avons-nous vu (112), est fondement éternel, c'est-à-dire intemporel, supra-temporel, de ses modifications; mais, si l'on ajoute qu'il est la raison éternelle de la réalisation de son évolution successive, l'éternel est alors considéré en union avec le temporel; et l'éternel, en tant qu'il peut devenir, se traduire en acte avec le temps, est le possible. C'est de ce possible par rapport à l'époque qu'il a été question ci-dessus. Cependant l'idée de possibilité, dans sa généralité, a, comme la pensée de l'éternité, une signification plus étendue que dans son rapport avec le temps. Le possible, en général, désigne ce qui peut exister et s'accorder, ce qui est compatible avec une autre chose: le mathématicien aussi s'occupe de possibilité et d'impossibilité, mais nullement en ce qui concerne le temps; lorsqu'il enseigne: il est possible d'extraire la racine carrée du nombre additif (+ 4), mais cette opération est impossible sur le nombre soustractif (— 4), il entend que cette opération, d'extraire la racine carrée, peut s'accorder avec le nombre additif (+ 4), mais est incompatible avec le nombre soustractif (— 4), et cela sans aucune considération d'époque.

115. Revenons-en à l'examen de notre thèse (112): le moi, en tant qu'être entier, se juge fondement éternel, intemporel, de la possibilité de la série de ses états successifs. Comme c'est là une observation individuelle élémentaire, il est à présumer qu'il existe, dans la langue de chaque peuple civilisé, des termes particuliers pour la rendre. Nous disposons des mots: *pouvoir*, *faculté*, et disons en ce sens: Nous avons le pouvoir, la faculté d'effectuer une série interne d'actes et d'états temporels. Chacun se voit ensuite des facultés particulières, distinctes les unes des autres, en tant qu'il est le fondement des phases spéciales de son évolution; par exemple, les facultés de penser et de connaître, de sentir, de vouloir, qui sont des faces particulières de la faculté une de se déterminer à poursuivre le cours de ses états successifs. *Faculté* signifie donc: qualité d'être raison et cause éternelle, supra-temporelle, immuable, de la possibilité d'une

série d'états et d'actes. On dit ordinairement: L'homme *a* faculté; mais, plus rigoureusement, on devrait dire: L'être raisonnable *est* faculté; car il *est* lui-même le fondement de la réalisation du possible avec le temps. En disant: il *a* la faculté, on ne spécifie pas si elle vient de l'extérieur ou de l'intérieur, si elle lui est originairement propre, ou s'il l'acquiert du dehors. Rigoureusement, je dirai donc: Je *suis* faculté, faculté de connaître, de sentir, de vouloir.

116. Mais l'homme ne s'en tient pas à la simple faculté, à la possibilité de se déterminer à réaliser une succession d'états; au contraire, il doit, fatalement, se déterminer à chaque instant d'une manière arrêtée, se résoudre à effectuer précisément telle chose et non d'autres; il lui est tout à fait impossible de rester en soi sans décision, fût-ce celle de rester indécis, de suspendre, pour ainsi dire, son évolution temporelle interne; à chaque instant surgissent en lui des pensées particularisées, à chaque instant il sent et veut des choses spéciales.

Ce qui devient, au cours du temps, avec une parfaite détermination, on le nomme le *réel*, l'*actuel*, l'*effectif*. Notre série d'états successifs acquiert sans cesse *réalité*, existence effective, se compose de phases réelles, achevées, *finies*. Ce qui à chaque instant s'effectue en nous, c'est justement *le possible*, c'est-à-dire ce qui est de notre essence générale et éternelle; et, réciproquement, ce qui est possible pour nous s'effectuera un jour, sous un temps donné; en effet, ce qui ne deviendrait réel en aucun temps, ce qui ne s'accomplirait pas avec le temps infini serait, au contraire, l'*impossible*, ce qui ne sait devenir. Par exemple, puisqu'il nous est possible de nous perfectionner sans cesse, l'on doit admettre que ce perfectionnement sans fin s'accomplira avec le temps sans bornes; sinon, il serait l'impossible, qualité que la raison ne lui reconnaît point. Le moi, disons-nous, ne se borne pas à être faculté, cause éternelle de l'ensemble de ses mutations successives et continues; mais, temporellement, il est cause aussi de ce que, à tel instant, il se détermine précisément de telle manière à l'exclusion d'une autre, il est fondement, à chaque instant donné, de la réalisation de tel terme particulier de son évolution. Il se juge donc non seulement, en général, faculté éternelle, mais aussi, en particulier, cause et fondement temporel; en d'autres termes, il n'est pas seulement fondement *en puissance* (potentiâ), mais aussi en *acte* (actu). Comme fondement de ce qui est actuel, effectif, accompli dans le temps, il s'attribue action, il est actif, il a *activité*, ou plutôt, il est *activité*. *Activité* signifie donc: qualité d'être raison et cause temporelle de la réalité d'une série d'états et d'actes.

117. C'est là une observation qui concerne la vie même dans ses particularités individuelles et qui ne peut échapper à aucun être intelligent, quel que soit son degré d'instruction. L'homme, absorbé par le sensible et par la vie active, se reconnaît fondement temporel bien avant qu'il n'acquière la conscience d'être fondement éternel; aussi se rencontre-t-il dans toutes les langues, même les plus barbares, diverses expressions pour désigner la causation ou la causalité temporelle, la relation de la cause temporelle à l'effet temporel. Nous avons les termes: agir, faire, effectuer, produire, accomplir. Nous distinguons les productions physiques externes et les productions intellectuelles internes, c'est-à-dire la causalité temporelle externe et interne.

Faire, c'est se comporter temporellement de quelque manière comme fondement et cause; dans l'origine, ce terme signifiait: agir physiquement, de même que produire; mais les mots qui, d'après l'étymologie, exprimaient d'abord une causalité temporelle dans le monde externe, la seule qui frappât les sens, ont été, dans la suite, idéalisés, employés au figuré, pour désigner la causalité interne; c'est ainsi qu'on a nommé activités la pensée, le sentiment et la volonté.

118. Les considérations précédentes nous mettent à même de définir la relation de l'activité avec le moi entier. L'activité n'est pour celui-ci qu'une manière d'être fondement et cause, à savoir fondement et cause, dans le temps, de particularités tout à fait circonstanciées. Il est inexact d'affirmer que le moi *n*'est *qu*'activité et *rien qu*'activité, proposition sur laquelle *Fichte* a fondé sa théorie de la science sous sa première forme (1794—1799). Certes, le moi se trouve actif, mais il n'est pas seulement activité; il se dit actif, c'est-à-dire cause temporelle, causal dans le temps, mais il ne pourrait

s'estimer actif, s'il ne se reconnaissait aussi fondement éternel ou faculté; et il ne saurait s'attribuer ni activité, ni faculté, s'il ne se saisissait, avant tout, comme l'être permanent, qui est fondement, aussi bien éternel que temporel, de tout ce qu'il est de fini et de déterminé à soi et en soi.

119. Examinons de plus près la causalité temporelle, l'activité. Comment me trouvé-je en tant que je suis actif? A ce point de vue, chacun se trouve fini, limité à tous égards, entre autres, sous le rapport de la grandeur, de l'énergie et de la sphère de son activité. En ce qui nous concerne comme faculté, cette détermination précise de la grandeur n'a pas lieu nécessairement*), puisque la faculté est éternelle et seulement *susceptible* de détermination; mais notre activité est bornée de toutes parts. Telles notre activité intellectuelle, notre activité volontaire: un jour nous sommes fort actifs, un autre jour, moins. On nomme *grandeur* ce qui est limité d'une manière réglée et contient dans des limites définies quelque chose parfaitement déterminée; notre activité est *grande* exprime donc: elle est limitée, de telle sorte qu'à l'intérieur de sa limite est contenue quelque chose complètement déterminée. On fait usage, pour désigner la grandeur de l'activité, des mots: *force*, *énergie*, *puissance* (dans cette acception spéciale), *vigueur;* on dit: l'homme a de la force, de la puissance, de la vigueur intellectuelle, et l'on entend par là: il a ou il est l'activité particulière de la pensée, mais il ne l'a ou ne l'est jamais que dans des limites parfaitement définies, avec une grandeur déterminée; l'un a beaucoup, l'autre peu de force, de vigueur intellectuelle. De même, on proclame que l'homme doit acquérir la force de volonté ou de caractère, ce qui veut dire: son activité de vouloir doit accomplir dans des limites précises l'objet de la volonté; ainsi, bien que l'homme ait la volonté droite, la force de vouloir peut lui faire défaut, c'est-à-dire l'activité de la volonté peut être trop *faible,* il peut manquer d'énergie comme être voulant.

---

*) A un autre point de vue, la faculté de l'être fini est cependant grandeur, en tant qu'elle n'est pas la faculté entière absolue, c. à. d. infinie, en tant qu'on nomme grandeur ce qui est compris dans certaines limites.

120. En résumé, le résultat de l'examen du moi comme fondement et cause (108) s'énonce ainsi qu'il suit: *Le moi se voit faculté, c'est-à-dire fondement et cause éternel; il se trouve activité, c'est-à-dire fondement et cause temporel; et s'attribue force, puissance, énergie, en tant qu'activité finie et limitée, d'une grandeur déterminée.*

121. Ici se présente l'examen du rapport de la faculté avec l'activité, du moi comme fondement éternel avec lui-même comme fondement temporel.

Si, d'une part, on suit par la pensée le cours de la vie dans ses particularités temporelles; si, d'autre part, l'on envisage l'essence éternelle, c'est-à-dire ce qui est à réduire en acte avec le temps, on constate que le cours limité de la vie n'en contient qu'une partie. Considérant notre pensée et notre savoir, nous voyons que nous pensons et connaissons sans cesse; néanmoins beaucoup d'objets échappent encore à notre connaissance, laquelle, à chaque époque, embrasse seulement une partie de la possibilité de notre savoir. Même observation à l'égard du sentiment: nous ne sommes jamais sans émotion complètement déterminée; mais toujours nous n'éprouvons qu'une partie de ce que l'âme est capable de ressentir, et cela avec une force restreinte. Puis, envisageant la volonté, nous remarquons que nous voulons bien et nous proposons toujours pour but quelque chose spéciale, mais aussi une fraction seulement de ce que nous pouvons vouloir; notre volonté également est toujours incomplète et imparfaite. Si nous rapportons alors les deux points de vue l'un à l'autre, la faculté et la possibilité à l'activité et à la réalité, l'activité se manifeste dirigée par la faculté, impulsée par elle à poursuivre la succession de nos états divers et à effectuer les choses de notre essence qui y font encore défaut, c'est-à-dire: nous nous trouvons *tendance* ou *penchant*. La *tendance* est donc la direction imprimée à l'activité par la faculté. Dans sa relation avec l'objet qu'on voudrait réaliser, la tendance est le *désir* ou l'*aspiration* vers cet objet; la tendance fixée, la direction arrêtée de l'activité vers la fin désirée, est la *disposition* ou l'*inclination*.

Devoir, idéal, but, bien, loi morale, vie.

122. Les choses que notre évolution temporelle ne renferme pas encore, sont des essences éternelles, que nous connaissons dans leur généralité, sans les avoir déjà déterminées, et affirmons devoir aussi trouver place au cours de notre développement effectif, mais que nous convenons en être justement le défaut. — Par exemple, nous nous efforçons ici d'établir une organisation régulière de la science, parce que nous attestons, en général, que la science est un attribut éternel de l'intelligence, et que nous voyons, en particulier, qu'il est convenable à notre intelligence individuelle présente de la compléter progressivement en ce qu'il y manque. — Lorsque maintenant la faculté saisit l'essence éternelle, et que conjointement l'activité se déploie pour l'actualiser avec le temps, on la reconnaît comme celle qu'on *doit* accomplir, et l'on acquiert la notion du *devoir*. Le *devoir* est donc la détermination propre du moi à réaliser progressivement l'essence éternelle, l'accomplissement, l'entière exécution dans le cours de la vie, de ce qui est d'essence nécessaire.

Lorsque le moi rapporte à son activité, dirigée comme tendance par sa faculté, *son* devoir, c'est-à-dire ce qu'il est essentiel *pour lui* de traduire en acte avec le temps, il se reconnaît *obligé*. Le rapport de la tendance avec le devoir est *l'obligation*.

123. La notion générale ou l'idée de l'essence que chacun doit réaliser, de son devoir, est son *idéal*, et le contenu même du devoir à remplir est son *but*. — Ainsi la notion générale de la science, exposée dans l'introduction, est présentement notre idéal, et son contenu même, sur lequel nous devons diriger notre activité pour l'effectuer par notre travail, est ici notre fin, notre but. — Mais, comme notre activité ne peut faire une chose qu'avec complète détermination, comme elle ne sait rien produire indéterminément, l'idéal, la notion idéale du but, qui embrasse uniquement le général, ne lui suffit point pour accomplir sous forme individuelle l'essence éternelle à réaliser; à l'idéal doit se joindre une image individuelle, un *schème*, une représentation du but à atteindre (*Zweckbild*). — Le peintre, appliquant son activité à l'exécution d'une œuvre picturale, s'en crée d'abord un idéal, et en fixe le sujet; mais cela ne suffit point pour la mener à fin; cet

idéal doit se déterminer en une esquisse, une image du but, et prendre corps dans l'imagination, avant que l'artiste puisse entreprendre l'exécution matérielle de son tableau. —

Bref, l'objet de l'activité est envisagé comme *devoir*, conçu comme *idéal*, imaginé comme *but*, esquissé comme *schème*.

124. Jusqu'ici nous avons examiné de quelle manière nous nous comportons en tant que fondement et cause du cours temporel de nos états et de nos actes, mais nous n'avons pas encore spécifié *ce qui* doit proprement être fait, le contenu ou le fond de cette série de mutations, les choses à accomplir par nous comme faculté, activité, force et tendance, sous la forme du devoir. Cherchons donc à répondre à la question: *Que* devons-nous effectuer au cours de notre évolution temporelle?

125. D'abord ce que chaque moi ou chaque esprit se trouve capable de faire et de rendre actuel lui est originairement propre, est évidemment son essence personnelle; c'est *soi-même* qu'il complète avec le temps et déploie progressivement. Ce qu'il lui est possible de connaître, de s'inculquer graduellement dans la conscience par l'activité de la réflexion est, en fait, *sa* connaissance; c'est son être qu'il perfectionne en la menant à terme. De même, lorsqu'il dirige son activité sur le sentiment, l'émotion éprouvée est *son* état, il sent et ne sent que soi; lorsqu'il cherche à fixer ses sentiments, il s'efforce proprement de se parfaire comme être affectif, comme cœur, comme caractère. De même encore, lorsqu'il exerce son activité dans la volonté, qu'il délibère et prend ensuite une résolution, la volonté est *son* attribut, il est celui qui veut. En outre, s'il agit sur des objets externes, sur son corps ou sur des objets étrangers, soit sur la nature, soit sur d'autres esprits, tout s'effectue par son activité propre, et celle du corps n'intervient que comme intermédiaire. — L'artiste réalise, il est vrai, ses œuvres dans la nature extérieure par le moyen des forces du corps et par l'entremise des forces et des propriétés naturelles du marbre ou des couleurs; mais son œuvre, en tant qu'elle est sienne, a pris forme d'abord dans son imagination, et a été l'objet d'un travail interne; pour la produire au dehors, il a du déterminer sa volonté et son activité intellectuelle conformément à son but

interne. Aussi est-ce surtout la personnalité de l'artiste qui se manifeste et que l'on admire dans son œuvre. —

C'est donc bien soi-même, sa propre essence éternelle, que chaque moi transforme en actualité au cours de son évolution interne. Cette assertion, il est clair, ne signifie pas que le moi crée sa propre essence une et entière, et se trouve fondement et cause de tout son être; on a vu, au contraire, qu'il se saisit déjà comme subsistant *au-dessus* de toute variation interne. Je pose en fait seulement que son essence se déroule, dans son intérieur, en une succession de phénomènes particuliers et déterminés.

Je n'avance pas non plus que l'esprit ne puisse accueillir dans la connaissance et le sentiment des choses qui lui sont étrangères; mais je constate qu'elles sont alors devenues siennes, qu'il doit se les être assimilées. — Par exemple, le peintre découvre un beau site: celui-ci lui est certes extérieur; mais, tandis qu'il le contemple, il l'introduit dans le domaine interne de son imagination, l'y développe selon les lois de l'esthétique, et c'est alors sa vision personnelle qu'il reproduit sur la toile. — Dans quelle mesure l'esprit fini est-il susceptible d'accueillir en soi les choses extérieures? C'est là un problème pour nos futures recherches. Mais, sans aucun doute, ce que le moi produit par son activité est primitivement un état, une essence interne.

126. Le but et la destination de chacun étant d'actualiser son essence, et chacun se trouvant, bon gré mal gré, enclin et obligé à la développer progressivement, il est à présumer que, dans chaque langue quelque peu cultivée, se rencontre un mot simple et précis pour désigner cette essence temporelle réalisée ou à réaliser avec le temps. Nous avons les termes: le *bon*, le *bien*. Dans sa généralité, *bon* exprime l'état d'une chose en vertu duquel elle est telle qu'elle doit être, l'état d'une chose qui existe telle que l'exige son idéal. — Un instrument est bon, s'il remplit son but, selon l'idée qu'on s'en forme; un animal est bon, s'il est vigoureux, bien constitué, apte à son service, en un mot, s'il répond à son essence générale, à l'idée qu'on s'en fait; un remède est bon, s'il rétablit la santé, ce à quoi il doit précisément servir; un homme est bon, s'il est conforme à l'idéal de l'homme. —

Aussi appelle-t-on *le bien*, ce que l'on exige de l'être humain, ce qui est essentiel pour lui dans le temps, ce à quoi il est tenu. Les choses d'essence humaine effectuées temporellement, qui demeurent et subsistent, on les nomme *des biens*, et leur ensemble constitue *les biens de la vie.* Ainsi, il est bien, il est de son essence, que l'homme s'efforce de connaître; et, lorsque cette connaissance est acquise et dure comme savoir déterminé qui reste à sa disposition, on estime que c'est *un bien* de posséder ce savoir, afin d'en faire application dans la vie.

L'essence à accomplir dans notre évolution temporelle est le bien. De là résulte que *bien* n'est pas synonyme d'*essence*, en général; *bien* se dit de l'essence qui et pour autant qu'elle s'effectue temporellement, et non de l'essence éternelle, indépendante du temps, puisque celle-ci subsiste immuablement ce qu'elle est. La particularité d'être bien, ou non, ne s'applique aucunement à cette dernière. — Les propriétés des nombres, les vérités mathématiques ne sont ni bonnes, ni mauvaises; elles sont simplement, elles sont d'essence éternelle. De même, les attributs fondamentaux du moi: l'être, l'unité, la propriété et l'entièreté, sont immuables; aussi ne les qualifions-nous point de: *bons*; mais nous les reconnaissons *essentiels*, en général. —

127. Envisageant la relation du bien, de l'essence à développer dans le temps, avec toute notre évolution et avec nous-même, en tant que fondement de celle-ci, nous jugeons qu'il doit être le fond permanent, commun à tout le cours de cette évolution. De quelque manière qu'on se détermine, quoi qu'on fasse, l'action doit être bonne, parfaire une essence éternelle et nécessaire; l'activité doit tendre uniquement au bien, et n'avoir point d'autre règle, ni d'autre but. Or, ce qui est permanent, invariablement commun à une série de termes divers, on le nomme la *loi* de cette série; le bien sera donc la règle de conduite de toutes nos résolutions, la *loi* de toute notre activité; il en commande l'ensemble général et chaque acte particulier.

Lorsque le moi accepte le bien pour loi de son activité, et s'impose dès lors le devoir d'effectuer le bien et rien que le bien, il est, à ce point de vue, tel qu'il doit être, et se trouve capable d'être le droit fondement de la réalisation de ce qui est *bien pour lui* au cours du temps. Cet état général du moi, on le nomme la *moralité*, et cette détermination propre constante à n'accomplir que le bien, on l'appelle la *disposition morale*. En tant qu'il poursuit, dans cette disposition, le cours temporel de ses actes, le moi est *vertueux*, et son état permanent est la *vertu*. La loi du bien est donc aussi la loi de la moralité et de la vertu, ou la *loi morale*.

128. Des considérations précédentes découle (120) que le moi se trouve fondement éternel et temporel, modifiant, déterminant et réalisant continûment sa propre essence, comme bien, avec une complète précision, de sorte qu'il forme soi-même son intérieur. Cette propriété, en vertu de laquelle un être est fondement de sa propre formation interne, s'exprime par le mot: *vie*. On attribue la vie à l'animal, parce qu'il est lui-même, croit-on, le fondement de sa détermination à se manifester dans le temps par son activité; au contraire, on ne l'accorde déjà plus, au même titre, à la plante, parce qu'on suppose qu'elle n'a point la conscience, ni le sentiment intime de son être, ni la faculté de se résoudre de soi à se produire dans le temps, à croître, fleurir et porter des fruits. Toutefois, si l'on entend, en général, par: *vie*, la propriété d'être, d'une manière quelconque, fondement de son développement individuel, on peut aussi l'octroyer à la plante, puisque sa croissance et sa floraison ont leur raison dans son intérieur. Mais je prends ici le mot: *vie*, dans son acception propre, en vertu de laquelle il désigne la faculté, l'activité, la tendance, la force d'un être qui, se connaissant, se sentant et se voulant, est capable de régler lui-même l'évolution graduelle de son essence. Et, en ce sens, le moi se reconnaît *vivant*.

129. Puisque la faculté et l'activité doivent se diriger constamment vers le bien, la *vie du moi* a pour destination de le réaliser, selon la loi morale; le bien est son unique fin.

En outre, la vie n'étant que sa propriété particulière de réduire en acte avec le temps son essence éternelle, le moi, tout en se l'attribuant, reconnaît également qu'il n'est pas que *vivant*: au-dessus de la vie, et maître de sa vie, il se trouve l'être un, propre et entier, qui est destiné et se détermine à vivre.

Puis, la propriété de nous modifier nous-mêmes étant *à* nous une qualité constante (88), qu'il n'est donné à personne de changer ou de supprimer, la vie se dévoile aussi comme un de nos attributs permanents, inéluctables, qui lui-même ne change point, bien que ses éléments constituants soient autres à chaque instant.

130. Il est, sans doute, superflu de faire remarquer qu'il n'est pas question ici de la vie du corps unie à celle de l'esprit, encore moins de la vie physique seule, mais de celle du moi comme âme ou esprit, de la détermination intime au bien selon la loi morale. Cependant, puisque le corps a été reconnu (52 et ss.) en union d'essence avec l'esprit, on voit la vie corporelle unie étroitement à celle de l'âme; et, discernant aussi dans l'organisme physique un objet essentiel, l'esprit, comme être vivant, est porté à le soigner et à en poursuivre le perfectionnement, concurremment avec le sien, selon les exigences de la moralité; il enveloppe alors la destination de la vie corporelle dans la fin une de la vie: le bien.

Variété de la faculté, de l'activité, de la tendance et de la force.

131. Le moi, envisagé comme fondement et cause de son cours temporel, vient d'être trouvé, en général, dans sa vie intellectuelle, faculté, activité, tendance et force, pour réaliser le bien. Mais il n'est pas seulement ces attributs en unité; il est aussi varié à ces points de vue.

Les variétés fondamentales de la faculté et de l'activité sont au nombre de trois: elles concernent la pensée, le sentiment et la volonté. Quoi que nous poursuivions, quelque bien que nous nous efforçions d'accomplir, il doit être présent et uni essentiellement à nous dans la pensée, le sentiment et la volonté: au bien ignoré, nous ne saurions consacrer notre activité; à celui qui nous laisse froids, nous ne prenons aucun intérêt, nous n'avons aucune inclination, aucune volonté; or, sans volonté, l'activité ne se déploie pas. Pour qu'un bien s'accomplisse, il faut le reconnaître vrai, le sentir vivement, le vouloir avec force. La connaissance, le sentiment et la volonté constituent donc trois modes distincts suivant lesquels les biens à réaliser s'offrent au moi comme être entier, suivant lesquels ils sont en relation avec lui en tant que fondement du cours temporel de sa vie.

132. Examinons chacune de ces variétés en particulier, et, d'abord, la *connaissance* ou le *savoir*. Dans la connaissance, l'objet m'est présent à l'esprit, de telle sorte que je le distingue dans la conscience; ou, figurément, il devient évident, je l'aperçois, il m'apparaît. L'activité spéciale qui s'exerce à établir cette relation entre un objet et la conscience, s'appelle la *pensée; penser*, c'est agir pour former la connaissance, pour savoir.

133. Dans le *sentiment*, l'objet qui m'affecte se présente en union avec le moi entier, en tant que fondement de la vie; il s'attache à tout mon être. C'est pourquoi, s'il est conforme au but et à l'activité de ma vie, s'il les favorise, j'éprouve *plaisir*, j'y aspire, la tendance m'y porte; si, au contraire, l'objet qui suscite l'émotion se trouve dans un rapport négatif avec ce but et cette activité, s'il les contrarie, ma tendance s'arrête, se détourne, et j'éprouve *peine*, tristesse, souffrance.

Comme la vie morale est intimement liée à la vie physique, ce qui favorise la vie du corps, la jouissance corporelle, est aussi ressenti comme plaisir par l'esprit; ce qui contrarie la vie du corps, la souffrance physique, est partagé par l'âme.

134. La *volonté* est la troisième forme de l'activité, et son objet immédiat est cette activité même. — Lorsqu'on concentre l'attention sur quelque chose, assurément ce à quoi l'on réfléchit se trouve soumis à la volonté, mais l'objet immédiat de celle-ci est l'activité même de la pensée. Le savoir se développe par la pensée; on doit donc diriger convenablement l'activité pensante sur la chose qu'on aspire à connaître; or, cette activité, au moyen de laquelle on gouverne celle de la pensée, c'est la volonté. Pareillement, si un artiste entreprend la composition d'un tableau, cette composition est, sans doute, l'objet proposé à sa volonté; mais il doit la créer par l'activité spéciale de l'imagination; et, pour son exécution matérielle, il fait appel ensuite au concours d'activités physiques; ces activités diverses qui achèvent l'œuvre sont elles-mêmes déterminées et impulsées par

une autre supérieure, qui est la volonté. — La volonté est donc l'activité suprême par laquelle nous disposons de chaque autre particulière; individuellement, elle se manifeste dans le temps, lorsque l'esprit délibère et finalement se résoud, c'est-à-dire se détermine à agir suivant une direction arrêtée.

135. Ces trois facultés et activités de connaître, sentir et vouloir, nous les trouvons à chaque instant simultanément opérantes, et cela sous une forme tout à fait circonstanciée. Assurément, nous n'avons pas toujours conscience d'agir d'une manière spécifiée par la pensée, le sentiment et la volonté; mais cette trinité inséparable n'en subsiste pas moins: d'ordinaire, on perd la vue nette de l'activité de la volonté, dès que la résolution est prise, et que l'on se met à l'œuvre; et cependant cette activité doit persister dans sa parfaite détermination pour que l'action puisse se poursuivre. — Qu'on se figure l'artiste peintre dans son atelier: à chaque coup de pinceau, sa volonté se fixe avec une parfaite précision, sans qu'il en ait conscience; et, dès qu'elle se relâche ou se détourne sur un autre objet, le travail cesse également. — Dans toute occupation, la volonté se règle, souvent de la manière la plus délicate et la plus subtile, sans qu'on s'en rende compte; mais, s'il se présente quelque obstacle ou survient quelque méprise, on se propose aussitôt de diriger plus spécialement sur ce point l'activité de la volonté, et l'on peut alors en recouvrer la conscience.

136. Considérant nos trois facultés fondamentales dans leur rapport avec le temps, nous ne leur trouvons dans la mémoire aucun commencement: aussi loin que porte le souvenir, nous nous voyons connaissant, sentant et voulant; et ces trois activités continuent à s'exercer chacune en union intime avec les deux autres. Fatalement, je dois, à chaque instant, agir par la pensée, le sentiment et la volonté; j'ai bien le pouvoir de me déterminer librement de telle ou de telle manière, mais non celui de cesser de me déterminer; et, lorsque j'envisage l'avenir, je prévois sans hésitation que je continuerai toujours à penser, sentir et vouloir, je ne sais marquer la fin de cette triple activité. Celle-ci est-elle donc infinie dans le temps? Ou bien a-t-elle eu un commencement

et aura-t-elle une fin? Nous ne sommes pas encore en mesure de répondre à cette question; car l'observation propre interne n'embrasse jamais qu'une durée finie. La solution de ce problème, comme de celui de notre existence infinie en général (57), repose sur d'autres bases que la science synthétique seule peut établir.

137. Avant d'entreprendre l'examen de l'essence propre de la pensée, du sentiment et de la volonté, je traiterai encore les questions suivantes.

Quelle est la relation de la série temporelle des actes de connaissance, de sentiment et de volonté avec le moi entier? Celui-ci existe comme fondement éternel au-dessus de cette triple évolution, et se saisit comme tel (112): il se résoud de lui-même, d'autorité, à ce qu'il y effectuera par son activité. Après avoir remarqué (129) que le moi comme fondement éternel se gouverne en tout temps d'après la notion finale du bien et se règle selon les conditions de sa vie, nous pouvons maintenant préciser et reconnaître qu'il se détermine, d'après l'idéal du bien, comme être connaissant, sentant et voulant; cause éternelle du cours transitoire de sa vie, il fixe, à chaqué instant, sa pensée, son sentiment, sa volonté, selon l'état acquis de ces trois facultés. — Nous même, dans notre présent travail, nous régissons notre activité pensante d'après l'idée du bien; car, organiser la science, nous l'estimons un bien. Nous la conformons à l'état actuel de notre pensée, et la dirigeons sur une question définie, imposée par la nature de l'objet, pour atteindre à l'accomplissement de notre but: le savoir. Conjointement, notre sentiment se grave aussi; nous éprouvons des émotions; car nous ne pouvons connaître aucune vérité, sans l'accueillir dans notre cœur, sans nous sentir remué par elle. De même, nous commandons à notre volonté, pour penser telle chose et non telle autre. — Les trois activités fondamentales du moi sont donc inséparables.

138. Quelles sont leurs relations mutuelles?

D'abord, chacune d'elles se replie sur soi-même, se concentre sur soi, est réflexive, c'est-à-dire que le moi connaît sa connaissance, sent son sentiment, veut sa volonté. — On ne se rend pas toujours compte, il est vrai, de ce rapport réfléchi de la connaissance, du sentiment et de la volonté; mais c'est un devoir d'en acquérir la conscience; car celui-là seul qui soumet sa connaissance à l'examen, connaît vraiment et devient maître de sa pensée et de son savoir. La *Logique* s'occupe précisément de la connaissance de la connaissance et de la pensée de la pensée. De même, l'homme qui a le sentiment de son sentiment, a seul le sentiment droit; par exemple, l'homme qui, à l'occasion de sensations corporelles de jouissance ou de souffrance, sent si elles sont dignes de l'âme, a seul le pouvoir de régir et de dominer ses sentiments physiques. De même encore, celui qui veut sa volonté, qui veut ce qu'il veut, veut bien et trouve la force de vouloir; celui, au contraire, qui reste indécis et ne veut pas vouloir, n'aura jamais la fermeté de caractère. — Il est donc essentiel, pour le perfectionnement de nos activités, que chacune se rapporte à elle-même.

139. Ensuite, chacune s'applique aux deux autres; toutes trois sont en relation réciproque. Je connais mon sentiment et ma volonté; je sens ma connaissance et ma volonté; je veux ma connaissance et mon sentiment. C'est après avoir exercé ces facultés sous tous ces rapports, qu'on gagne de l'empire sur soi-même.

Chacune présuppose et exige, pour son perfectionnement, le concours des deux autres. Le progrès de la connaissance ne saurait se passer de l'intervention du sentiment et de la volonté: si je n'ai point la volonté de concentrer l'attention sur un objet, et n'y porte aucune affection, si je ne le prends à cœur, je ne le reconnaîtrai certainement pas; ma pensée restera inerte.

De même, le sentiment réclame la connaissance et la volonté: si je ne veux point m'adonner à un sentiment, mon émotion sera nulle ou très faible. Je puis, par contre, dominer le plaisir physique le plus vif ou la douleur physique la plus intense, si j'ai la ferme résolution de ne point m'y abandonner. Et, pour les choses que j'ignore, je n'éprouve non plus aucune passion. L'homme qui n'aurait aucune notion de la beauté, resterait indifférent à la vue des plus belles choses; dans le cœur de celui qui ne connaît pas Dieu, ne saurait exister aucun amour de la Divinité et de la perfection divine.

La volonté, à son tour, s'appuie sur la connaissance et le sentiment: aux choses que j'ignore, dont je n'ai aucune idée, je n'aspire point; et, quand bien même je percevrais plus ou moins un objet, s'il n'éveille aucune passion dans mon âme, si l'intérêt ne m'y pousse, aucune volonté ferme ne se manifestera à son égard en moi.

Chacune de ces trois activités ne peut donc se déployer que si les deux autres sont développées également, en harmonie avec elle, et c'est une obligation, pour toute la durée de la vie, de s'efforcer de les perfectionner harmoniquement.

140. Telles sont leurs combinaisons binaires. Mais chacune se combine aussi en relation ternaire avec elle-même et avec les autres. Nous avons la connaissance de la connaissance de la connaissance, avec la pensée de la pensée de la pensée; nous connaissons notre savoir, mais nous savons aussi que nous connaissons notre savoir, et c'est seulement alors que nous savons bien et complètement. — Nous ressentons le sentiment de notre sentiment. Lorsque la douleur physique nous accable, l'esprit partage cette souffrance et se contrarie des entraves qu'elle apporte à ses occupations. Puis, ce sentiment d'un sentiment peut, à son tour, en éveiller un autre: l'esprit se chagrine de n'avoir pas la force de surmonter le sentiment de crainte que suscite la sensation de douleur physique. — De même, nous voulons notre volonté de la volonté. Lorsqu'on veut se décider, on veut vouloir; mais on sait de nouveau diriger sa volonté sur ce fait qu'on veut vouloir, en se proposant de vouloir se décider en tout d'une manière rationnelle, et de ne pas vouloir retarder sa décision, lorsque la raison commande. Celui-là seul qui veut avec force la volonté de sa volonté, qui veut avoir la volonté de vouloir, celui-là seul sera, en tout, l'homme courageux qui veut avec fermeté.

De plus, nos activités fondamentales se combinent trois à trois entre elles. Je connais le sentiment de ma volonté, je sais que je me sens de la volonté. Je reconnais ma volonté de sentir, je sais que je veux mon sentiment; quand je cherche, par exemple, à me procurer une satisfaction, ou à éviter une peine. Je suis satisfait de la connaissance de ma volonté et de ma volonté de connaître. Je veux le sentiment de ma connaissance, lorsque je prends la résolution de subordonner mes passions à la vérité. Je veux la connaissance de mon sentiment, lorsque je me propose d'examiner mes affections, afin de les apprécier à leur juste valeur. — L'harmonie de ces relations ternaires est aussi d'une importance capitale pour la conduite de la vie.

De ces relations découlent six espèces de nouveaux rapports que le lecteur établira sans difficulté. — Je me bornerai à en exposer un seul: la connaissance, le sentiment et la volonté doivent être réglés de telle sorte que le sentiment et la volonté s'accordent avec la connaissance. C'est la propriété du sage, le propre de la sagesse, d'avoir son sentiment et sa volonté en concordance avec le vrai; le sage connaît le vrai, sent et veut conformément au vrai; et, si l'on conçoit ces trois activités en accord parfait l'une avec l'autre, développées dans de justes proportions, on obtient la notion d'un homme harmoniquement complet, parfait au point de vue de son activité entière. — Parfaire tous ces rapports dans la vie est un des points les plus difficiles de la destination de l'âme.

141. Nos trois activités fondamentales doivent, pour tout le cours de la vie, s'harmoniser en ce qui concerne la réalité une, qui est le bien. Le bien doit être connu tel qu'il existe, en vérité: saisir le vrai, c'est l'essence même de la connaissance. Mais cela ne suffit point; il faut éprouver un sentiment juste de la vérité reconnue comme telle: s'émouvoir du vrai, c'est l'essence du sentiment; et, si le vrai est le bien, le sentiment est pur, noble et saint. Enfin, le même bien qui illumine la conscience et remue le cœur, doit être voulu, en tant qu'il est susceptible de s'accomplir avec le temps; il est de notre devoir de concentrer notre activité sur la réalité conçue et sentie comme bien: aspirer au bien, c'est l'essence de la volonté.

142. La pensée, le sentiment et la volonté coexistent toujours dans le temps; tantôt prédomine la première faculté, tantôt la seconde, tantôt la troisième; souvent aussi elles sont en *équilibre;* par exemple, pendant l'exécution d'une œuvre d'art; et il importe qu'elles y persistent durant toute la vie de l'esprit.

143. A chaque instant, ces trois activités de l'esprit sont complètement finies, circonstanciées, mais aussi susceptibles d'être modifiées dans la suite. Nous n'avons aucune idée de la manière dont elles pourraient cesser un jour d'exister: toujours, des problèmes nouveaux s'offrent à la conscience, des émotions nouvelles surgissent dans l'âme, des buts nouveaux appellent la volonté.*)

Chapitre II.

La connaissance du moi comme être pensant, sentant et voulant.

Avant-propos.

144. Quel est l'objet prochain à traiter en suite du plan que nous nous sommes tracé et selon la loi de l'investigation analytique? Faut-il maintenant approfondir l'étude du moi ou passer à l'examen de ce qu'on aperçoit au dehors de lui?

---

*) Nous venons d'observer dans le moi trois facultés fondamentales: la pensée, le sentiment et la volonté; mais de ce fait nous ne concluons point que les autres êtres, les animaux ou la nature, en soient dénués.

D'autre part, ces facultés ont, dans leur activité, une étendue limitée; même lorsque nous pensons, sentons et voulons des objets infinis, nos connaissances, nos émotions et nos résolutions sont finies et restreintes. Mais de là ne suit nullement que la pensée, le sentiment et la volonté se trouvent, à soi, de leur essence, nécessairement finis. Ainsi, lorsque, pressentant Dieu comme l'Être un, infini et absolu, nous nous demandons si lui aussi connaît, sent et veut, nous ne saurions tirer de nos observations actuelles aucune raison pour répondre négativement à cette question. Si l'on disait: la connaissance, le sentiment et la volonté sont des propriétés finies, elles sont donc inapplicables à Dieu, l'Être infini, on ferait une pétition de principe; l'observation a bien dévoilé que *notre* pensée, *notre* sentiment et *notre* volonté sont finis; mais il reste à savoir si la finité est, ou non, de l'essence de ces trois facultés. Cette conclusion prématurée équivaut à celle que poserait le géomètre en disant: la sphère finie est étendue; dès lors l'espace infini ne l'est point, car l'étendue est finie; — oui, pour la sphère, mais non pour l'espace entier qui renferme la sphère.

Nous avons remarqué, entre autres, les notions d'êtres individuels doués de raison, de leurs corps organiques et de la nature qui les renferme et les crée; mais (53 et ss.) celles-ci s'obtiennent médiatement, par l'intermédiaire des perceptions sensibles corporelles, recueillies et interprétées par l'intelligence grâce au concours de préconceptions non-sensibles *a priori*, auxquelles on attribue une valeur qui s'étend bien audelà du moi. Pour ce qui concerne celui-ci, leur légitimité est évidente (50); mais, disions-nous (63), de quel droit leur accorder légitimité au-dessus et au dehors de lui? Qu'est-ce qui autorise à les appliquer à la nature et à Dieu même? Comment donner la solution scientifique de ce problème, sans laquelle il est impossible de s'élever au-dessus de la simple vision de soi? A cette fin, s'impose l'analyse rigoureuse du moi comme être connaissant, puisque ces préconceptions autodidactes font partie de *sa* connaissance.

De plus, nous avons été amenés (131 et ss.) à observer et à consigner, dans leur généralité, la pensée, le sentiment et la volonté, ainsi que leurs relations mutuelles, mais nous n'avons pas encore détaillé l'essence et la variété de ces facultés. Ici surgit donc la question de poursuivre *l'observation propre du moi comme être pensant, sentant et voulant.* A cette fin encore, l'analyse de la pensée et de la connaissance s'impose en premier lieu, d'abord parce qu'elle constitue le but principal pour nous qui cherchons à achever l'organisation systématique de la science, ensuite parce que l'on ne peut et l'on ne doit se rendre compte du sentiment et de la volonté que par l'intervention du savoir.

I. Analyse du moi comme être connaissant et pensant.

145. Avant d'entrer en matière, définissons les termes. La *connaissance* est la relation spéciale dans laquelle un objet se trouve présent à la conscience; la *pensée* est la faculté dont l'activité établit temporellement cette relation. Chaque acte particulier de la pensée présuppose une connaissance préalable; à quelque instant qu'on la considère et quelque objet qui l'occupe, la pensée s'attache à une notion antérieure. A aucun moment donc l'intelligence n'est une „*table rase*", et il est inexact que toutes nos connaissances se forment par

l'activité temporelle de la pensée; on observe seulement le concours de celle-ci dans la formation progressive de chaque connaissance *déterminée.* D'ailleurs, à l'égard de la vision primordiale: moi, nous avons constaté déjà (30 et ss.) qu'elle n'est à soi nullement temporelle; elle subsiste en nous sans interruption*), bien que la conscience ne dévoile pas toujours sa présence.

Il importe de remarquer qu'on se sert ici du mot *connaissance* dans son sens général, sans aucune restriction, pour désigner toute présence d'un objet à la conscience, qu'elle soit entière et parfaite, ou qu'elle soit encore partielle et incomplète. La connaissance parfaite se désigne ordinairement par le verbe *savoir;* la connaissance incomplète est pressentiment, croyance, présomption, conjecture. Dans notre terminologie, le terme *connaissance* embrassera ces phases diverses.

A. Notion de la connaissance et de la pensée.

146. La connaissance ne subsiste point par soi, n'est pas une substance, mais une propriété, une propriété de relation. Elle est le rapport spécial du connaissant avec le connu, rapport dans lequel je me vois avec moi-même et que j'exprime en disant: *je me connais.*

Quelle est l'essence de la connaissance? En elle sont en relation l'être connaissant et la chose connue; — par exemple, moi avec le monde externe —; et les deux individualités en présence se distinguent du fond même de la relation, c'est-à-dire de la connaissance. — Dans l'exemple précité, je discerne la notion du monde externe aussi bien du moi qui connaît que du monde que je dis connu. — A l'égard de chaque connaissance s'accuse donc la triple distinction du connaissant, du connu et de leur rapport même; du sujet qui

---

*) La vision: *moi,* ne quitte pas le champ de l'intelligence, à quelque objet que l'on pense, bien qu'elle ne soit pas toujours présente en pleine conscience. Quand on parle du monde extérieur, on le met en face du moi et l'on saisit à la fois les deux termes du rapport, car le monde n'est extérieur que par rapport au moi. Lorsqu'on songe à ses semblables, on se replie sur soi-même, car c'est au moi que les autres hommes sont semblables. (V. *G. Tiberghien,* Logique, 1865.) (*Note du traducteur.*)

sait, de l'objet qui est su et du savoir; de l'être qui croit, de la chose qui est crue et de la croyance; de l'être pensant, de la chose pensée et de la pensée.

147. Dans ce rapport, le connaissant est toujours un être qui subsiste par soi et accueille dans sa conscience un objet, qui conserve également son existence propre, mais qui peut se trouver aussi bien un être qu'une de ses propriétés, une substance qu'un de ses attributs.*)

Si *je me conçois moi-même, je,* l'être entier, suis l'être connaissant et aussi l'être connu; ici, le sujet et l'objet sont un seul être, considéré cependant dans son rapport avec lui-même, d'une part, comme sujet, de l'autre, comme objet.

Au contraire, si *je discerne ma volonté,* je suis encore, comme entier, l'être connaissant, mais non la chose connue; celle-ci est une de mes propriétés. Dans ce cas, je vois, à la vérité, par un examen plus attentif, que cette propriété est signalée à l'être auquel elle est adhérente, c'est-à-dire au moi; l'objet est encore cet être, mais saisi seulement dans l'une de ses qualités. Toutefois, je note aussi qu'il n'est pas nécessaire de penser toujours à la substance dont j'envisage l'attribut.

Si *je songe à la Terre,* le connaissant est toujours le moi entier, mais le connu est un non-moi, un être que je suppose exister au dehors du mien. Ici, les deux substances sont présumées extérieures l'une à l'autre, et alors surgit l'important problème, plusieurs fois mentionné (25, 61), de la légitimité de la connaissance des objets externes.

Enfin, si *j'aperçois la lumière,* le connaissant reste le moi entier, et le connu un objet externe; mais la lumière n'est point une substance, elle est une propriété, une force de la nature; et, encore une fois, je ne puis la comprendre sans l'être auquel et dans lequel elle se manifeste.

Nous venons de rencontrer les quatre cas possibles du rapport de connaissance entre le sujet et les objets: *le connu est ou un être, ou une propriété, intérieurs ou extérieurs au moi.*

---

*) Le substantif est le mot qui désigne les êtres ou les substances, et les attributs hypostasiés. L'adjectif exprime les qualités, propres ou relatives. *(Note du traducteur.)*

Et, si l'on considère qu'une propriété n'est susceptible de se concevoir qu'à l'être auquel elle appartient, on peut dire qu'*à soi* le connu est toujours un être, soit comme tel, soit particularisé par l'un de ses attributs.

148. Insistons sur le fait capital (147) que le connaissant, comme subsistant par soi, est lié au connu, comme subsistant aussi par soi, de sorte que le sujet et l'objet, opposés dans la connaissance avec leur existence particulière, conservent dans leur union leur essence propre, demeurent tels qu'ils sont, ne sont point altérés l'un par l'autre. — Lorsque *je me connais moi-même*, je ne confonds pas le connaissant „*je*“, qui, comme tel, a une essence propre, avec le connu „*me*“, qui, comme tel, a également une essence propre distincte; bien qu'ici les deux termes substantiels ne forment qu'un être, je les différencie néanmoins à certains points de vue, et les unis en même temps. Si *je perçois des objets externes*, esprits ou corps, je pose de nouveau mon essence propre d'être connaissant en face de celle des choses connues, et je les unis par le lien de la connaissance; cependant, les objets ne passent pas en moi, leur substance ne se dissout point dans la mienne; connus de moi, ils n'en restent pas moins ce qu'ils sont, tout comme si je ne les connaissais point. — Ainsi, l'union de connaissance n'est pas l'absorption de l'objet par le sujet ou réciproquement, l'annihilation de l'existence propre des êtres en présence, mais l'union est telle que chacun garde son essence et sa substance.*)

149. Examinons maintenant la qualité de la relation qui lie le connaissant et le connu. Leur union dans la connaissance est *effective*, l'objet connu s'y offre à l'être connaissant, tel qu'il est en réalité, selon son essence; et, cette conviction, on l'exprime en disant que la connaissance est *vraie* ou a *vérité*.

Ici se représente la question (3): Comment l'esprit peut-il s'assurer que sa connaissance est conforme à l'objet, qu'elle est vraie? Quoi qu'il allègue pour confirmer cette vérité, ce

*) Dans la connaissance, l'esprit doit se dépouiller de ses préventions afin de demeurer intact, et l'objet doit rester propre et entier, sans addition ni soustraction. *(Note du traducteur.)*

ne sera jamais qu'une nouvelle notion, suscitée par la pensée dans sa conscience; le problème ne serait que déplacé et subsiste toujours dans les mêmes termes: Comment l'intelligence parvient-elle à certifier qu'elle étreint l'objet même, qui, certes, est *à connaître*, mais qui n'est point *la connaissance?*

Pour un seul cas, pour la vision de soi (29), où le sujet et l'objet sont le même être, la solution, au premier abord, paraît aisée; en effet, le moi doit se saisir soi-même, bon gré mal gré. Il ne saurait, au surplus, soulever de doute à cet égard (34); s'il dit: je doute de la vérité de la connaissance de moi, le premier terme *je* de ce jugement atteste déjà la certitude de ce dont il prétend douter: de soi. Cependant la difficulté signalée n'en existe pas moins; tout comme celle d'une chose externe, cette connaissance n'est point l'objet connu lui-même, et la demande revient plus pressante encore: Pourquoi suis-je certain — ce qui est — que ma connaissance du moi est adéquate à l'objet, qu'elle est vraie? D'autant plus, comme on sait, que l'esprit se trompe souvent et gravement à son propre égard, non, à dire vrai, pour ce qui est de la vision primordiale de soi, mais au sujet de ses qualités particulières. Combien de fois ne nous arrive-t-il pas d'avoir de nous une opinion différente de celle qui est conforme à la vérité?

De là ressort clairement la généralité absolue du problème de la légitimité objective de la connaissance entière, enveloppant également celle de notre être. Sans doute, la certitude inébranlable reconnue à la vision primordiale: moi (30 et ss.), nous a permis de prendre pied dans la science; mais, bien que la vérité de cette première connaissance ne puisse être mise en question, il n'en est pas moins important de savoir quel est son fondement. Pour le découvrir, il faudra s'élever au-dessus du moi et apercevoir l'objet supérieur dans lequel il est fondé. Cette recherche ne saurait trouver place en ce lieu où nous nous bornons à déterminer la connaissance par l'intuition pure.

150. Le rapport du connaissant et du connu est-il susceptible de réciprocité? On le dit, parce qu'on a conscience d'autres êtres intelligents, subsistant par eux-mêmes,

et qu'ainsi les deux termes du rapport peuvent être des esprits. Mais, lorsqu'on refuse l'âme à l'objet à connaître, on regarde la relation de connaissance comme unilatérale. Par exemple, on convient généralement que les plantes et les corps inorganisés, objets de notre examen, ne nous reconnaissent point. Au contraire, nous nous connaissons les uns les autres: souvent même des esprits apprécient leurs semblables mieux que ceux-ci ne se rendent compte de leur propre individualité.

151. Les remarques qui suivent éclairciront la définition de la connaissance.

D'abord, cette définition ne saurait être comprise de quiconque ne serait doué déjà de connaissance (46, note), pas plus qu'on ne pourrait apprendre à voir à un aveugle en lui donnant l'explication la plus détaillée et la plus scientifique de la lumière et des couleurs. Mais celui qui connaît et pense, et c'est le cas de chacun de nous, saisira la justesse de notre définition.

Ensuite, la notion de la connaissance est tout à fait indépendante de la distinction d'infinité ou de finité; elle implique seulement l'union d'un sujet subsistant par soi avec un objet subsistant également par soi-même; peu importe que l'un ou l'autre soit tout ou partie, infini ou fini, absolu ou relatif. — A vrai dire, en ce qui concerne *notre* connaissance, nous nous trouvons des êtres bornés; mais il a été observé aussi (11) que, dans la vue primitive du moi, ne se présente aucunement encore à la conscience la pensée qu'il soit fini ou infini. — De plus, pour la conscience anté-scientifique, le savoir certain est toujours fini; mais, même en elle, se révèlent des notions et des pressentiments de l'infini et de l'absolu, soit à un point de vue spécial, comme dans les pensées de l'espace et du temps infinis, de la nature et de l'humanité infinies, soit au point de vue général, comme dans le pressentiment du tout infini et absolu, qui n'est fini ni relatif en aucune manière, dans le pressentiment de Dieu.

Nous ne saurions encore, j'en conviens, décider si de pareilles pensées de l'infini et de l'absolu ont une valeur de fait; mais un point acquis, c'est que la notion de la connaissance n'exclut nullement, pour le connaissant comme pour le connu, pour le sujet comme pour l'objet, la possibilité d'être infini et absolu. Par conséquent, si l'Etre infini et absolu a propriété et personnalité (*Selbstheit*), c'est-à-dire subsiste par lui-même, il est à présumer que, comme tel, il se trouve en relation de connaissance avec soi et avec toutes les choses, et peut réciproquement être connu des intelligences finies. D'après certains philosophes, qui considérent la connaissance comme un rapport des esprits finis, il est inadmissible, pour cette raison, que Dieu, l'Etre infini, connaisse et soi-même et le monde; pur préjugé, contre lequel nos précédentes observations nous mettent en garde dès à présent.

152. Telle est la conception générale de la connaissance. Déterminons maintenant la pensée.

Certaine connaissance, avons nous remarqué (145), existe toujours en nous, préalablement à tout exercice de la pensée; mais celle-ci est indispensable pour étendre la connaissance préexistante, pour en élargir le domaine: la pensée est l'activité par laquelle se forme temporellement le savoir.*) Elle est une activité particulière, subordonnée, intrinsèque de l'activité une du moi, et réglée en puissance et en force.

De plus, comme la causalité temporelle du moi présuppose sa causalité éternelle (108 et ss.), comme il se sait le fondement éternel de la constitution progressive de son savoir par son activité, il s'accorde la *faculté de penser*.

Enfin, chaque activité se manifestant comme tendance (121), comme dirigée par la faculté vers son but et son devoir (122 et ss.), l'esprit se reconnaît aussi tendance à penser, à développer activement la connaissance. Cette aspiration subsiste toujours, et il est aisé d'en pénétrer la raison: à chaque instant, le moi trouve consigné dans sa conscience un savoir donné; mais il le juge incomplet, il se rend témoignage qu'il sait certaines choses et que d'autres lui sont inconnues. Cette remarque, en apparence, implique contradiction: si l'on ne connaît point une chose, comment peut-on savoir qu'on l'ignore? Ce qui, d'ailleurs, se présente, pour la conscience inculte, à l'égard d'une foule d'objets qui lui

*) La pensée comme active, comme faculté combinatoire, est aussi appelée *l'entendement*.

sont étrangers et de l'ignorance desquels elle ne se doute en aucune façon; d'où cette antique exhortation à *faire l'aveu de son ignorance.* Mais il n'en est pas moins vrai qu'en beaucoup de matières, chacun se rend compte du degré d'imperfection de son savoir. — Par exemple, sans être géomètre, je sais confesser que je ne possède pas la science géométrique, par le fait que j'en saisis néanmoins l'objet, l'espace, dans son ensemble, et remarque qu'il est susceptible, intérieurement, de se limiter et d'affecter des figures diverses; appliquant alors les notions de la limitation et de la figurabilité à l'étendue conçue en général, je m'aperçois qu'il me reste encore, à son égard, beaucoup à apprendre.

153. Ici nous constatons, encore une fois, que nous apportons à la réflexion le concours de préconceptions (50) dont l'intelligence dispose sans cesse, pour les appliquer à toute chose accessible à l'entendement. Et c'est justement d'après ces idées *innées* ou *autodidactes* que la notion d'un objet, connu dans sa généralité seulement et sans détermination, est jugée incomplète, quand on ne l'a pas encore envisagé au point de vue des attributs supposés *a priori*, indépendamment de l'expérience sensible, inhérents à chaque chose. Alors s'éveille la tendance à le scruter, à le méditer, à s'enquérir de son essence propre, de ses parties, de ses relations avec l'intérieur et l'extérieur, et cette aspiration au savoir ne s'apaise que si la connaissance, fruit de ces méditations, remplit les conditions exigées par l'intelligence, et satisfait aux lois de la pensée, dont la première est de connaître, autant que possible, *tout*, dans son intégralité. D'où résulte aussi, pour l'homme soucieux de sa culture intellectuelle, l'obligation primordiale de poursuivre sans relâche la connaissance des lois de la pensée et du savoir, c'est-à-dire de la *Logique*, comme théorie de la connaissance et de la pensée.

154. Ces observations font ressortir la vérité de ce que nous avons noté plus haut (145), à savoir que la pensée n'est point le fondement efficient, seul déterminant de chaque connaissance, mais un fondement subjectif, co-efficient, co-déterminant; l'activité de la pensée s'attache à une connaissance qui flotte déjà devant elle, et s'appuie sur les prénotions non-

sensibles inhérentes à l'esprit, qu'elle n'a pas créées, qui constituent ses lois et que l'on regarde aussi comme les lois objectives*) des objets à connaître. De plus, ceux-ci doivent être liés à l'intelligence de telle manière qu'il lui soit possible de les saisir par la pensée. — Les choses externes sensibles, par exemple, doivent, pour être perçues, se trouver en relation avec l'esprit connaissant par l'intermédiaire d'organes sensoriels en bonne santé, et, si ces derniers font défaut, aucun effort d'imagination n'est capable d'atteindre les objets sensibles dans leurs caractères temporels et individuels.

B. Les objets, les lois ou catégories, et les sources de la connaissance.

155. Après avoir défini la connaissance et la pensée en général, il importe de rechercher leur variété interne. Les points principaux de cette recherche sont les suivants: *a)* — Que connaît-on et pense-t-on? Quels sont les objets de la connaissance? *b)* — D'après quels attributs connaît-on et pense-t-on chaque chose? Quelles sont les catégories de la pensée? *c)* — Comment connaît-on? Quelles sont les sources ou les origines de la connaissance?

a) Les objets de la pensée.

156. Quelle est la variété de la connaissance d'après l'objet? Nous connaissons le moi, le non-moi et leur relation, trois membres à côté desquels un quatrième est inconcevable.

157. Précisons et rappelons les observations déjà faites. Je me connais moi-même, comme esprit ou âme, comme corps, et comme être d'union des deux substances, comme homme (79). A la vérité, *moi*, je suis proprement l'esprit et rien de plus élevé; le corps, au contraire, vient de l'extérieur s'unir à lui et lui est subordonné.

---

*) Au premier abord, l'identité des lois qui président à l'activité pensante, avec celles qui régissent les objets mêmes à connaître, pourrait sembler problématique. Toutefois, le fait que le moi connaissant lui-même fait partie de ces derniers et se trouve placé au même rang, suffit pour susciter l'idée que la loi de sa pensée est aussi la loi effective de l'objet même à connaître, vérité que la science synthétique aura à établir.

En premier lieu, chacun se trouve esprit ou être intelligent*) et, à ce point de vue, faculté, activité, force et tendance (101 et ss.). Puis, se trouvant un esprit parfaitement déterminé, individuel, fini, il distingue la notion de l'intelligence finie, en général, de la sienne, en particulier, et estime qu'au cours de son évolution d'être individuel qui se modifie et se développe, il n'accomplit point intégralement et n'épuise ni son essence éternelle, ni celle de l'esprit fini, en général. Cette distinction l'amène à concevoir la pensée d'autres âmes individuelles, qui, comme la sienne, répondent, chacune d'une manière propre et unique, à la notion universelle de l'intelligence; pensée purement idéale, d'ailleurs, et qui d'elle-même ne décide point de sa légitimité.

Si, songeant à cette pluralité d'esprits individuels, représentants de l'idée générale de l'être intelligent, on se demande quel pourrait en être le nombre, ni l'intuition interne ni l'expérience externe ne fournissent d'indication à cet égard; l'intuition interne ne révèle à chacun que soi-même, et l'expérience externe, portant sur une pluralité limitée d'esprits humains, laisse indéterminé le nombre de ceux qui existeraient dans l'univers. Quoique, en ce moment, nous ne soyons pas à même de répondre à cette question d'une manière catégorique, nous présumons que de pareils êtres raisonnables pourraient bien subsister en pluralité infinie; car l'essence de l'âme implique partout l'infinité: en toutes directions s'offrent à la pensée des connaissances sans bornes à acquérir, au sentiment des émotions sans nombre à éprouver, à la volonté un bien inépuisable à accomplir. De là découle la présomption que, si l'idée de l'être intelligent se réalise complètement en une pluralité d'âmes, celle-ci doit être infinie; et ainsi prend corps la pensée du règne infini des esprits.

Ensuite, chacun se subordonne, avec les êtres raisonnables, à la raison une et absolue, que tous invoquent continuellement, et se trouve conduit ainsi en présence d'une pensée plus élevée, celle de la Raison même ou de l'*Esprit*

---

*) „Du moins faut-il m'accorder que ce que j'appelle mon esprit est une chose qui pense", comme le dit *Pascal*. *(Note du traducteur.)*

infini, qui soumet à son empire tous les esprits individuels. Il est indéniable que chaque homme a la vision plus ou moins nette de cette pensée: quiconque veut persuader ses semblables, s'adresse non à sa capacité de connaissance ou à celle de ses auditeurs, mais à la souveraineté de la *Raison*, qui gouverne les intelligences, régit leur activité, les accorde dans la vérité et leur commande le bien. Au surplus, je constate simplement, sans rien préjuger, que la pensée d'un pareil être réside dans notre conscience.

158. En second lieu, chacun s'attribue un corps, et le considère comme une production organique spéciale d'un tout supérieur, extérieur à l'âme, qu'on appelle la *Nature*, et avec lequel l'organisme physique est en rapport d'action et de réaction. L'expérience externe ne se meut que dans une sphère restreinte du domaine naturel, mais la science est capable d'en élargir la notion et de le penser infini dans son genre, en étendue, durée et énergie. Je conviens, à ce propos, qu'il faut ne point confondre les faits d'observation avec les créations, peut-être fantastiques, de l'imagination, et qu'il est, dès lors, permis de distinguer le monde matériel fini, qui frappe les sens, d'avec la Nature, infinie et absolue dans son genre, que la raison seule peut révéler et qui ne saurait jamais se manifester à nous dans le temps et dans l'espace. Aussi n'affirmé-je pas l'existence propre de cette dernière; mais on m'accordera que l'homme a le pouvoir d'en parfaire la pensée.

De même que chacun place son corps dans la nature, il y rencontre le genre organique des corps semblables sur le globe terrestre; puis, il étend la notion de ce dernier, et le saisit comme un genre d'organismes corporels en pluralité infinie, répandus en une infinité de familles par tout l'univers matériel, et embrassant les genres humains des autres planètes, des autres systèmes solaires, de tous les astres habitables du Ciel.

159. En troisième lieu, l'esprit est uni au corps pour former l'homme. Chacun découvre à ses côtés, dans la sphère actuelle de la vie terrestre, une société d'hommes répartis sur le globe, et qui, aussi loin que porte l'observation, ont unité d'origine corporelle. D'ailleurs, quand même l'on par-

viendrait un jour à établir qu'ils descendent de plusieurs ancêtres particuliers, cela ne changerait rien à notre connaissance des êtres humains, comme tels; nous ne les reconnaîtrions pas moins comme nos semblables, comme esprits doués de raison, unis aux corps organisés les plus parfaits.

Rapprochant alors l'idée du règne des esprits en pluralité infinie de celle de l'infinité des corps, on pense que cette pluralité infinie d'intelligences pourrait, par l'univers entier, être unie à l'infinité des organismes corporels, pour constituer l'*Humanité* universelle, une et infinie, au sein de laquelle la Nature et l'Esprit existent et vivent en union intime, dont les âmes accueillent la Nature dans leur conscience et leur imagination par l'intermédiaire des sens des corps, et lui impriment ensuite leur caractère propre et le sceau de leur volonté, dans le domaine des arts.

160. Bien entendu, nous continuons à réserver la valeur objective de ces dernières notions, dont le fondement n'a pas été entrevu jusqu'ici; mais, à coup sûr, chaque esprit cultivé peut les saisir et les parfaire. Je ne soutiens pas non plus que l'humanité ne trouve encore sa réalisation que sur la Terre: ceci dépasse l'expérience. Du reste, même sur notre globe, où s'observe l'unité de descendance de tous les hommes, où ils pourraient vivre en accord intime de pensée et de sentiment, cet accord reste très imparfait: en beaucoup de contrées, des hordes errent vagabondes; sur un théâtre plus étendu, des races sont en hostilité de croyances; et même les nations les plus civilisées n'ont point conclu un pacte de vie loyal, vraiment humain. Mais ces phénomènes n'effacent point de l'esprit la pensée de l'Humanité, une et infinie, et l'on croit, au contraire, que l'alliance des peuples sur la Terre doit devenir de plus en plus étroite.

161. L'intelligence renferme-t-elle, en dehors de ces trois notions fondamentales de l'Esprit, de la Nature et de l'Humanité, d'autres plus élevées encore, a-t-elle des idées d'êtres qui subsisteraient au dehors et au-dessus des trois précédents? Tout ce qu'enveloppent le champ de l'observation interne et le domaine de l'expérience externe sensible n'est jamais qu'une partie de l'Esprit, de la Nature et de l'Humanité. Dans la conscience populaire aussi ne se décèle nulle part la pensée

de quelque objet fini qui n'y soit contenu. Ce fait ne prouve évidemment pas qu'il ne saurait exister d'autres genres d'êtres et d'essences; il nous est impossible de nous prononcer sur ce point, et permis seulement de noter que notre conscience actuelle ne dévoile rien d'individuel et de fini dans le temps, qui ne ressortisse à ces trois êtres.

Mais la question principale est la suivante: Ne découvrons-nous point dans le domaine de la raison pure, indépendante de l'expérience, l'idée d'êtres extérieurs et *supérieurs* à ceux que nous venons d'énumérer? Oui, l'esprit nourrit la pensée d'un objet supérieur, placé *au-dessus* de l'Esprit, de la Nature et de l'Humanité. On aboutit à cette pensée par plusieurs voies: je suivrai celle que trace l'idée de fondement et de cause. Le fondement (102) d'un objet est l'objet auquel et dans lequel existe le premier, et (103) le problème de la recherche du fondement s'impose à l'égard de toutes les choses finies, en tant qu'on les considère comme telles: puisque ces choses ont une limite, au dehors de celle-ci se conçoit nécessairement un objet dans lequel elles sont fondées; tels (104) l'espace pour les étendues finies, le temps pour les phénomènes transitoires. Ce problème s'applique-t-il aussi à l'Esprit, la Nature et l'Humanité? Sans aucun doute; car ces trois êtres apparaissent finis, quand on les distingue l'un de l'autre; l'un n'est pas ce qu'est l'un des deux autres; il existe donc des choses que chacun d'eux n'est point, et, de ce chef, chacun a une limite. L'Esprit, à la vérité, a été pensé infini dans son genre, mais, comme il n'est pas la Nature, ni, à lui seul, l'Humanité, il se manifeste fini à ce point de vue; la Nature, infinie dans son genre en espace, en temps et en force, ne se confond pas avec l'Esprit, et ne constitue non plus à elle seule l'Humanité; enfin, l'Humanité, le genre humain infini, s'oppose à la Nature, dont les corps humains ne forment qu'une partie, et à l'Esprit, dont les esprits des hommes ne sont que des membres. De plus, puisque ces trois êtres sont unis intimement et qu'en vertu de l'essence du fondement rappelée plus haut, aucun d'eux ne saurait se concevoir comme la cause de cette union, on est fatalement amené à s'enquérir de leur fondement, à s'élever à la pensée d'un nouvel être *dans* lequel ils soient contenus, *par* lequel, c'est-à-dire en suite de l'essence duquel ils soient déterminés, et qui soit aussi la cause de l'union de l'Esprit et de la Nature, pour former l'Humanité. Cet être aura-t-il lui-même un fondement supérieur? Certes, si on se l'imagine fini, si l'on en admet d'autres encore, existant au dehors de lui. Si, au contraire, il se révèle à la conscience l'entier un, infini, existant à soi-même, sans second, sans rapport avec aucun objet extérieur, la recherche du fondement s'arrête à son égard; car il est alors, à soi et en soi, la cause une et dernière de tout, aussi bien de l'Esprit, de la Nature et de l'Humanité. Encore une fois, je ne préjuge en rien de l'existence de cet être, mais je consigne que la pensée de cet être s'offre à l'intelligence.

Comme l'idée du fondement infini de l'universalité des choses finies se présente à l'esprit, pour peu qu'il réfléchisse, on la trouve exprimée dans le langage de chaque peuple civilisé: *Dieu*, *Deus*, *Θεός*, *Gott* désigne l'Etre universel, infini et absolu, fondement et cause de tout, en un mot: *l'Etre*, *Ens*, *"Ον*, *Wesen*.

162. Nous venons d'atteindre à la pensée de l'Etre infini, guidés par la notion de fondement et appliquant celle-ci aux trois objets principaux de notre conscience: l'Esprit, la Nature et l'Humanité. Cependant, on le reconnaît sans peine, cette pensée de Dieu n'a pas été établie sur un fondement, démontrée par une cause; ces notions nous ont simplement fourni l'occasion de l'observer, de la rappeler à la conscience, de saisir l'„*Etre*" ou „*Dieu*" comme Celui précisément auquel et dans lequel est tout, par suite, comme le fondement de tout fondement et de toute cause. C'est donc, au contraire, la notion de fondement qui a pour fondement antérieur dans notre conscience la pensée de l'Etre infini et absolu; chaque cause est causée par Dieu, et Dieu n'est produit par aucune cause: il *est*, purement.

163. Entrons dans quelques explications pour faciliter l'intelligence de notre thèse.

En premier lieu, j'en demeure d'accord, nous ne savons vraiment si, en dehors de l'Esprit, de la Nature, de l'Humanité et de l'Etre infini et absolu, il reste à percevoir d'autres êtres tout à fait différents, qui ne se dévoileraient pas actuellement à notre esprit. Cette question n'est pas vaine: si notre conscience actuelle ne renferme aucun objet étranger à l'Esprit, à la Nature et à l'Humanité, nous ne sommes point autorisés à en conclure qu'il n'existe rien au-dessus de ces derniers; mais l'obligation s'imposera de rechercher s'il en est bien ainsi. Toutefois, que cela soit ou non, que l'Esprit, la Nature et l'Humanité constituent les trois êtres principaux subordonnés à Dieu, ou qu'il en ait sous lui de plus élevés encore, la pensée même de l'Etre n'est nullement influencée par cette circonstance; elle subsiste *à elle-même,* et reste la notion au dehors et au-dessus de laquelle aucune autre n'est possible, puisqu'elle a pour objet *Celui* hors duquel il n'est rien, qui n'a aucun fondement au dehors ni au-dessus de lui, qui persiste cause et fondement infini et absolu.

En second lieu, adoptant le point de vue de certaines écoles, on pourrait se demander s'il est possible de penser un être fondement et cause de tout, et tel cependant qu'il existe au dehors, qu'il plane, pour ainsi dire, au-dessus des choses dont il est le fondement, et en soit *séparé?* *) Il est clair qu'alors cet être n'est plus conçu comme fondement et cause; cela résulte de cette notion même.

En troisième lieu, peut-on comprendre l'objet de la pensée: *l'Etre,* tel qu'il existe au dehors des choses qui ne soient plus avec lui en relation de fondé à fondement, d'effet à cause? Cette conception implique contradiction, et entraînerait la négation de la pensée même de Dieu; en effet, s'il existait quelque objet à côté de l'Etre, cet objet ne serait plus l'Etre, et, dès lors, celui-ci n'étant plus tout, il se trouverait entaché de limitation, il ne serait plus l'entier infini et absolu.**) Par la même raison, on ne saurait se figurer plusieurs êtres infinis et *absolus,* indépendants les uns des autres.

En quatrième lieu, d'aucuns m'objecteront: „Nous n'avons

---

*) Relégué hors du monde sur le trône de sa déserte immensité, comme s'exprimait *Cousin.* *(Note du traducteur.)*

**) Une négation même ne sait être pensée *hors* de l'Etre; car une qualité négative s'affirme toujours comme adhérente à un objet fini. S'il y avait donc quelque qualité négative extérieure à l'Etre, l'objet fini affirmatif, auquel est cette qualité négative, devrait aussi être pensé *hors* de l'Etre, ce qui est absurde.

aucune idée d'un être pareil, et n'en sentons nullement le besoin." Voilà qui est possible. Des esprits peuvent s'absorber dans le fini et le sensible à tel point qu'ils n'aient pas seulement la conscience claire d'eux-mêmes, bien loin d'avoir acquis celle d'une notion dont l'objet infini dépasse l'observation sensible et l'expérience historique. Pour éclairer ces esprits, il faut, avant tout, les amener à reconnaître leur aveuglement, à se ressaisir, à se rendre compte des idées générales et des préconceptions inhérentes à leur intelligence, bref, leur faire parcourir le chemin que nous venons nous-même de suivre, jusqu'au point où jaillisse la lumière du fondement infini.

Enfin, d'autres accordent qu'ils savent bien penser l'Etre infini et absolu; mais existe-t-il pour cela, est-il autre chose qu'une chimère ou une fiction poétique de l'imagination? *Kant* même se demandait: „De ce que je suis capable de penser Dieu résulte-t-il que Dieu existe? N'est-ce pas comme si, imaginant des monts d'or, je concluais qu'il en existe dans la nature?"*) Evidemment, pour répondre à cette demande, il faudra élucider la notion: *exister*, et reconnaître jusqu'à quel point se justifie la recherche de l'existence au regard de l'Etre infini et absolu. Nous y serons conduit naturellement par l'examen de la connaissance à son second point de vue, au point de vue des attributs universels, des catégories, selon lesquelles chacun pense et connaît, qui interviennent dans toute connaissance.

b) Les lois ou les catégories de la pensée.

164. Pour demeurer fidèle aux règles de l'observation pure, il y a lieu de scinder cet examen, et de distinguer entre la connaissance primordiale du moi et celle des objets extérieurs. J'examinerai donc d'abord la question: D'après quels attributs ou catégories me connais-je moi-même, ou, en d'autres termes, quels sont les attributs que chaque moi trouve *à* et *en* soi?

165. Rappelons, en les précisant, ceux que nous avons déjà énumérés (45 et ss.).

---

*) *Kant*, Critique de la Raison pure (1818, p. 455 et ss., 464).

Chacun s'attribue l'*être* (45), propriété dont il est impossible de donner une définition, puisque l'idée: *être*, n'est subordonnée à aucune autre plus générale, et qu'il n'y en a aucune qui n'y soit contenue; elle englobe tout ce que l'on pense: Esprit, Nature, Humanité, Dieu.

Le premier attribut, discerné à l'être, c'est *l'essence* (*essentia*), qui désigne la pensée générale de ce que chaque moi se trouve être. Une définition ultérieure de cette notion n'ajouterait rien à sa clarté; car la définition doit expliquer *ce que* l'objet est, et justement l'essence est ce *quoi*. Toute explication présuppose donc l'intuition de l'essence, propriété fondamentale de l'être, dans laquelle on aperçoit les autres.

Quels sont les attributs subséquents que l'on conçoit inséparables de l'essence? Lorsque précédemment (45 et ss.) nous nous sommes enquis de *notre* essence, nous nous sommes attribué *entièreté* et *propriété*, réunies dans et sous l'*unité*. Ainsi, le premier attribut discerné à l'essence, c'est *l'unité*; chaque moi a *unité d'essence*; par quoi l'on n'entend pas seulement et principalement l'*unité d'après le nombre* ou *numérique*, en vertu de laquelle l'essence n'est point multiple, mais aussi l'unité de l'essence même, en vertu de laquelle celle-ci est pure et indivise, homogène. La pensée de l'unité simple est également indéfinissable, et aucune explication n'en saurait inculquer la notion à qui ne la possèderait pas. Sous son unité, le moi se voit aussitôt: *propriété* et *entièreté*; il se juge *un même être entier*, subsistant par soi, une entière identité personnelle. Mais, propriété et entièreté sont unies inséparablement, comme attributs intrinsèques conjugués, comme aspects de l'unité d'essence.

Tels sont les attributs que nous avions déjà signalés au moi, à savoir *l'unité harmonique, l'unité composée de propriété et d'entièreté.* Cependant, le moi existe au-dessus de sa variété interne et la domine, et, comme tel, il se rend compte de l'*unité suprême* de son essence, en tant que cette unité subsiste antérieure et supérieure à la distinction de ses deux aspects, du propre et de l'entier, et de leur composition, en tant qu'elle est le fondement de leur union.

166. Ces attributs répondent à la question: *Qu*'est le

moi? Ils constituent les prédicats *de fond* ou *matériels* de l'essence, comme on dit. Mais l'essence a une *forme.* D'où la question: *Comment* est le moi? Sous quelle *forme* est-il pensé? Comment est son essence? Elle se *pose* ou *est posée;* elle a *position, positivité.* Et, comme l'essence même, sa forme, la position, a unité. Le moi a *unité de forme* ou *de position, unité numérique* (*unitas formalis* seu *numerica*).

Les attributs fondamentaux qu'il observe à soi de ce point de vue sont au nombre de deux. — Premièrement, comme être posé et qui se pose, le moi, en général, se dirige, se replie sur soi, se rapporte à soi, c'est-à-dire a *direction* vers soi ou *relation* avec soi; par exemple, relation de connaissance, de sentiment et de volonté. — Secondement, tandis qu'il se dirige et se replie sur soi, il voit aussi qu'il s'enveloppe, s'étreint, se contient soi-même, c'est-à-dire qu'il a *contenance* ou *capacité.* — Puis, ces deux attributs coopposés se trouvent au moi conjointement et unis; il ne sait s'envisager comme posé ou positif, sans se penser aussitôt dirigé vers soi et se contenant; par suite, il s'attribue aussi, sous le rapport de la forme, *unité harmonique de forme, composée de direction et de contenance,* c'est-à-dire que l'unité de forme concorde avec l'unité d'essence.

De même qu'au-dessus de la distinction de la propriété et de l'entièreté, le moi reconnaît son essence suprême et l'unité suprême de celle-ci, de même, au-dessus de l'antithèse de la direction et de la contenance, il saisit sa forme ou sa position suprême, et l'*unité suprême* de celle-ci.

167. Les attributs généraux formels ou, suivant l'expression ordinaire, les *catégories formelles,* sont liés à l'essence avec les *catégories matérielles:* la direction correspond à la propriété, la contenance à l'entièreté. Tandis que je me saisis comme essence propre ou comme être substantiel, je me rapporte à moi, je me *dirige* vers moi; tandis que je m'embrasse comme essence entière, je vois que je me *contiens* moi-même.

168. A ces prédicats concernant le *comment,* on distingue des catégories nouvelles qui déterminent la forme de la forme. Comment me trouvé-je posé? De telle sorte que je

suis *affirmatif*, que je *m'affirme.**) A vrai dire, en m'affirmant dans ma généralité, je ne songe à aucune *négation*, à aucun *non;* je ne pense nullement à ce que je ne suis point, mais je me contente de poser affirmativement ce que je suis. La pensée de l'*affirmation* ou du *oui* ne présuppose en aucune sorte celle de la *négation* ou du *non;* au contraire, c'est en discernant intérieurement ce qui s'oppose au moi affirmatif, ce qui est autre en face d'un premier objet, que s'offre la négation ou la *négativité.* Ainsi, le moi comme positif, posé et se posant, est simplement affirmatif; il se pose sous la forme de l'affirmation pure. — Au surplus, nous réserverons pour la science synthétique l'examen plus approfondi des catégories de l'affirmation et de la négation, ainsi que des autres catégories de la position.

169. Après les catégories de l'essence, puis, de la forme de celle-ci ou de la position, nous remarquons au moi leur union, la conjonction de la position avec l'essence, de la forme avec le fond, qui s'exprime par le verbe: *exister.* Le moi *existe*, a *existence*, signifie: l'essence du moi est posée; il a essence et position, fond et forme réunis.

170. Les catégories de l'essence, de la forme et de l'existence sont les attributs généraux supérieurs selon lesquels le moi se reconnaît. Mais nous avons aussi mentionné précédemment quelques-uns de ses prédicats subordonnés. D'abord, celui du *changement* sous la forme du temps (81 et ss.); à chaque instant, il se détermine lui-même à passer d'états *posés* à d'autres *opposés.* Cependant il ne modifie point son être entier (86); comme tel, il reste le même de tout temps. De plus, en tant que fondement de son évolution temporelle, il se distingue à la fois de sa même essence entière, éternelle, et de son essence variable, temporelle (101): en d'autres termes, il se saisit, avant et au-dessus de cette antithèse, comme

---

*) Il ne faut point, comme on le fait souvent, confondre l'*affirmation* avec la *position.* Au *positif*, au *posé* ne s'oppose pas le *négatif*, le *nié*, mais bien l'*oppositif*, l'*opposé.* On ne devrait donc, dans la Mathématique, se servir des termes: *positif* et *négatif*, mais bien des expressions: *positif* et *oppositif*, *affirmatif* et *négatif.*

moi *suprême, souverain.* Puis, en tant qu'éternel et permanent, il ne se confond point avec son être temporel et sa vie passagère, et se rend compte de l'essence éternelle qu'il devra accomplir progressivement comme bien (126). Enfin, le moi éternel voit ses rapports avec le moi temporel, lorsque, d'après l'idéal et l'éternel, il effectue le temporel pour l'amour du bien, et estime l'essence éternelle réalisée dans le temps.

En résumé, l'on constate les modes suivants de l'existence du moi. Il se trouve d'abord *existant absolument*, sans condition, avec son essence entière posée. Ensuite, dans cette *existence absolue*, pure et simple, il discerne quatre modalités particulières: l'existence *suprême*, dominant l'existence éternelle et l'existence temporelle (lorsque, par exemple, il se sait *fondement et cause*, fondement et cause de l'accomplissement de son essence éternelle dans son essence successive); l'existence *éternelle* (lorsqu'il conçoit le bien comme un devoir sans fin, qui s'impose sans considération d'époque); l'existence *temporelle*, qui se manifeste dans la *vie* interne et qu'on nomme aussi l'existence *réelle* ou *actuelle;* enfin, l'existence *éternelle dans le temps*, l'existence éternelle se réalisant temporellement (lorsqu'il se rend compte de l'évolution de son essence éternelle dans la suite du temps).

171. Il est d'une importance capitale, pour l'organisation de la science, de discerner nettement les quatre modes particuliers de l'existence, que nous venons de définir, d'établir avec exactitude leurs rapports mutuels et de reconnaître leur union indissoluble au sein de l'existence une et absolue. A cet effet, il convient, au préalable, de préciser avec soin la terminologie et, particulièrement, la signification des termes *réalité* et *réel*, auxquels, dans le langage vulgaire et même dans la langue scientifique, on donne plusieurs sens différents. D'ordinaire, le mot: *réalité*, s'applique exclusivement à l'existence passagère; une chose est dite *réelle* en tant qu'elle est effectuée ou s'accomplit avec le temps, c'est-à-dire en tant qu'elle est produite par une activité déterminée, ou se manifeste active à un instant donné. Aussi, que le temporel soit bon ou mauvais, réponde ou non à son idéal et à son essence éternelle, on le nomme *réel*, comme existant temporellement.

En ce sens, on signale de bonnes œuvres et des crimes réels, des beautés et des laideurs réelles.

Si, conformément à cette définition, nous entendons par *réel*, ce qui est effectué ou s'accomplit progressivement, il en découle les remarques suivantes:

La réalité est la conséquence d'un acte, d'une activité spéciale; or, l'activité présuppose une faculté (118), c'est-à-dire une causalité éternelle, et celle-ci, à son tour, un être qui existe selon toutes les modalités de l'existence. — Chacune des réalités du moi devient telle par l'activité de celui-ci, déterminée antérieurement par sa faculté, qui est fondée, à son tour, dans l'être entier (101 et ss.). —

La réalité n'est qu'une manière spéciale d'exister, et non l'existence même, absolue, pure et simple, pas plus que l'essence en général; elle est une modalité particulière qui se manifeste à l'intérieur de l'existence entière. — En ce qui me concerne, si je me reconnais réel dans le temps, je me sais aussi exister éternellement, indépendamment du temps; au-dessus de cette distinction, je m'attribue, comme fondement de l'une et de l'autre manière d'être, l'existence suprême; et, dans la vision primordiale: *moi*, je saisis l'existence, l'essence posée, pure et simple, une, propre, entière, indivise et absolue. —

Chaque être, envisagé dans sa réalité, est variable avec le temps; le réel *devient* continuellement; car son essence n'est jamais que partiellement et progressivement effectuée. La pensée de la réalité embrasse proprement le passé et le présent, et ce qui deviendra réel dans le futur apparaît comme *possible* avec le temps, comme *possibilité* contingente. A chaque instant, le moi fini voit son essence réalisée en partie; mais sa réalité n'est pas achevée; à mesure que le temps s'écoule, une nouvelle partie de l'essence éternelle, de la possibilité, se transforme en réalité.

De là résulte une distinction essentielle entre les deux questions: Un objet existe-t-il, en général? Ou bien, est-il réel, actuel, c'est-à-dire particularisé dans des états temporels? — Le moi, par exemple, exprimant la vue primordiale: *je*, de son être, se voit exister en général, avec toute son essence propre; et c'est seulement en suite de l'examen interne qu'il se reconnaît réel*) dans le temps, participant aussi de l'existence transitoire. —

172. Dans le langage ordinaire, *exister* signifie souvent: *être réellement* ou *actuellement*. En ce sens, il est permis de dire, à propos d'êtres ou d'attributs finis, qu'ils *existent*, mais on ne pourrait, dans cette acception, employer ce terme au regard d'un objet infini. Si l'on attache au mot *exister* cette signification, on doit, en parlant d'un objet pareil, dire simplement: *il est*, il affecte l'*être* seul. Ainsi, l'on affirmera correctement: *Dieu est*, Dieu est l'être d'essence une, propre, entière, infinie et absolue; mais on ne pourrait, sans spécifier le sens, sans explication ultérieure, énoncer la proposition: *Dieu existe* (163), comme si son essence infinie et absolue, dans son entièreté, était sujette à une éventualité finie et contingente.

L'essence de la pensée *Dieu* ou *l'Etre* ne nous autorise non plus à proclamer: *Dieu n'existe pas*, lors même que le verbe *exister* ferait ici allusion à la réalité temporelle; car l'Etre, en général, enveloppe dans sa manière d'être infinie et absolue toutes les modalités concevables. L'assertion: Dieu n'existe pas**), est donc inadmissible, si l'on ne précise sous quel point de vue on y envisage Dieu, si c'est sous le rapport de toute son essence propre, ou bien sous le rapport de ses attributs internes. Ce qui est vrai, c'est que: Dieu, *comme être un, propre et entier*, n'existe point temporellement, passagèrement, sous un temps déterminé; vérité qui, du reste, n'exclut pas la possibilité et la nécessité pour l'Etre de comprendre également, dans sa manière d'être absolue, l'existence réelle, l'existence progressive, *la vie*, d'être le Dieu *vivant*.

---

*) Souvent, le mot *réel* reçoit une autre acception. Dans la langue vulgaire et aussi dans le langage de certaines écoles de philosophie, *réel* a un sens plus large, et s'emploie pour *étant* ou *existant* en général, qui est véritablement, sans fiction. En ce sens, on dit: Dieu est réel; le mathématicien proclame la réalité de ses doctrines, leur vérité réelle. Alors, ce qui est réel est conforme à l'essence, et ce qui est adéquat à l'essence est réel. Mais ces propositions sont fausses, si l'on n'entend par réel que ce qui est actuel, *réalisé, rendu réel* avec le temps.

**) Ou l'Etre est la non-existence, l'Etre est ce qui n'est pas; absurdité évidente.

Au surplus, rien ne s'oppose à ce qu'on emploie le terme *exister*, comme tout autre, dans son sens infini et absolu. Alors, l'existence signifie: l'essence posée une, propre, entière, infinie et absolue; et l'on peut et doit proclamer que: *Dieu existe*; et même, en ce sens, Dieu *seul* existe, chaque objet fini et relatif n'ayant qu'une existence *relative*. Ensuite, puisque l'existence absolue est et contient en soi toutes ses modalités particulières, on ne saurait refuser à l'Etre un mode quelconque de l'existence, c'est-à-dire prétendre qu'il n'existe plus sous certain point de vue.

173. Nous avons encore reconnu au moi les catégories de *fondement* et de *cause*, qui ont été suffisamment élucidées (101 et ss.). A celles-ci se rattache la catégorie de la *similitude interne* du moi, c'est-à-dire de l'analogie, de la parité d'essence de ses parties et de ses propriétés internes avec son être un, propre et entier. La pensée de cette catégorie est inhérente déjà à celle du fondement comme cause; en effet (105), le fondement est cause en tant que l'essence propre du fondé se trouve déterminée conformément à celle du fondement, en concordance avec elle; c'est-à-dire que le fondé est, selon l'essence pure, *semblable* au fondement. C'est ce qu'expriment les propositions: Telle cause, tel effet; changez la cause, vous changerez l'effet*); des causes diverses ne peuvent avoir des effets semblables. Comme le moi se sait être intérieurement fondement et cause, il reconnaît donc la *similitude interne*, l'homogénéité de son essence (*Selbstähnlichkeit*).

De plus, en tant qu'il est fini et, par suite, aperçoit au dehors de son être des objets qui, selon l'essence pure, lui sont semblables, tels que les substances intelligentes et la nature, il se considère aussi semblable, analogue à l'extérieur, ou s'attribue *similitude externe* d'essence avec les autres êtres.

174. Nous venons d'observer les catégories d'après lesquelles le moi se connaît. Mais le problème général soulevé (164) est le suivant: D'après quelles catégories connaissons-nous et pensons-nous chaque chose? Quels attributs généraux assignons-nous à chaque objet qui s'offre à la pensée?

*) Data causa, datur effectus; sublata causa, tollitur effectus.

A des objets quelconques, à ceux de la nature, par exemple, atomes, pierres, plantes, animaux, terres, soleils ou systèmes solaires, l'intelligence accorde les attributs que le moi est à soi. Prenons un grain de sable. Quelque imparfaite qu'en soit la connaissance, chacun le considère cependant comme un *être*, ayant son *essence* déterminée, et le conçoit comme subsistant par lui-même, comme un être *propre* et *entier*; puis, réunissant ces deux points de vue, comme ayant *unité d'essence*. Il est *être suprême*, antérieurement et supérieurement à toute distinction interne; être *positif*, *posé* avec sa *forme* particulière; *un formellement* ou numériquement. Successivement, alors, on le considère rapporté à soi, dirigé et replié sur soi, en remarquant, par exemple, sa cohésion; dirigé vers l'extérieur, lié avec les objets externes, en observant sa réaction à la pression ambiante; c'est-à-dire qu'on le détermine d'après la catégorie formelle de la *direction* ou de la *relation*. On lui assigne une capacité, ou on le dit un contenant déterminé, d'après la catégorie formelle de la *contenance*. Les deux aspects de la direction et de la contenance composent son *unité formelle*. On le pose *affirmativement*, en ce qu'il est; mais, comme il est un objet fini, on lui attribue aussi la *négativité*, en ce qu'il n'est point. On le pense comme *existant*, d'abord avec son *existence réelle* dans le temps; puis, le rapportant à sa notion idéale, on songe à ce qu'il a de *général* et d'*éternel*; et, pour faire cette distinction, on a dû le saisir préalablement dans son *existence suprême*, qui domine les précédentes et apparaît elle-même comme une modalité de l'*existence une, absolue et indivise*. On le considère comme *fondement* de ce qu'il est *à* et *en* lui, et, en cette qualité, comme *intérieurement semblable* à lui-même; et, enfin, comme *extérieurement semblable* à d'autres grains de sable.

175. Les mêmes catégories, d'après lesquelles on examine l'atome aussi bien que le moi, s'appliquent à la nature infinie. Néanmoins, une distinction déja signalée (63) s'impose à cet égard. Je suis, moi-même, le moi; j'ai donc la certitude que ces catégories ont une valeur de fait, pour autant qu'elles appartiennent à mon être; j'en suis aussi sûr que de la vision primordiale: moi (50). En ce qui concerne le

grain de sable et la nature, je ne sais également, à la vérité, penser ces objets, comme tout autre fini, que d'après les catégories prémentionnées; mais la question est de savoir s'ils existent bien, si leur essence est posée *au dehors* du moi.

Comme nous avons déjà rencontré la pensée de l'Etre un, infini et absolu (161), il y a lieu de se demander si elle se développe aussi selon les catégories précédentes. Cela n'est pas douteux; seulement, elles sont attribuées à l'Etre infini et absolu comme infinies et absolues elles-mêmes, aux êtres finis, au contraire, comme finies et relatives.

176. En résumé: Les attributs universels ou les catégories, énumérés ci-avant, sont discernés à tout ce que l'on pense et connaît, à l'Etre infini comme à chaque objet fini. Ces catégories sont les principales des préconceptions non-sensibles, des idées autodidactes que l'on fait concourir à chaque notion finie, à chaque observation sensible, à chaque connaissance expérimentale. Nous venons de les embrasser d'un coup d'œil dans leur succession et leur connexité véritable, telles qu'elles sont à l'essence, qui est elle-même à l'être. Quelque objet qui s'offre à la méditation, son examen peut se dérouler d'après leur système, et, pour qu'il soit complet, doit les suivre pas à pas, dans leur ordre effectif. *Leur système est donc la loi organique selon laquelle se forme chaque connaissance scientifique.*

177. Il ne sera pas inutile de rappeler le développement historique de cette théorie.

Dès que la pensée scientifique eut commencé à l'éclairer, la conscience humaine a entrevu l'importance qu'il y avait pour elle à se rendre compte des propriétés fondamentales, des attributs généraux, selon lesquels tout est pensé et connu. Aussi trouve-t-on déjà dans la philosophie hindoue, principalement dans les *Vedas* *), de profondes recherches sur cette matière.

Parmi les philosophes grecs, *Pythagore* *), le premier semble-t-il, s'est efforcé de dresser un tableau des attributs généraux des choses. Plus tard, *Aristote* *) reprit le problème

---

*) Voy. *Krause*'s Abriss des Systemes der Philosophie, 1828, S. 70—90.

avec plus d'attention, après avoir reconnu que sa solution était la base de la science et de la philosophie. Il appela ces attributs les „*catégories*", et en pose dix principales: *οὐσία, essentia, l'essence* ou la *substance; ποιόν, quale*, la *qualité; ποσόν, quantum*, la *quantité; πρός τι, ad quid*, la *relation; ποιεῖν, actio, l'action; πάσχειν, passio*, la *passion; ποτέ, quando*, le *temps; ποῦ, ubi*, le *lieu; κεῖσθαι, situs*, la *situation; ἔχειν, habitus*, la *manière d'être* ou l'*habitude*. — En comparant ce tableau au nôtre, on remarque qu'il est, sans aucun doute, incomplet, ordonné défectueusement, et renferme des prédicats subordonnés et secondaires, tels que le temps et le lieu.

Kant est le premier penseur qui se soit attaché à développer scientifiquement et rationnellement le système des catégories. Cependant il croit y arriver, non point comme nous, par un examen analytique continu de l'être pensant, ni par une déduction synthétique rigoureuse dans la vision du principe, comme nous les exposerons dans la synthèse, mais simplement en les abstrayant des diverses formes du jugement, telles que les enseignait la Logique formelle vulgaire. D'après la constitution de cette science, *Kant* adopte quatre *catégories principales:* la *qualité*, la *quantité*, la *relation*, et la *modalité* (le mode d'existence, la manière d'être). Il place en premier lieu la *quantité*, et y distingue trois *catégories subordonnées* ou *moments:* l'*unité* ou la *mesure*, la *pluralité* ou la *grandeur*, la *totalité* ou l'*entièreté*. Les trois moments de la *qualité* sont: l'*affirmation*, la *négation* et la *limitation*. Ceux de la *relation*: la *substance* et l'*accident*, la *causalité* et la *dépendance* ou la *cause* et l'*effet*, l'*action* et la *réaction*. Ceux de la *modalité*: la *possibilité* et l'*impossibilité*, la *réalité* et l'*irréalité*, la *nécessité* et la *contingence*. Les deux catégories de la quantité et de la qualité, il les nomme *mathématiques*, les deux autres *dynamiques*. —Nous sommes maintenant à même de constater que ce tableau pèche par l'unité et l'organisation. La modalité et l'existence, par exemple, n'ont été saisies que partiellement par *Kant;* il envisage uniquement l'existence temporelle: il définit le *possible*, ce qui est dans un temps indéterminé, le *réel*, ce qui est dans un temps complètement déterminé, le *nécessaire*, ce qui est de tous les temps; mais, comme nous l'avons observé (170), l'existence temporelle n'est qu'un seul des quatre modes d'existence, impliqués et subordonnés à l'existence absolue.

Cette conception incomplète de la modalité et de l'existence est la raison capitale pour laquelle *Kant* n'a pu atteindre à la connaissance du Principe, ni résoudre la question qui l'obsédait: La pensée de Dieu a-t-elle légitimité objective? Dieu existe-t-il? (163, 172).

Enfin, *Kant* posait les catégories comme des lois purement subjectives de l'entendement et applicables seulement aux observations sensibles temporelles; elles ne sont point, dit-il, des concepts généraux de la raison; car un concept de la raison est, au contraire, une catégorie étendue à l'infini. Ainsi, d'après cette manière de voir, la catégorie de cause n'entraîne qu'une cause finie, nécessaire pour expliquer un effet temporel; mais, si l'on pense Dieu comme cause, la loi purement intellectuelle de cause est, selon *Kant*, étendue arbitrairement à l'infini et à l'absolu. Pourquoi cette restriction? Nous constatons*), au contraire, que les pensées pures des attributs généraux sont inhérentes à notre esprit, aussi bien lorsqu'il pense un objet infini qu'un objet fini; elles surgissent donc comme concepts infinis et absolus, qui, il est vrai, s'appliquent aussi d'une manière finie aux choses finies; l'intuition les dévoile comme des idées générales de la Raison universelle et non comme de simples lois subjectives de l'intelligence humaine.

c) Les sources ou les origines de la connaissance.

178. Abordons le troisième point (155): Comment connaissons-nous? A quelles sources puisons-nous le savoir? De ce point de vue, on signale tout de suite une distinction

*) Nous n'avons encore, j'en conviens, trouvé les catégories que par l'intuition propre de l'intelligence, par simple analyse, mais la recherche a été conduite avec méthode, en progressant sûrement à partir de la vision primordiale: moi. La recherche des catégories de *Kant*, au contraire, ne s'appuie que sur les données d'une science spéciale, sur les formes du jugement exposées dans la Logique formelle vulgaire, acceptée telle quelle, sans critique suffisante, comme théorie parfaite; or, cette théorie offrait bien des lacunes, et ne reposait encore que sur une étude sommaire de la faculté intellectuelle.

fondamentale, qui n'échappe pas même à la conscience anté-scientifique.

Une première part de notre connaissance est celle d'objets finis à tous égards, êtres ou propriétés, tout à fait circonstanciés et particularisés, se manifestant dans le temps. Cette connaissance s'acquiert au moyen des sens; par l'intermédiaire des sens du corps, si l'objet est externe; par l'entremise du sens interne, si l'objet se trouve intérieur, créé ou reproduit par l'imagination. Aussi appelle-t-on *connaissance sensible* celle des objets complètement déterminés, finis, temporels, circonstanciels, individuels.*)

La connaissance sensible ne constitue toutefois qu'une portion et l'une des faces de toute la connaissance déterminée: on connaît aussi des êtres et des attributs, qui ne se manifestent nullement par l'intermédiaire des sens, et ne se conçoivent point comme infiniment circonstanciés, changeant avec le temps et évoluant dans la vie. — Par exemple, chacun affirme se connaître dans la vision primordiale: moi, où il se saisit antérieur et supérieur à son opposition interne, comme un même être entier; puis, non seulement et surtout, comme un être fini, complètement particularisé dans son individualité temporelle, mais aussi comme un être éternel, susceptible de se déterminer et de se particulariser, fondement de ses déterminations internes successives. La pensée absolue: moi, de même que les pensées partielles du moi selon son essence éternelle et selon son essence suprême, ne jaillissent nullement des sources sensibles de la connaissance; le moi *même* ne peut se voir, s'entendre, ni se percevoir au moyen des autres sens du corps; il ne sait non plus se tracer dans l'imagination un portrait de son être d'après ses attributs non-sensibles. — De même, la pensée de la Nature infinie n'est pas une notion sensible; elle ne saurait être basée sur les données des sens, car ceux-ci ne fournissent jamais de renseignements que sur une partie finie de la nature, sur l'une de ses œuvres particulières. — De même en-

*) Tels que les faits, les phénomènes, les détails, les actes et les états temporels, historiques, de la vie corporelle et de la vie intellectuelle.

core, l'idée pure: *l'animal*, a pour objet l'essence générale de tous les êtres animés individuels. Certes, nous savons les observer isolément d'une manière sensible, mais la notion de leur essence commune n'est plus déjà une pensée sensible, et ne saurait se tirer de l'expérience des sens, puisque celle-ci se rapporte toujours à un objet spécial, absolument circonstancié et déterminé à un instant précis du temps. — L'idée: *homme*, peut ne comprendre que les traits communs à des êtres humains individuels, c'est-à-dire exprimer une notion *généralisée*, qui découle de la source sensible de l'expérience (*conceptus empiricus per notas communes*); mais, même dans ce cas, elle n'est déjà plus sensible, l'idée que les hommes ont des caractères communs n'étant point donnée par les sens. A plus forte raison, si l'on embrasse dans l'idée: *homme*, non ce que l'être humain est et réalise dans le domaine des sens, mais ce qu'il doit être, on forme une pensée *non-sensible*, dont le contenu n'est jamais effectué complètement dans la sphère de l'expérience.

Il est donc manifeste que l'on discerne les deux domaines de la *connaissance sensible* et de la *connaissance non-sensible*, c'est-à-dire la connaissance de ce qui se trouve complètement fini, particulier, singulier, temporel, et la connaissance de ce qui est commun à des objets singuliers, susceptible d'être particularisé, général, immuable, éternel.*)

179. Précisons bien les termes. Certains penseurs opposent le sensible au *supra-sensible*, identifié alors avec le *non-sensible*. Cependant ces deux termes ne sont pas équivalents: le *non-sensible* signifie: ce qui sort de la sphère du sensible, au dehors, à côté et au-dessus de celle-ci. — Les notions *généralisées*: animal, homme, impliquant seulement ce qui est réalisé d'ordinaire dans le domaine des faits, c'est-à-dire simplement *abstraites* des individus, sont des pensées non-sensibles; mais, au point de vue de leur contenu, elles ne sont point supra-sensibles, et ne s'élèvent pas au-dessus de la réalité temporelle; on y rassemble seulement ce que celle-ci a de commun. —

*) Tels que les lois, les causes, les principes du monde physique et du monde moral.

Si, par contre, on conçoit l'idée *suprême* de l'homme, ou la notion *générale*, *idéale*, de son essence universelle et éternelle, de ce qu'il doit être et devenir en tout temps, on ne la tire, on ne l'abstrait point de l'observation, car aucune observation ne la rencontre totalement accomplie; on la saisit *à elle-même*, antérieurement et supérieurement à l'expérience individuelle. Une pareille idée plane donc au-dessus du sensible, que l'on juge même d'après elle, et trouve son origine ailleurs que dans la sensibilité. — On ne saurait abstraire de belles choses singulières l'idéal suprême de la beauté; mais, au contraire, l'on doit saisir, au préalable, la beauté idéale à elle-même, et, d'après l'idée générale qu'on s'en forme sans le concours des sens, apprécier ce qu'offre de beau l'univers sensible. — Dans cette acception, par conséquent, chaque notion générale, chaque *idée*, n'est pas seulement non-sensible, mais supra-sensible. Ainsi, la pensée de l'Etre universel est, quant à son contenu entier, à la fois non-sensible, car (172), en sa qualité d'être un, infini et absolu, il n'apparaît fini d'aucune manière et ne se développe point avec le temps; et supra-sensible, car elle ne saurait saillir de l'observation des sens, qui n'étreint jamais que le particulier.

Certaines écoles appellent *physique* la connaissance sensible, et *métaphysique* la connaissance supra-sensible. Cette terminologie est arbitraire, à moins que *physique* ne serve à qualifier ce qui est fini, individuel, temporel, et *métaphysique* ce qui est infini, général, éternel.

D'autres métaphysiciens distinguent la connaissance *a posteriori* et la connaissance *a priori*, en supposant chaque connaissance sensible postérieure, chaque connaissance non-sensible antérieure à l'expérience. Aux mêmes points de vue, ils parlent d'une faculté supérieure de connaissance et d'une autre moins élevée, en regardant le non-sensible comme élevé et le sensible comme subordonné. Or, il est évident que chaque connaissance non-sensible n'est point antérieure et supérieure à toute connaissance sensible; les notions généralisées, par exemple, ne sont pas indépendantes de la sensibilité, et le sensible a sur elles l'avantage d'envelopper un domaine de particularités individuelles et définies, pratiques, tandis que les premières, réduites à leur propre essence, ne procurent que des généralisations et des généralités théoriques.

Il ne faut point confondre les dénominations: *a posteriori* et *a priori*, avec celles d'*immanente* et *transcendante*, en usage dans plusieurs systèmes de philosophie, où la *connaissance immanente* comprend celle qui concerne l'intérieur du moi, et la *connaissance transcendante* celle qui le dépasse. Au surplus, des connaissances sensibles et des connaissances non-sensibles peuvent être, en ce sens, immanentes aussi bien que transcendantes. — La pensée: moi, est non-sensible, mais elle est immanente; au contraire, la pensée: toi, bien qu'elle soit, de son contenu, semblable à la première, est transcendante. Les créations de notre fantaisie sont des pensées sensibles immanentes; les perceptions des phénomènes sensibles des organismes étrangers au nôtre sont des pensées sensibles transcendantes; les productions de l'imagination d'autres esprits, communiquées au moyen du langage, sont des pensées à la fois immanentes et transcendantes. —

La connaissance sensible.

180. Avant de procéder à son examen, nous devons nous accorder sur la signification du terme ambigu: *sens*.

Dans son acception restreinte, il désigne la faculté, ou, s'il s'agit de perceptions sensibles corporelles, l'organe, dont les affections diverses sont perçues par l'esprit. On appelle proprement *sens*, les parties du système nerveux, dont les impressions locales sont immédiatement transmises à l'âme; plus précisément, on dit: les *organes sensoriels* ou les *sens du corps*. Dans la même acception, on emploie ce mot pour exprimer le *sens interne*, au moyen duquel nous apercevons les objets individuels de l'imagination.

Mais, originairement, il a une signification beaucoup plus générale; c'est le nom donné à toute faculté et toute activité par le moyen desquelles l'intelligence se met en rapport avec une chose quelconque, s'assimile ce rapport, et l'accueille en soi. Ainsi, l'on dit: un homme de sens, de grand sens, de petit sens, c'est-à-dire un homme dont la faculté de comprendre, de s'assimiler les choses dans la connaissance, de les éprouver dans le sentiment et de les régler par la volonté, est plus ou moins développée; on parle d'un sens pour la vérité, pour l'amour, pour le bien. *Sens* indique ici l'activité réceptive, en général, et ne s'applique pas simplement, ni principalement, à l'individuel, au temporel, mais aussi au général, à l'éternel; par exemple, aux idées éternelles de la vérité, de la beauté, du bien, du divin.

Dans le sujet qui nous occupe, la connaissance sensible, le mot *sens* ne reçoit pas cette acception étendue, et signifie l'activité réceptive, la faculté active de réception pour la connaissance de l'individuel et du temporel.

181. Cela posé, le domaine de la connaissance sensible (178) est celui dans lequel l'objet est complètement circonstancié, temporel, ou, comme on dit aussi, tout à fait concret, singulier, infiniment déterminé, défini à tous égards (*infinite, omnimode determinatum*).

Ce domaine est double; il se compose de deux sphères unies intimement; la première comprend la *connaissance sensible des choses corporelles externes;* la seconde, la *connaissance sensible intellectuelle,* du champ interne de l'imagination.

182. Dans la *connaissance sensible* des choses corporelles externes, l'esprit se figure d'abord que l'objet se trouve en sa présence immédiate et lui est révélé sans intermédiaire.*) Mais un examen plus rigoureux montre bientôt que cette soi-disant révélation de l'objet n'est autre que la perception d'états déterminés des organes sensoriels. Rappelons succinctement les observations déjà faites à cet égard (53 et ss.). Nous percevons immédiatement les organes particuliers des sens, et non tout le corps, comme tel, ni même aucun de ces organes en entier et selon toutes ses propriétés, mais seulement l'une de ses parties. — Nous ne *voyons* point l'œil, mais le nerf optique épanoui dans le globe oculaire, et encore

*) C'est pourquoi aussi les sensualistes se figurent que les idées suprasensibles dérivent des sens. Ils prennent l'objet de la sensation à l'état brut, avec tous ses éléments, avec la participation des sens, de l'imagination et de la raison, des impressions, des images et des idées; puis, quand la pensée ainsi pourvue a prononcé sur cet objet comme extérieur, ils s'imaginent que ces représentations et ces idées passent de l'objet dans l'intelligence par le canal des organes sensoriels. (*Note du traducteur.*)

pour autant qu'il reçoive l'impression de la lumière qui y forme image. Quant à l'œil même, l'esprit en voit plus ou moins le contour externe, lorsqu'il se reflète dans un miroir, et alors l'image perçue n'est encore une fois qu'une impression de la rétine. Pareillement, nous *entendons* les ondes sonores transmises aux terminaisons du nerf acoustique dans les cavités et les canaux de l'oreille, mais non l'organe même de l'ouïe. Nous ne saisissons sans intermédiaire que le phénomène de l'impression sur les muqueuses olfactive et gustative des fosses nasales et de la langue, les actions de la température et de la pression des corps sur les nerfs de sensibilité de la peau. —

Ces impressions des sens sont isolées, localisées, et l'on a reconnu déjà (61) comment l'esprit les rassemble et les rapporte à un même objet, soit de notre corps, soit du monde externe. Mais le point capital à retenir ici, c'est que l'âme n'apprécie que les affections des organes sensoriels, d'une certaine partie du système nerveux, et non directement le monde externe. Au premier abord, cette découverte surprend et effraie l'intelligence; ce monde, dès lors, avec lequel elle croyait, dans son état d'inconscience, avoir un commerce immédiat, lui est, pour ainsi dire, ravi, ses semblables même paraissent lui échapper. Toutefois, un peu de réflexion dissipe cette surprise et cet effroi; elle reconnaît bientôt que tous les corps des êtres raisonnables, observés comme hommes, font partie de la même nature; les êtres humains sont unis génériquement les uns aux autres au cœur de la vie naturelle; leur corps, œuvre de la nature, vit en elle, est vivifié par elle, et se trouve en action réciproque avec elle.

183. La connaissance sensible des choses corporelles externes, avons-nous vu (62), est constamment liée à l'imagination*); les perceptions externes sont continuellement repro-

*) L'activité de l'imagination, qui réunit les sensations dispersées et forme le schème des objets dans les sciences d'observation, a été bien étudiée par *Kant*. „Aucun physiologue", dit-il, „n'a bien vu encore que l'imagination entre nécessairement dans la perception. C'est que, d'une part, on a restreint cette faculté aux reproductions, et que, d'autre part, on a cru que les sens, non seulement nous donnent des impressions, mais encore les composent, et pro-

duites par celle-ci et s'y retracent alors à volonté, sans que toutefois, à l'état de veille, aucun esprit sain et attentif ne les confonde avec leurs représentations. — Si, par exemple, je rencontre une personne, j'achève aussitôt dans la fantaisie son image particulière; je me la représente étendue dans son contour suivant les trois dimensions de l'espace; je n'en modifie point l'aspect, bien qu'en réalité sa perspective diffère à chaque instant, suivant qu'elle se rapproche ou s'éloigne, et me présente l'une ou l'autre face du corps. Aussi longtemps que dure l'impression produite sur la rétine, je ne cesse d'y rattacher la vue intérieure, sans d'ordinaire me rendre compte de cette liaison et établir la distinction des deux images conjuguées. Si alors je détourne mes regards, il m'est loisible de retenir la représentation de la fantaisie et de lui laisser souvent autant de précision, de vie et de mouvement qu'à la sensation même. Cependant, à l'état de veille, dès que je prête attention, je ne confondrai jamais la figure imaginée avec la vision particulière qui frappe le nerf optique. —

Nous assurons donc avoir conscience d'une sphère de perceptions spéciales, douées d'existence propre, que nous diversifions du champ de l'imagination, et qui se rapportent à un monde externe d'objets sensibles.

184. L'esprit, il est vrai, sait voir en songe également ce qu'il reçoit par les sens externes, et le développement actuel de notre analyse scientifique ne nous permet pas encore de réfuter la thèse idéaliste, suivant laquelle le domaine des sensations serait intérieur à l'âme. Néanmoins, un fait indéniable, qui ne dépend en aucune façon de cette considération d'intériorité ou d'extériorité, c'est que chacun distingue sans hésitation deux domaines de perceptions sensibles, l'un qu'il ne détermine pas librement et accepte tel qu'il le reçoit, l'autre qui ressortit à l'imagination et qu'il sait, en partie, former à son gré. Au surplus, le philosophe idéaliste juge le monde interne de la fantaisie d'après les mêmes catégories

---

duisent des images des objets. Ce résultat exige certainement, outre la réceptivité des impressions, une fonction qui les synthétise." (Voy. *E. Mauriel*, le Scepticisme combattu dans ses principes, p. 84.) (*Note du traducteur.*)

qui s'appliquent aux sensations, occasionnées, pour nous, par l'univers externe.

185. La *connaissance sensible externe* comprend deux phases subordonnées (61 et ss.): la première est la perception immédiate des modifications des organes sensoriels; la seconde, la représentation médiate des objets qui occasionnent celles-ci, l'esquisse intérieure des images de ces objets, en suite des impressions distribuées dans les nerfs périphériques et transmises au cerveau, avec l'aide de l'activité de l'imagination et sur le fondement des catégories énumérées ci-avant.*)

Si „*je vois une rose*", ce qui est perçu immédiatement, comme première phase de la connaissance sensible, c'est l'action extérieure portée sur une partie de la membrane rétinienne et transmise au cerveau. Dans la seconde phase, l'imagination s'empare de l'image superficielle reçue et l'achève en relief, pour ainsi dire, en y joignant les sensations spéciales acquises antérieurement par chacun des autres sens. Je me trace ainsi, inconsciemment d'abord, une vue d'ensemble de la fleur par la fusion de l'image rétinienne pure

---

*) Les anciens auteurs admettaient avec raison un intermédiaire entre l'esprit et les objets extérieurs, mais se trompaient toujours au sujet de cet intermédiaire, appelé tantôt espèce sensible, tantôt idée ou notion: entre l'esprit et le monde physique la relation s'opère par les sensations. L'imagination n'est pas un intermédiaire, puisqu'elle est déjà une faculté de l'âme, mais elle rend compte de l'illusion: ce qu'on prenait pour des espèces sensibles, pour des apparences de corps, pour des idées adventices, c'étaient simplement les créations de l'imagination. Chaque fois que nous prenons connaissance d'un objet de la nature, nous en avons une image qui paraît provenir des corps, mais qui vient en réalité de l'esprit; en ce sens, on peut dire avec *Malebranche*: point de connaissance sensible sans une idée ou une image qui se dresse devant l'esprit; on peut dire avec *Reid*: point de perception sans une notion ou une image qui accompagne l'activité de l'entendement. Les espèces sensibles du moyen-âge sont donc remplacées par les sensations et les images, et ces deux phénomènes sont maintenant parfaitement distincts: la sensation est un intermédiaire entre l'esprit et le monde extérieur; l'image est la première manifestation de l'activité de l'âme, s'exerçant sur les données des organes sensoriels. (Voy. *Tiberghien*, Logique, T. I, p. 165 et s.) (*Note du traducteur*.)

et de celle de l'imagination, vue composée que j'identifie avec la fleur, comme si tout ce qui a impressionné les origines périphériques du système nerveux, les couleurs, le parfum, etc. étaient extérieurs à mon corps, et tenaient à la fleur même, au lieu de l'espace où je l'observe, à la branche du rosier; je place ainsi l'objet de cette vue au dehors de moi, dans la nature présumée externe, et me figure voir et apprécier l'objet même.*)

Ce concours de l'imagination et ce transport de l'image dans la nature extérieure se manifestent de la manière la plus saisissante au cours de la science astronomique. L'infime reflet du firmament dans l'œil de l'homme est bien pauvre; l'enfant ou l'ignorant le perçoivent seulement par les sens, et s'arrêtent à l'admiration; l'homme, plus instruit, en complète la vision par la fantaisie, et se l'imagine composé de globes lumineux situés à des distances déterminées; mais l'astronome, appliquant la mathématique à cette simple ébauche et aux relations de ses parties, devient capable de se créer une représentation du système céleste, dans son ordre harmonique, et de s'en figurer les justes proportions. L'image ainsi formée, il la transporte par la pensée dans la nature externe, sans songer aucunement qu'elle est sa propre création; il considère sa vue intérieure et la nature extérieure comme complètement d'accord, et, pour autant qu'il observe avec rigueur les phénomènes et déduise avec certitude les lois naturelles, il le fait à bon droit.**)

---

*) Dans le langage vulgaire, „*voir*“ un objet, signifie: le percevoir *par l'intermédiaire* de l'œil. Mais l'homme inculte n'a aucune conscience de cet intermédiaire, ou n'en a qu'une conscience vague; il confond ce qui est „*vu*“ réellement, impressionné, c'est-à-dire les fibres éclairées du nerf optique, avec l'objet extérieur.

**) Ainsi, pour passer de cette manière du moi au non-moi, de l'image interne à l'objet, il faut le concours de toutes les opérations et de toutes les fonctions de la pensée: la notion, le jugement et le raisonnement, l'attention, la perception et la détermination. Chez l'enfant et l'homme inculte, ce travail est inconscient et instinctif, mais il n'en existe pas moins que chez le savant. Tout homme y procède, avant d'en avoir conscience. L'enfant ne formule pas ses raisonnements comme le fait l'esprit réfléchi, mais il remarque, par exemple, qu'en ouvrant les yeux, il voit une lampe, qu'en les fer-

186. Examinons maintenant le second domaine principal (181) de la connaissance sensible, à savoir celui du *sensible interne*, dans le champ de l'imagination. A coup sûr, cette faculté nous dévoile des objets sensibles internes, qui ne se confondent point avec ceux des sens externes et qui peuvent ne pas avoir d'originaux dans la nature. Il est évident, par exemple, que, dans les arts mécaniques, chaque machine, chaque ouvrage, a existé dans l'imagination de l'inventeur avant son exécution matérielle. De même, nous avons la conviction que la nature est incapable de composer une œuvre musicale, et qu'aucune œuvre de ce genre ne saurait voir le jour sans l'inspiration du musicien.

Le champ de la fantaisie a aussi réalité et vérité, et même ses productions peuvent surpasser en perfection et en beauté celles du monde sensible extérieur: ainsi, chacun me l'accordera, les créations d'un *Raphaël* ou d'un *Phidias* sont plus parfaites et plus belles que les formes humaines réalisées par la nature.

Nous nous comportons donc, dans la sphère de l'imagination, en créateurs et artisans originaux; son domaine renferme des vérités et des réalités que l'esprit n'a jamais perçues extérieurement par le moyen des sens du corps. Cette faculté ne se borne point à reproduire ou retracer, mais elle crée de son propre fond. Du reste, cette remarque nous avait été suggérée déjà (62) par le fait que l'intelligence apporte à l'interprétation des impressions des organes senso-

---

mant il ne voit plus rien, qu'en les rouvrant il revoit le même objet à la même place, qu'il reçoit la même impression chaque fois qu'il revient en face de la lampe, et que cette impression s'efface chaque fois qu'il tourne la tête; cela suffit pour lui faire soupçonner que l'image de la lampe provient d'une cause indépendante de sa propre activité, c'est-à-dire pour raisonner. L'expérience serait décisive, si les objets qui entourent l'enfant restaient toujours dans la même position, et s'il pouvait les toucher. Mais, lorsqu'en s'éveillant, il ne trouve plus la lampe, il est dérouté: l'image provient-elle d'un objet, ou l'objet existe-t-il sans qu'on le voie? Tout est remis en question, jusqu'à ce que l'enfant soit en état de comprendre que les personnes qui se meuvent dans la chambre peuvent déplacer les objets et les remettre en place. (Voy. *Tiberghien*, Logique, T. I, p. 168.) (*Note du traducteur.*)

riels le concours d'une imagination remplie, douée des intuitions de l'espace, du temps, de la force, du mouvement, que les sens extérieurs ne sauraient lui procurer. De là ressort clairement que la perception primitive est la vision intellectuelle dans l'imagination, la perception consécutive, au contraire, celle des sens du corps, au rebours de ce que suppose la conscience anté-scientifique, dans laquelle l'être humain, absorbé par la contemplation du dehors, s'oubliant soi-même et s'abandonnant sans réserve aux sensations dont il est de toutes parts assailli, ne se rend plus compte de l'activité créatrice spontanée de son imagination, et perd de vue que le concours de cette dernière est indispensable pour percevoir le moindre objet externe sensible.

187. Quelle est la *variété* de la connaissance *sensible interne?* Nous trouvons d'abord, dans le domaine de l'imagination, soit pendant la veille, soit en songe, des objets corporels étendus dans l'espace*), produits avec le temps, et affectés des qualités révélées par l'entremise des sensations extérieures: lumière, couleur, odeur, goût, son, chaleur, froideur, pression; bref, un monde corporel interne tout à fait semblable à l'univers matériel qui se pose au dehors de l'âme.

Dans l'état de veille, l'esprit a rarement, il est vrai, conscience des productions propres de l'imagination et de la liberté avec laquelle il les crée, parce que, dans cet état, il se préoccupe surtout de percevoir les choses externes, et ne se rend pas témoignage de l'activité intérieure qui accompagne inévitablement cette opération. Dans le songe, au contraire, la conscience de l'activité des organes sensoriels s'efface, la fantaisie se donne libre carrière, et déploie souvent une telle force créatrice qu'elle étonne l'esprit au moment du réveil. Il est visible toutefois que, pendant le sommeil, nous ne sommes point dénués de toute sensibilité externe; seulement, nous ne la distinguons pas nettement des circonstances intimes du rêve.**)

---

*) Une étendue intelligible, comme s'exprime *Malebranche. (Note du traducteur.)*

**) Il y a lieu de considérer aussi l'état de somnambulisme, de clairvoyance magnétique ou d'hypnotisme, et l'état extatique, lesquels, dans la vie, surviennent tantôt d'eux-mêmes, tantôt se trouvent

Au cours des affections morbides de l'esprit, des états de démence ou de délire, se manifeste souvent la confusion des domaines corporels externe et interne, de sorte que l'aliéné ou le malade rêve éveillé et veille en rêvant; il regarde alors les choses sensibles extérieures comme intérieures, et réciproquement; mais il a souvent une sensibilité externe et interne plus vive que l'homme sain d'esprit, et l'aliénation mentale ne consiste, à ce point de vue, que dans la confusion des deux sphères de perceptions.

188. Le monde intérieur de l'imagination est, à la vérité, de genre semblable au monde sensible extérieur, mais il a cependant un cachet propre, par lequel ses productions tranchent sur celles de la nature. Dans le champ de la fantaisie, chaque objet se forme librement d'après l'idée qu'on s'en fait, et les objets successifs ne dépendent pas nécessairement des précédents. L'esprit imaginatif peut, de cette manière, laisser coexister et succéder les images les plus hétérogènes. Il sait aussi se représenter chaque idée sous une forme sensible au moyen d'un symbole, parfaire, comme le savant et l'artiste par exemple, de simples figures sans fond, de purs schèmes, sans devoir, pour cela, étreindre ni développer par la pensée les objets dans leur entièreté concrète. Mais, pour ce qui concerne les œuvres de la nature, le procédé est précisément l'opposé; là, tout prend naissance d'une pièce; à chaque instant, les états successifs s'enchaînent nécessairement et continuellement aux situations déterminées qui les précédaient. Certes, la nature ne marche pas à l'aveugle et accomplit dans ses créations temporelles une essence éternelle; mais elle achève ses œuvres, avec tous leurs attributs, en une fois, d'un seul jet, d'une manière fatale, irrésistible. Aussi est-elle incapable de tracer de purs schèmes, de s'élever à l'art idéal et libre, d'inventer et de construire les instruments et les produits des arts mécaniques.

---

produits par l'art du magnétiseur, et accompagnent le sommeil aussi bien que la veille. Le cadre de ce travail ne permet point de développer cette étude. Voyez à ce sujet les ouvrages: „Urbild der Menschheit", „Sittenlehre", „Tagblatt des Menschheitlebens", „Oratio de scientia humana", „Vorlesungen über die psychische Anthropologie".

189. Avant d'aborder l'examen de la seconde partie du domaine sensible de l'imagination, insistons sur le fait important que l'esprit perçoit dans ce domaine des particularités des objets matériels, qui ne se dévoilent point à lui par l'entremise des sens externes; tels sont l'étendue, le temps, le mouvement, la force, l'activité. C'est grâce à sa faculté imaginative que l'intelligence étend les corps dans l'espace suivant ses trois dimensions, sous des figures déterminées, mesure l'écoulement du temps à leur évolution, acquiert la conscience de la force et de l'activité qui les régissent; en un mot, parvient à en achever la connaissance d'après les renseignements fournis par les sensations.

190. La seconde partie du domaine sensible interne se compose des perceptions particulières de la vie *spirituelle, intellectuelle et morale.* — Chacun atteste qu'à chaque instant il pense et veut une chose complètement finie. C'est là, en raison de sa parfaite détermination, une connaissance sensible. La sensation externe n'est pour rien dans l'*idée* individuelle, déterminée, que l'on se fait non seulement de soi, mais aussi d'autres êtres intelligents; les opinions que nous avons de nos semblables, de leur pensée, de leur sentiment, de leur volonté, de leur tempérament, de leur caractère, appartiennent à notre champ interne, et ont été formées par notre fantaisie, en suite d'une appréciation plus ou moins exacte des manifestations sensibles corporelles de ces êtres, et spécialement de celle du langage. —

De plus, nous imaginons encore, en pleine liberté, d'après de pures idées, dans la veille comme dans le rêve, des êtres moraux. — L'auteur dramatique invente un monde de personnages, auxquels il prête des dispositions et des caractères individuels, les fait agir, se mouvoir et vivre, et révèle ainsi sa richesse propre, sa puissance personnelle. —

Sans ce domaine de perceptions sensibles intellectuelles et morales, il nous serait absolument impossible de rien savoir d'autres âmes, de nous figurer leur vie spirituelle par l'intermédiaire du geste et du langage, et de la reproduire.*)

*) Aux deux espèces de représentations sensibles, relatives les unes aux corps et les autres aux âmes, se rapporte la part d'intervention

La connaissance non-sensible.

191. Rappelons comment nous avons été amenés (178) à distinguer la connaissance non-sensible en opposition avec la connaissance sensible. Le sensible, avons-nous dit, est déterminé, particularisé d'une manière parfaitement définie; le non-sensible, au contraire, devait, en conséquence, être pensé comme susceptible d'être déterminé, particularisé, et comme étant, en partie, imparticularisé. Puisque, en outre, l'individuel sensible est variable avec le temps (178), le non-sensible, par contre, sera intemporel, d'essence éternelle et immuable.

Trouvons-nous vraiment dans notre intelligence des pensées dont les objets sont intemporels, extra-temporels ou éternels? Cela n'est pas douteux. — Chacun aperçoit d'abord la vision: *moi*, la pensée primordiale de soi (30 et ss.), qui n'est point uniquement et surtout celle d'un objet complètement particularisé, mais aussi d'un objet à particulariser, à déterminer;

---

de l'imagination dans la formation et dans les figures du langage. La lexicologie se fonde surtout sur l'*onomatopée* pour l'expression des pensées qui correspondent au monde extérieur, et sur la *métaphore* pour la désignation des idées intellectuelles et morales: de là le caractère pittoresque du langage. „La langue des premiers hommes", dit *M. Renan*, „fut en quelque sorte l'écho de la nature dans la conscience humaine: tel est le rôle de l'imagination reproductive et de la sensation. Quant à la manifestation de la vie spirituelle, l'âme se laissa guider par les analogies du monde physique. Chaque peuple s'est attaché dans la création des métaphores à des rapports divers selon son caractère et son imagination. Prenons pour exemple l'hébreu, qui nous représente un état fort ancien du langage. S'agit-il de peindre un sentiment de l'âme, l'hébreu a recours au mouvement organique qui l'accompagne: la colère s'exprime par le souffle rapide, par le bouillonnement, par l'action de briser avec fracas, par le frémissement ou l'écume qui sort de la bouche; le découragement par la liquéfaction ou la dissolution du cœur....... S'agit-il de rendre une idée abstraite, on cherche quelque analogie dans la nature: l'expression du vrai se tire de la solidité, celle du beau de la splendeur; ......; créer c'est tailler, décider c'est trancher, penser c'est parler. Le parallélisme du monde physique et du monde intellectuel fut le trait distinctif des premiers âges de l'humanité. Ce parallélisme devait se refléter vivement dans l'imagination pour se manifester ensuite dans le langage." (*Renan*; de l'Origine du langage; voy. *Tiberghien*, Psychologie, p. 282.) (*Note du traducteur.*)

de plus, elle n'est pas celle d'un être changeant, temporel, mais permanent, éternel, puisque chacun a la conviction de demeurer le même être au cours de ses modifications successives. Cette pensée est donc non-sensible. — Puis, surgit l'*idée* ou la *notion générale* et *idéale* du moi, dans laquelle on enveloppe l'essence universelle commune à tous les moi individuels, l'essence éternelle qui dure et survit à leur évolution temporelle. Ainsi, tout ce que nous leur avons reconnu jusqu'à présent est essence générale et éternelle; la science du moi développée jusqu'ici est elle-même un exemple de connaissance indépendante de la sensibilité.

La connaissance des objets différents du moi est également en partie non-sensible. — Telle est la théorie des préconceptions fondamentales ou catégories, qui ne contient rien de fini, de contingent, de circonstancié avec le temps. — De même, le contenu de la science mathématique est de genre non-sensible; ses objets sont des vérités générales, qui subsistent éternellement.

192. De ces considérations résulte que les objets des connaissances non-sensibles ne sont pas nécessairement, au point de vue du moi, ou intérieurs ou extérieurs; en d'autres termes, ces connaissances ne sont pas nécessairement soit immanentes, soit transcendantes (179). — Dès qu'un objet, distinct de notre être, est envisagé dans son essence générale et permanente, sa notion est non-sensible, et, dépassant le moi, elle est transcendante; telles, par exemple, la pensée de l'essence générale d'une production naturelle, d'une plante, d'une pierre, la pensée de la Nature infinie, celle de l'Etre infini et absolu, qui est la pensée non-sensible transcendante suprême. —

Cependant les objets de pareilles notions peuvent se trouver en relation effective avec le moi. — La pensée de la Nature infinie le dépasse incontestablement; mais, puisque la Nature est, grâce au corps, en relation effective avec lui, et que réciproquement il se trouve, par l'entremise de l'organisme corporel, en relation intime avec elle, cette pensée transcendante ne reste point isolée de la vue immanente: moi. — De même, la pensée de l'Etre infini et absolu surpasse infiniment et absolument cette dernière; mais, puisque l'Etre apparaît comme étant et contenant toutes choses en soi, qu'en conséquence chaque moi est fondé en lui, sa notion ne s'isole, ne se sépare aucunement du moi; celui-ci s'élève, à vrai dire, jusqu'à elle, mais pour redescendre ensuite jusqu'à soi.

La relation du transcendant avec l'immanent a été signalée principalement par *Kant*, qui emploie à ce propos le terme: *transcendantal;* le transcendant se distingue du transcendantal, en ce que le premier est simplement extérieur au moi et le dépasse, le second, au contraire, est l'extérieur en relation effective avec l'intérieur du moi. Ainsi, d'après *Kant*, la pensée: *Dieu* est, à soi, purement transcendante; mais, si elle est considérée en relation avec le moi, lorsque, par exemple, l'homme se rend témoignage de sa liberté morale et atteste que celle-ci présuppose un être moral, infini et absolu, fondement de la moralité, c'est-à-dire Dieu, cette pensée devient transcendantale.

193. Après avoir déterminé globalement l'essence propre de la connaissance non-sensible, venons-en à l'examen de sa variété.

En premier lieu, se présente le domaine de la connaissance *co-sensible.* Lorsqu'on rapproche les caractères communs à des objets de la sensibilité, surgissent des notions qui, *abstraites* de l'observation, sont non-sensibles, et qu'on nomme *communes* ou *généralisées.* De cette espèce sont la plupart des notions non-sensibles de la conscience anté-scientifique, appelées ordinairement notions d'expérience, et dont l'ensemble constitue la *connaissance expérimentale.* Celle-ci, il est vrai, emprunte sa matière à l'observation; mais, comme nous l'avons montré (164 et ss.), elle requiert aussi le concours des catégories générales, qui surpassent le sensible et s'appliquent à chaque connaissance. Bref, quant à leur contenu, les notions généralisées ne sortent pas de l'expérience; elles sont *co-sensibles* et embrassent seulement ce qui est ou a été effectué dans des objets temporels, complètement finis et envisagés sous ce rapport.

194. En second lieu, des précédentes se distinguent sur-le-champ les notions *générales* proprement dites, les *idées générales* ou simplement les *idées*, comme on dit en ce sens, dont les objets sont généraux, idéaux, universels, nécessaires

et éternels, qui impliquent ce à quoi l'on compare toute expérience, et constituent le domaine de la connaissance *suprasensible.* — Les notions des figures géométriques, ligne, polygone, courbe, etc., correspondent à des objets généraux, éternels, nécessaires; leur matière n'est point tirée de l'observation comme celle des notions empiriques, mais trouvée immédiatement et déductivement, sans le secours de la sensibilité; c'est d'après elles, au contraire, que l'on spécifie les figures qu'affectent les choses de la nature ou les images de la fantaisie. — De même, l'idée du moi, telle que nous l'avons développée en général, n'est, en aucune façon, puisée à l'expérience individuelle, mais en elle on saisit ce qu'il y a de général, d'éternel, d'immuable au moi. — De même encore, le contenu de l'idée du bien ne découle pas de la réalité historique, mais se discerne immédiatement, sans l'intermédiaire des sens, comme l'*idéal* de ce que l'être raisonnable *doit* effectuer avec le temps. Il en est ainsi encore des idées du droit et de la justice; ce qui est droit et juste, en général, ne saurait se déterminer par l'observation historique, mais constitue un idéal qui *doit* s'accomplir de tout temps et relève de la déduction seule.

195. Outre ces deux espèces *coordonnées* de connaissances non-sensibles, nous en avons, en troisième lieu, rencontré d'autres encore, placées, à la fois, au-dessus de la sphère de la sensibilité et au-dessus des notions et des idées non-sensibles précitées. Telle est, d'abord, la pensée de l'essence qui, dominant et enveloppant à la fois le général et l'individuel, se différencie, à ce titre, de l'un et de l'autre. — Nous avons une pareille notion du moi, lorsque nous le concevons antérieur et supérieur à la distinction de son idéalité et de son individualité, se déterminant comme entier à réaliser individuellement son idéal avec le temps, et se reconnaissant, par suite, un être qui existe au-dessus de son essence générale et de son essence individuelle. Une connaissance semblable s'observe également au regard de la Nature, lorsqu'on l'envisage comme être entier accomplissant temporellement son essence générale dans ses œuvres individuelles, en d'autres termes, comme fondement de la réalisation de son essence éternelle dans la vie. — Désignant par le terme *suprême*

(165) ce qui est le plus élevé, ce qui domine et enveloppe, on peut appeler ce domaine de la connaissance supra-sensible: la *connaissance suprême*, qui saisit l'objet dans son essence suprême, souveraine, comme fondement renfermant l'essence générale et l'essence individuelle.

196. Enfin, au-dessus de ce genre de connaissance s'en trouve un dernier, celui de la connaissance *absolue*, indivise, de l'essence pure, dans laquelle l'objet est pensé comme un même entier, sans aucune distinction d'essence spéciale, ni suprême, ni générale, ni individuelle. — La première connaissance supra-sensible de ce genre, qui se présente à l'être intelligent, est la vision primordiale de soi (30), dans laquelle il se reconnaît comme un seul et même être entier*), sans qu'il lui faille, pour cela, songer à une antithèse quelconque basée sur l'intériorité et l'extériorité; mais à l'occasion de laquelle, par un examen ultérieur, il reconnaît que son essence pure et indivise est et renferme essence générale et essence individuelle, fusionnées et coordonnées dans son essence suprême. Cette connaissance absolue enveloppe les autres mentionnées plus haut. — De même, la pensée de la nature, telle qu'elle s'offre à la conscience anté-scientifique, est déjà le pressentiment de la notion pure et absolue de la Nature. — D'espèce semblable sont encore, dans la conscience vulgaire, la pensée absolue de l'Esprit, celle de l'Humanité et, au-dessus de toutes, celle de l'Etre un, propre et entier, comme tel infini et absolu, qui est et comprend en soi l'être suprême, l'être général et éternel, l'être individuel et sensible, et l'être d'union des trois précédents.

L'objet de cette dernière pensée, la plus élevée des notions en général et des notions supra-sensibles en particulier, sera désignée (161) le plus correctement par le simple mot: *Etre*, mais l'est aussi par le mot: *Dieu*. La dénomination la plus générale, pour exprimer la connaissance, étant le terme: *voir* (*intueri*), pris dans le sens figuré, la pensée une,

---

*) L'enfant a incontestablement la conscience *absolue* de soi, avant qu'il puisse rien affirmer du moi, avant qu'il discerne s'il est esprit ou corps, s'il pense, sent et veut, s'il est infini ou fini, tout ou partie, absolu ou relatif. *(Note du traducteur.)*

absolue et indivise de l'Etre pourra s'appeler: la *vision de l'Etre* ou la *vision de Dieu.* Cela posé, comme chaque objet particulier que nous sommes capables de penser d'une manière supra-sensible, qu'il soit fini ou infini dans son genre, peut l'être *absolument*, dans toute son essence propre, la notion absolue de cet objet est une *vision partielle de l'Etre*, c'est-à-dire qu'on le *voit* comme partie de l'Etre, ou, plus rigoureusement, que l'Etre est conçu comme étant aussi cet objet *en*, *sous* et *par* soi.*)

d) Légitimité des connaissances non-sensibles et, en particulier, de la connaissance de Dieu.

197. Notre tâche ne se borne pas à rechercher ce que nous sommes à même de penser, mais consiste aussi à discerner le vrai. Nous avons vu (63, 185) que la connaissance sensible, comme telle, s'attache exclusivement à la détermination individuelle et temporelle de l'objet, et ne peut, du reste, se parfaire sans la connaissance non-sensible; car nous n'observons et ne connaissons l'individuel que d'après des idées, d'après les catégories générales. Pour cette raison, et parce que la perception des sens et la pensée purement idéale des catégories isolées ne garantissent en fait à l'esprit aucune

*) Quelque objet que l'on envisage, la *vision absolue* et indivise, dite aussi la *connaissance indéterminée* de cet objet, est la première qui s'offre à l'intelligence, celle qui lui est innée, donnée dans la vision de l'Etre, qui est intrinsèque de son essence, qui y existe en puissance. C'est celle qui apparaît à la pensée lorsqu'elle lit, pour la première fois, le titre d'un livre ou d'un chapitre, et que son attention se porte, pour la première fois, sur une théorie qu'elle se propose de s'assimiler ou d'organiser. C'est donc la première révélation divine, la première inspiration par laquelle Dieu se dévoile aux êtres doués de raison. — La révélation ainsi est un fait universel, éternel et originel, non exceptionnel et accidentel. Il est au moins inutile de chercher une révélation primitive faite au premier homme et transmise par lui à la société. Ces observations logiques sont, du reste, confirmées par l'histoire. Les Grecs n'avaient aucun livre sacré, aucune doctrine révélée; et cependant leurs philosophes ont traité des attributs ontologiques et moraux de Dieu d'une manière plus scientifique que les Orientaux; ils ont même laissé leurs ouvrages pour modèles aux Pères de l'Eglise et aux docteurs du moyen-âge. *(Note du traducteur.)*

notion certaine d'un objet quelconque hors de lui, il importe d'examiner, avant tout, comment l'esprit parvient à accorder une valeur objective, à *attribuer légitimité à ses pensées non-sensibles;* en d'autres termes, comment sait-il qu'elles ont vérité ou que leurs objets existent?

198. Rappelons, à ce sujet, la distinction établie plus haut (192), à savoir que l'objet des connaissances non-sensibles se trouve à l'intérieur du moi, ou bien le dépasse. Je scinderai donc le problème et examinerai d'abord comment nous sommes autorisés à admettre la légitimité des connaissances non-sensibles immanentes, dont l'objet est le moi ou son intérieur.

Nous avons trouvé déjà la réponse à cette question (34 et ss.). Je me reconnais immédiatement dans la vision primordiale: moi, avec une certitude inébranlable; j'y distingue, à dire vrai, *moi, le connaissant*, de *moi, le connu* (36); mais je sais sur-le-champ qu'aux deux points de vue je suis le même être.*) Cette vision supra-sensible est absolue, elle est une vision partielle de l'Etre, selon la terminologie proposée (196). Puisqu'elle est absolument certaine, en elle réside le droit de regarder comme légitimes toutes les pensées non-sensibles particulières des objets qu'elle renferme, que le moi sait être à et en soi, sous la forme de l'évidence intuitive (40): aussi vrai que je me connais, aussi vrai que j'ai la vision de moi-même, dans laquelle est inhérent et fondé tout ce que je me vois être ultérieurement. De là résulte la possibilité de développer avec certitude la science propre du moi dans sa profondeur intime.

199. Venons à la seconde partie du problème: Comment parvenons-nous à attribuer légitimité à nos pensées supra-sensibles d'êtres et d'essences qui sont au dehors du moi, à trouver et adopter un caractère distinctif général, un *criterium* de la vérité des pensées non-sensibles transcen-

---

*) Aussi le scepticisme critique respecte-t-il les faits de la conscience, qui sont saisis directement par la pensée, à la différence des objets du monde extérieur, que la pensée ne discerne que par l'intermédiaire des sens. On ne se ment pas à soi-même, quand on cherche sincèrement la vérité.

dantes?*) La solution de cette question est la base de la possibilité de l'organisation scientifique et, au faîte, du droit d'accepter pour vraie et légitime la pensée suprême absolue: *l'Etre* ou *Dieu*. Ce point étant d'une importance capitale, il faut, à son égard, s'abstenir avec soin d'assertions prématurées, ne pas franchir arbitrairement les limites de l'observation interne de l'intelligence.

Reportons-nous à l'essence de la connaissance. La connaissance est (147) un rapport d'union effective du connu, subsistant par soi, avec le connaissant, subsistant aussi par soi-même. Donc, en affirmant la vérité d'une connaissance quelconque, dès lors aussi d'une connaissance non-sensible, on pose en fait que le connu y est précisément lié au connaissant, de telle sorte que le premier soit *effectivement* présent au dernier. C'est ce qui se réalise tout à fait dans la connaissance propre, non-sensible, du moi; mais en est-il de même pour celle d'êtres et d'attributs extérieurs au moi? Il y a lieu de le rechercher.

Toute pensée non-sensible transcendante, considérée purement comme pensée, étant une chose finie, il convient (103) de lui appliquer la notion de fondement; et, comme elle pose un rapport déterminé d'union d'un objet pensé hors du moi avec le moi pensant, il faut s'enquérir du fondement de ses deux termes et de celui de leur relation, c'est-à-dire concevoir un objet *à* et *dans* lequel soient contenus, à la fois, le moi et son union avec ce qu'il connaît comme existant au dehors de lui. L'objet d'une connaissance transcendante étant *non-moi*, le moi seul ne saurait être regardé comme le fondement de cette relation; même dans le cas où elle serait fausse, en tout ou en partie, le moi ne pourrait se dire la raison de la pure pensée d'un objet qu'il ne serait pas lui-même; car un être ne se trouve fondement que de ce qui est *à* et *en* lui. La recherche du fondement d'une pareille connaissance nous amène donc, à l'extérieur et au-dessus du moi, à la conception d'un tout supérieur dans lequel elle soit fondée. Cela ne veut pas dire qu'en apercevant un objet extérieur l'esprit ne concourt point par son activité à rendre sienne cette vi-

*) A prendre pied dans la sphère du non-moi? (*Voy.* 75, *note.*)

sion — personne n'en doute — mais bien que, livré uniquement à lui-même, il n'atteindrait jamais, par sa seule activité propre, à la notion d'un objet posé hors de lui.

En conséquence, quiconque se rallie à la thèse du fondement, que je trouve sans conteste en moi, se voit astreint à raisonner comme suit: Puisque le moi ne peut être la raison d'une pensée quelconque qui le dépasse, à chaque pensée de cette espèce doit être attribué et conçu un fondement extérieur par rapport à lui. Cette conclusion vaut pour chaque pensée transcendante, que son contenu soit fini et relatif ou infini et absolu, et, au faîte, pour la pensée déjà entrevue de l'Etre infini et absolu ou de Dieu, pour la vision de l'Etre. Ainsi, cette dernière doit, en vertu de la notion de fondement, se trouver fondée dans sa matière même, l'Etre infini et absolu, avoir sa cause *dans* et *par* son contenu, c'est-à-dire en Dieu même: ce contenu étant l'entier infini*), excédant toute chose finie, le fondement de cette pensée ne saurait se trouver un objet fini à quelque point de vue. En d'autres termes, par le seul fait de la conscience de la vision de l'Etre universel infini, nous avons la conviction que celle-ci, avec tout ce qui y adhère, avec tout ce qu'elle implique, même en tant qu'elle nous est propre, ne peut avoir son

---

*) L'*infini* signifie: l'*un tout entier*, et l'*absolu* exprime: l'*un complètement propre, parfaitement propre.* Ce qui est *seul entier* est sans aucune limite externe, *absolument infini, proprement entier;* ce qui est *seul propre*, est sans aucune condition, ni relation externe, *infiniment absolu*, *entièrement propre.* Les particules *in* et *ab* qui entrent dans les termes *infinitus* et *absolutus* annoncent une négation: *infini* veut dire, au pied de la lettre: *non-fini, sans fin,* et *absolu* signifie: *dégagé, délié de toute relation, sans condition.* Or, le point de vue négatif suit toujours en réalité la conception affirmative, le négatif est fondé dans l'affirmatif, et, en toute rigueur, les attributs affirmatifs doivent être désignés par des termes affirmatifs: *entier* et *propre.* En conservant les mots *infini* et *absolu*, fruits de l'œuvre analytique de la raison populaire, il faut donc aller au fond de leur signification: La science infinie est la science entière, l'omnicsience; la vérité absolue est la vérité propre. L'infini, l'entier, ne se tire pas du fini, de la partie, mais, au contraire, le fini, la partie, se distingue de l'infini, de l'entier. L'absolu, le propre, ne découle pas du relatif, du subordonné, mais la relation résulte de la propriété.

fondement et sa cause en nous ou dans quelque autre être fini, mais que sa possibilité et sa réalité ne peuvent se concevoir fondées et causées que par son objet, c'est-à-dire par l'Etre même, par Dieu seul.*)

200. Ensuite, puisque l'Etre est pensé, par une nécessité évidente et fatale (161), comme étant à et en soi tout objet, le fondement du moi et de toutes choses hors de lui, il est accepté aussi comme la raison de chaque connaissance, de chaque relation dans laquelle un objet quelconque extérieur est connu par le moi. Puisqu'il est admis comme la cause de la Nature, de l'Esprit et de leur union intime dans l'homme et dans l'Humanité, et que la connaissance de ces

---

*) J'examinerai ici deux objections que l'on soulève fréquemment contre la pensée de Dieu.

Pour nombre d'esprits, elle est un préjugé entretenu par l'éducation et l'enseignement. On conviendra cependant que, pour notre part, nous ne l'avons pas introduite dans la conscience comme une hypothèse prématurée; mais, au contraire, nous l'avons trouvée fatalement sur notre route, dans l'intelligence même. Et puis, une hypothèse prématurée par jugement anticipé n'est point toujours, pour cela, une hypothèse erronée par jugement faux. Beaucoup, la plupart peut-être des hommes, je le veux bien, n'accueillent encore la pensée de Dieu que comme pressentiment, en suite d'un enseignement étranger; mais, par l'effort scientifique, ce pressentiment peut se transformer en savoir. Où donc les pasteurs des peuples ont-ils puisé, et puisent-ils cette pensée? Les premiers ont, à coup sûr, dû la trouver en eux-mêmes, elle a dû luire à leur conscience sans leçon d'aucun maître. Comment, au surplus, une intelligence quelconque pourrait-elle accueillir en soi une pensée enseignée, s'il n'était conforme à son essence de la concevoir?

D'autre part, l'assertion que notre pensée de l'*Etre* ou de *Dieu* doit s'envisager comme fondée et causée par l'Etre même, pose seulement qu'elle l'est *en général*, qu'elle est empreinte dans l'esprit *selon* la causalité infinie et absolue. Je ne prétends point que Dieu se soit montré ou se montre individuellement, se manifeste, à un moment donné, sous une forme sensible, à ceux qui en nourrissent la pensée; je ne soutiens pas non plus le contraire; car ce n'est qu'après avoir consacré à cet objet un examen scientifique approfondi, qu'il nous sera possible de décider si l'Etre universel, l'Etre entier infini, se révèle et apparaît aussi, comme un individu fini, en un lieu déterminé de l'espace et à un instant du temps, à certains esprits privilégiés.

êtres fondamentaux, pour autant qu'ils sont au dehors du moi fini, est aussi un attribut de ce dernier être conçu comme fondé en Dieu, chacun envisage Dieu comme la raison et la cause de toutes ses pensées non-sensibles transcendantes, et certifie que les objets dont il saisit l'existence au dehors de soi, doivent être discernés tels qu'ils sont fondés et causés en Dieu. Je n'avance point, d'ailleurs, qu'une pareille connaissance scientifique soit accessible à nos moyens, mais on m'accordera qu'elle ne saurait se concevoir autrement.

De là ressort que la vision de l'Etre est l'objet permanent de notre conscience, le fondement éternel de toutes nos pensées et de leur légitimité. Certes, cette vision n'est pas toujours nette et précise; mais ce fait ne contredit nullement notre thèse, la non-connaissance d'une cause ne témoignant en aucune façon de sa non-existence. L'intelligence, au contraire, parvenue à la pure et pleine conscience de la pensée de Dieu et de ses rapports avec les connaissances finies, l'aperçoit comme le phare qui les éclaire; bien qu'une nuit partielle l'enveloppe encore et que des nuages en voilent peut-être la pure et sereine clarté.

C. Les caractères principaux de la vision de l'Etre ou de Dieu.

201. Il ne sera pas inutile de rappeler et de préciser quelques points principaux de la doctrine exposée dans les pages précédentes.

C'est en nous basant sur la notion de fondement*), avec son concours, que nous avons atteint (161) à la pensée de l'Etre infini et absolu, raison et cause du moi dans son ensemble, de toutes ses connaissances, et, en dernier ressort, de sa connaissance même de cet Etre. Mais, cela ne veut point dire (162) que la notion de fondement soit elle-même le fondement de la pensée de Dieu; elle a été un simple moyen, occasionnel et subjectif, de remettre celle-ci en lumière. Bien au contraire, dès qu'on se rend compte de la vision de l'Etre dans sa pureté et sa valeur réelle, on la saisit comme la

---

*) De même que la catégorie de fondement, chaque autre catégorie fournit l'occasion d'initier l'esprit à la pensée fondamentale: l'Etre.

pensée fondamentale de la conscience, et l'on constate que la propriété spéciale de se trouver cause et fondement coexiste en elle avec d'autres attributs subséquents, que nous développerons dans la partie synthétique de la science.

Précisons ce fait. Un être, avons-nous dit (104), est fondement à l'égard de ce qui est *à* et *en* lui; il devient cause en tant que raison ou fondement déterminant, selon sa propre essence, l'essence de ce qui se trouve fondé en lui. Les deux termes du rapport de raison sont donc: premièrement, le tout auquel et dans lequel apparaît le fondé; secondement, la variété des objets particuliers, distincts et unis, d'essence conforme à la sienne, qu'il est *à* et *en* soi. Il appert de là que ce rapport s'applique à chaque chose finie; car un objet fini, limité, est *à* ou *dans* un autre. Or, la notion de fondement et le fondement même, comme rapport de l'essence partielle à l'essence totale, sont des choses finies et déterminées; conséquemment, d'après son idée, ce rapport s'applique à soi-même; l'esprit s'enquiert du fondement du fondement, du pourquoi du pourquoi, de la cause de la cause, c'est-à-dire demande l'Etre qui ait à soi l'attribut de se manifester dernier fondement et dernière cause. Aussi, nous l'avons signalé déjà (107), pour établir cette notion dans sa vérité et sa légitimité, l'intelligence doit s'élever à la pensée d'un être infini et absolu, saisi non comme fondé à son tour, mais comme la raison *absolue* et, par suite, la raison du rapport de fondement. C'est alors seulement qu'elle comprend la légitimité d'appliquer ce rapport, d'une manière générale, à tous les objets finis qui sont à et dans cet être.

202. De la découlent les remarques suivantes.

La vision de fondement est nécessairement saisie comme partie intrinsèque de la vision de l'Etre, et celle-ci satisfait pleinement l'intelligence à la recherche de la raison du fondement.

203. La pensée: *fondement*, présuppose celle de l'Etre entier infini, et non, réciproquement, la notion de l'Etre celle de fondement (201). On n'atteint point à la vision de Dieu *par* celle du fondement; mais, au contraire, la pensée du fondement est fondée elle-même dans la pensée de Dieu. Tel est, en cette matière, l'ordre effectif de la connaissance; la con-

science réfléchie erre, lorsqu'elle se propose de fonder la connaissance de l'Etre sur quelque autre objet, lorsqu'elle s'efforce, en s'appuyant sur des objets finis, de démontrer l'essence ou l'existence de Dieu*); car une démonstration exige un principe et un fondement de démonstration, et, justement, le fondement de fait et de démonstration est l'Etre même. La notion de fondement et de cause ne saurait donc constituer qu'un moyen concomitant de ramener l'esprit à la pensée de Dieu, et ce moyen est fourni par Dieu même.

204. Dieu est pensé sans fondement ni cause, c'est-à-dire n'est fondé sous aucun point de vue, puisqu'il est, au contraire, le seul fondement complet. De plus, Dieu n'est point conçu uniquement comme fondement et cause; mais ce n'est là qu'un de ses attributs, comme nous venons de le dire. Il est dépourvu de sens de s'enquérir du fondement effectif de l'Etre infini, de demander pourquoi Dieu existe, pourquoi *l'Etre est.* Cette question supprime l'essence et la légitimité du fondement même, qui a sa cause dans l'Etre.

205. Dieu seul est pensé aussi comme le fondement général de la connaissance, comme la cause universelle du savoir humain. Il est, d'abord, la raison de la connaissance propre du moi; car l'Etre infini, considéré comme le fondement de tout le moi, l'est aussi de son intérieur et de ses particularités. Etant conçu comme la raison du moi et de son savoir, il l'est de la relation dans laquelle le moi le reconnaît; dès lors, comme la cause de chaque connaissance relative aux êtres finis qui sont en lui et au dehors du moi, à la Nature, à l'Esprit et à l'Humanité. Etant en soi la Nature et l'Esprit, il est regardé comme la cause de leur union dans

---

*) Vouloir tirer l'universel d'un fondement fini, disait *Kant* en plaisantant, c'est vouloir exprimer de l'eau d'une pierre ponce: *ex pumice aquam.* La partie, le fini, a son fondement dans l'entier, l'infini, mais non l'infini dans le fini. Le fini se distingue dans l'infini, mais non l'infini dans le fini. Aussi, dans toutes les soi-disant démonstrations de l'existence de Dieu, emploie-t-on des arguments dont la certitude dépend de la thèse même qui est à démontrer, à savoir la valeur universelle du principe de causalité. Or, ce n'est qu'en voyant l'Etre qu'on saisit que tout a une cause: Dieu même. *(Note du traducteur.)*

l'Humanité, par suite, de l'union de chaque esprit avec son corps et de la relation particulière de l'esprit avec le corps, qu'on appelle la connaissance du corps. Ainsi, Dieu est pensé, en général, comme le fondement de la connaissance à tout point de vue: d'abord, comme le fondement effectif de l'objet de celle-ci, puis, comme le fondement effectif de la faculté et de l'activité du sujet connaissant, enfin, comme le fondement effectif de cette union du connaissant et du connu, qui est l'aperception de l'objet par le sujet.

206. La pensée que Dieu est sans fondement, mais se trouve, au contraire, dans son intérieur, le seul fondement (201, 202), implique, avons-nous dit (203), la pensée que, de même, la connaissance de Dieu, comme telle, n'a aucun fondement de démonstration *externe*, étranger à son objet; l'Etre n'ayant point de cause, la connaissance de l'Etre ne peut non plus reposer sur un fondement de connaissance *extérieur à lui*. Si donc la vision de Dieu est reconnue vraie, elle doit l'être sans condition, à première vue; sa vérité ne saurait s'établir sur aucune démonstration. Bien entendu, cela ne signifie pas que la notion que le moi se forme de Dieu, en tant qu'elle est un attribut subjectif du moi, n'a point de fondement; au contraire, comme telle, cette notion se trouve limitée temporellement, et n'est pas reçue dans la conscience sans le concours de l'activité de la pensée; de plus, en cette qualité, elle est, ainsi que chaque objet fini, causée par Dieu. Il importe donc, en cette matière, de distinguer le fondement objectif qui inclut une vérité, indépendamment du sujet, et la raison subjective, personnelle, de la présence de cette vérité dans la conscience; la pensée: *Dieu*, doit être acceptée comme absolue, non fondée, selon son objet; mais, au point de vue de l'esprit pensant, du sujet, elle a fondement et cause: Dieu même.

207. Nous avons conçu Dieu comme l'un seul et même être infini ou, suivant l'expression commune, comme existant absolument, sans condition; de plus, nous avons remarqué que (170) l'existence absolue contient en et sous soi ses modalités distinctes. D'après cela, on ne peut dire que l'existence de Dieu soit uniquement temporelle, comme l'est celle d'un objet qui se modifie et se développe avec le temps; ni

purement éternelle, intemporelle, comme l'est celle de l'idée pure qui plane au-dessus du réel; ni simplement suprême, dominant à la fois l'existence temporelle et l'existence éternelle; mais l'existence de l'Etre est pensée primitivement comme l'existence, l'essence posée une, propre et entière, antérieure et supérieure à ces modalités opposées. Cependant, puisque Dieu est aussi saisi comme étant en et sous soi tout le fini qui existe, les manières d'être subséquentes s'affirment aussi comme fusionnées et ordonnées en et sous lui.

Le problème de la légitimité, de la valeur objective ne saurait donc se poser à l'égard de la pensée: *l'Etre, Dieu*, ou de l'essence infinie, de la même manière que pour la pensée d'un objet fini; par exemple, de la façon dont *Kant* le comprend (163), lorsqu'il dit: „Par le fait que je pense Dieu, je n'acquiers la certitude de son existence, pas plus qu'en imaginant un mont d'or, je n'acquiers de l'or". La raison pour laquelle, à propos de cet objet fini: un mont d'or, on peut et l'on doit s'enquérir de sa valeur objective, de son existence externe, c'est que pareil objet est susceptible d'exister, que son essence peut être posée soit dans l'imagination, soit dans le monde extérieur. Discernant ainsi, à l'égard des choses finies, des domaines particuliers divers de l'existence, on soulève à juste titre la question: La création de la fantaisie a-t-elle sa pareille au dehors, dans la sphère de la Nature, existe-t-elle aussi extérieurement? Mais, par rapport à l'Etre, cette demande n'a aucun sens, puisque les manières d'être spéciales sont, de prime abord, pensées comme enveloppées en lui; le monde de la fantaisie, aussi bien que l'univers sensible externe, chacun avec son existence propre, sont, dès la première vue, trouvés en l'Etre; et l'esprit qui s'enquiert de la légitimité effective de sa pensée de Dieu, se voit lui-même, avec sa question, contenu dans l'Etre. Conséquemment, si l'on demande: l'existence est-elle un attribut de Dieu? on doit comprendre cette interrogation d'une manière absolue; elle revient à la suivante: l'Etre a-t-il à soi l'existence, a-t-il essence posée. Tout homme qui réfléchit n'hésitera pas à y répondre affirmativement, à convenir que l'essence absolue ne sait être conçue sans la position absolue, et, dès lors, sans l'existence absolue, puisqu'elle est tout, sans restriction. C'est pourquoi, en ce qui concerne la pensée absolue: *l'Etre*, on ne peut songer à reconnaître d'abord son essence, puis son existence, comme si l'essence savait être pensée sans l'existence, pouvait ne pas être posée; mais on agite à bon droit la question de savoir si l'esprit pensant *peut déterminer l'essence* de Dieu.*)

208. Les pensées et les connaissances non-sensibles, avons-nous vu (200), qu'elles se rapportent au moi ou à un objet placé au dehors, à côté, au-dessus de lui, sont contenues subordinément dans la pensée une absolue: l'Etre infini. En cette dernière réside, au surplus, le fondement de la conviction de la légitimité objective de toutes nos connaissances; par suite aussi, de l'ensemble des connaissances expérimentales dans la vie (63); car elle implique que l'Etre est et embrasse tous les êtres d'espèces particulières, les fonde, les cause, les détermine, et, dès lors, apparaît aussi le fondement et la cause de la relation spéciale, appelée connaissance, qui s'établit entre les sujets connaissants et les objets connus.

Dans et sous cette pensée de Dieu; nous trouvons donc englobés la vision primordiale du moi et ce que l'analyse y a découvert jusqu'ici; nous y concevons *médiatement* ce qui semblait auparavant donné *immédiatement*: le moi, les catégories, les esprits, les corps, le monde externe, notre propre vision de l'Etre, puisque ces objets existent fondés, causés et conditionnés dans et par Dieu. Aussi, quiconque a compris clairement cette pensée, la reconnaît-il comme la seule *immédiate*; son objet seul, l'Etre, est saisi tout d'un coup, purement un, propre, entier, c'est-à-dire infini et absolu. C'est pourquoi, bien qu'au point de vue du sujet, la vision primordiale du moi ait, sans plus, la certitude à soi (34 et ss.), on ne saurait cependant la considérer comme immédiatement certaine *objectivement*, dans son objet, mais *le fait* qu'elle est

*) D'ailleurs, en vertu de l'homogénéité de l'essence de l'Etre, aucune notion considérée dans sa modalité absolue, aucune notion *absolue* ou *indéterminée*: Dieu, homme, moi, etc., ne peut être erronée; elle ne peut le devenir que si on la détermine, si l'on y joint une affirmation ou une négation, c'est-à-dire un jugement. *(Note du traducteur.)*

évidente pour nous est lui-même conditionné dans et par Dieu.

209. La pensée: *l'Etre*, n'est point (201 et ss.), quant à son contenu, susceptible de démonstration; c'est l'Etre, au contraire, que nous concevons comme le fondement de toute preuve, et même de tout doute qui se manifeste dans la conscience humaine. Il nous est impossible de former, comme on dit, une notion *supérieure* à celle-là. Cependant, en toute rigueur, de cette pensée considérée *à elle-même*, on ne peut exprimer l'attribut: *supérieur, élevé;* ce qui est supérieur se trouve dans un certain rang avec d'autres choses qui sont moins élevées; or, l'Etre n'occupe aucun *rang* parmi les êtres; il n'est ni le premier, ni le dernier anneau de la chaîne des êtres; il est tous ceux-ci également. Par suite, la vision de Dieu ne saurait se prendre comme le terme suprême d'une suite de pensées, comme une conception grande ou profonde*), puisqu'elle est *absolue*; mais, lorsque nous envisageons cette notion comme *nôtre* et par rapport à *nos* pensées du fini, nous reconnaissons qu'elle est *au-dessus* de ces dernières et les enveloppe, que son objet, Dieu, en tant qu'on a égard aux choses finies qui sont dans, sous et par lui, se trouve aussi l'*Etre suprême*, qui les domine et les régit.**)

210. Assurément la vision de Dieu, comme *l'unique entière*, n'est pas continuellement présente à notre conscience au cours de l'évolution de notre activité intellectuelle; elle est souvent interrompue par la considération des choses finies. Néanmoins, il ne faut point perdre de vue que toutes nos

---

*) On ne peut dire non plus que la pensée de Dieu soit à saisir sous une, sous plusieurs ou sous toutes les faces; elle est plutôt *sans faces*, puisqu'elle est la pensée une et *entière*. Elle ne réclame point un examen ardu, sous des points de vue et des aspects divers; car tous les points de vue et les aspects quelconques ne se discernent que dans son unité et son absoluité. Aussi, pour y atteindre, n'est-il requis ni talent ni génie extraordinaire, mais seulement la spiritualité une, propre et entière, la pureté et la simplicité de l'âme, qui précède et domine infiniment toute érudition et toute élévation de génie.

**) Comme l'homme, dans l'unité suprême et sous les limites de son essence, domine et régit l'organisme fini qui est en, sous et par lui, sans être situé, pour cela, hors de cet organisme.

pensées particulières sont renfermées dans la pensée absolue de l'Etre, puisqu'il n'y a rien hors de lui, qu'il est en, sous et par soi toutes les choses finies; et, à chaque instant, nous pouvons, comme maintenant, en réacquérir la claire conscience.

211. La raison même de ce qu'on s'enquiert de la légitimité de la notion de Dieu réside en elle. C'est en la scrutant que l'on discerne, pour la première fois, comment l'existence une et absolue peut englober les divers modes spéciaux de l'existence; et cette circonstance explique comment l'esprit fini, qui ne distingue pas encore avec précision ces modalités, arrive à se demander si, au dehors de son moi, l'Etre infini et absolu *existe* effectivement. Mais aussitôt que l'intelligence a saisi purement et complètement la pensée de l'Etre, elle le conçoit non comme étranger au moi, mais comme étant et contenant, dans, sous et par soi, le moi avec ses pensées, avec tout ce qu'il est capable de savoir et de produire.

212. Nous sommes donc parvenus au point culminant de la pensée et de la connaissance humaine, à la pensée une, propre, entière, infinie et absolue de l'Etre, qui, eu égard à notre savoir fini, apparaît la *Pensée suprême*; car, même si Dieu pense et connaît, l'objet de sa pensée ne saurait être que soi-même et ce qu'il est à et en soi.

Ainsi, la connaissance de l'Etre, à laquelle s'élève l'esprit fini, est celle que Dieu se forme de soi, s'il est prouvé qu'il se trouve être infini et absolu doué de connaissance, problème à soumettre ultérieurement à l'examen scientifique.*) Bien

*) L'observation du moi dévoile qu'en ce qui nous concerne, la pensée, le sentiment et la volonté sont finis; mais l'on remarque aussi que l'essence même de ces trois facultés ne comporte pas nécessairement la finité, et qu'il est possible de concevoir une connaissance, une émotion et un vouloir infinis. Cette circonstance ne nous autorise point à affirmer, dès à présent, que l'Etre infini et absolu jouisse de l'intimité avec soi-même sous ce triple rapport. Si la prudence scientifique commande de s'abstenir ici de toute assertion à cet égard, afin de ne pas s'exposer à introduire arbitrairement les attributs de l'homme dans l'essence divine, nous ne devons pas moins nous garder de conclure que l'infinité de Dieu est inconciliable avec une nature pensante, affective et volontaire. Sans froisser

entendu, la vision de Dieu n'est saisie et reconnue par l'esprit fini comme semblable à celle dans laquelle Dieu s'aperçoit lui-même que *d'après l'essence pure*, pour autant que l'intelligence finie sait Dieu le seul être infini et absolu; et non au point de vue de tout son contenu, qu'il est donné à Dieu seul de pénétrer entièrement, mais que la pensée humaine est capable d'approfondir sans cesse, sans jamais l'épuiser.

D. Coup d'œil rétrospectif sur l'ensemble de nos recherches.

213. Dans l'introduction, il a été reconnu (14) que la condition nécessaire et capitale pour l'organisation de la science était d'apercevoir une seule et même notion entière, qui apparût de soi comme le fondement unique de toute connaissance, comme le Principe un. Une pareille notion, avons-nous remarqué, a nécessairement pour objet un être infini et absolu, conçu à la fois fondement des choses et fondement de leur connaissance (9). Cette notion ne se révélant point dans la conscience anté-scientifique, nous avons été conduits à observer notre propre conscience, et, au cours de cet examen, se sont présentés la connaissance et son contenu (131, 132). Envisageant la connaissance aux trois points de vue de ses objets, de ses catégories et de ses origines, nous avons vu que la connaissance sensible se borne à la détermination individuelle et temporelle de l'objet, et exige le concours de la connaissance non-sensible (63); car nous n'observons et reconnaissons l'individuel que d'après des idées, d'après les catégories générales. Les catégories, à leur tour, ne savent se comprendre qu'à et dans la pensée une fondamentale: *l'Etre*, et trouvent en elle leur légitimité. Ainsi, la perception sensible et la pensée purement idéale des catégories isolées ne garantissant en fait à l'esprit fini aucune connaissance incontestable d'un objet quelconque hors de lui (175), la certitude de l'existence de la Nature et d'autres esprits, ex-

---

aucune foi religieuse, il nous sera permis de suspendre notre jugement jusqu'au moment où la déduction synthétique entraînera notre conviction.

térieurs à chaque intelligence finie, ne devient évidente pour celle-ci que dans la vision de Dieu. Nous nous sommes rencontrés de cette manière face à face avec la connaissance une, infinie et absolue, qui réunit à soi les attributs exigés du Principe.

Dès lors, tout a été préparé pour la reconnaissance du Principe; les conditions subjectives, intellectuelles, requises ont été posées comme résultats de l'observation pure, par la science du moi développée jusqu'ici. La pensée de l'Etre ou de Dieu a été saisie dans sa pureté (161, 199 et ss.); la notion de fondement expliquée, et reconnue comme ayant son contenu et sa légitimité dans et par cette pensée (201 et ss.).

La catégorie de l'existence a été scrutée dans ses modalités particulières subséquentes (170); ce qui a permis de comprendre et de résoudre le problème de la légitimité objective de la connaissance de l'Etre (199), de montrer pourquoi l'on ne peut soulever la question de l'existence finie à l'égard de Dieu (207).

On s'est rendu compte également de l'essence spéciale de la vision de Dieu, en tant que pensée d'une intelligence bornée, qui ne sait jamais en épuiser le contenu (212), mais qui, dans les limites de sa finité, se reconnaît néanmoins apte à en saisir l'ensemble. Au surplus, nous avons confessé que, par suite de notre limitation, nous étions aussi incapables de connaître parfaitement notre moi ou même l'un de ses organes, un brin d'herbe, un grain de sable, dans leur particularité interne infinie, bien loin de nous dissimuler que la connaissance déterminée de Dieu demeure pour notre intelligence un problème inachevé à jamais. Mais, apercevoir et voir l'Etre infini et absolu, comme tel, est chose tout autre que de le connaître complètement, de le sonder, pour ainsi dire, de pénétrer la profondeur et la plénitude de son essence.

214. Si la pensée absolue, impliquant à ou dans et sous soi toutes les autres, a vérité, ce qui s'y trouve adhérent a vérité également. Or, l'évidence de cette pensée s'impose d'elle-même (199); son objet ne saurait se démontrer, puisqu'il est (209) le fondement de chaque démonstration; la certitude de cette vision se manifeste spontanément et immédiate-

ment à l'esprit, tout comme celle de la vision: moi (34 et ss.), dont l'objet est fini; avec la distinction toutefois que cette dernière, pour l'intelligence parvenue à la conception de Dieu, se montre occasionnée par Dieu même (208), et que la première, par contre, est trouvée *à soi*, complète, et cause elle-même de la certitude de la connaissance du fini à un point de vue quelconque.

Par le fait seul qu'on pense l'Etre d'essence totale, on admet consciemment son existence effective (199); car (207), à cet être l'existence est inséparable de l'essence. Il n'en est point ainsi pour un objet fini: l'esprit est à même d'en définir l'essence, sans avoir pour cela la conviction que cet objet *existe* effectivement. Par exemple, il sait, d'après sa propre essence, se figurer celle d'êtres raisonnables finis; mais de là ne résulte nullement la conviction que des êtres pareils existent objectivement, au dehors de son moi, puisque, pour les objets finis, toutes les modalités de l'existence ne sont point intrinsèques de l'essence.

215. Je me suis efforcé, amis lecteurs, de vous conduire graduellement jusqu'à la pensée suprême; mais là s'arrête mon pouvoir; Dieu seul décidera si mes efforts sont couronnés de succès, s'ils vous auront aidés à l'apercevoir comme l'Etre universel, infini et absolu, comme la Vérité une et propre, s'ils ont soulevé le voile, qui cachait peut-être la richesse de son essence et la splendeur de sa forme. Regardez en vous-mêmes, voyez si vous partagez ma conviction, si vous reconnaissez la pensée fondamentale de l'Etre comme l'évidence première, si vous acceptez Dieu comme Celui qui est à, dans, sous et par soi tout ce qui existe, nous et tous les êtres, et la vision de Dieu comme la connaissance absolue dans et par laquelle se fonde chaque vérité, comme la condition indispensable de l'organisation de la science, la synthèse de l'organisme scientifique entier. Songez que cette vision est un acte éternel de l'Etre suprême, qu'elle n'est ni un don du génie ni un présent de la faveur divine, et que, dès lors, l'esprit réfléchi qui s'observe avec rigueur y atteint infailliblement. Si donc elle vous échappe encore, ne l'attribuez pas à votre impuissance; mais reprenez à nouveau l'examen de vous-mêmes par l'observation pure, développez-

le dans son strict enchaînement jusqu'au point où jaillira la lumière du Principe.*)

II. Analyse du moi comme être affectif ou doué de sentiment.

216. Avant de poursuivre le développement de la science et de la connaissance au cœur de son principe, et afin de déterminer la relation du sentiment avec la pensée de Dieu, il importe d'analyser le moi comme être affectif ou doué de sentiment.

Voici ce que nous observons à ce point de vue: Dans le sentiment, chacun se rend compte du rapport d'union effective d'un objet avec lui-même *comme être entier*, et sent également si cette union favorise son essence ou si elle la contrarie. Si l'union satisfait cette essence, il éprouve plaisir ou joie; si elle y fait obstacle, il subit douleur ou peine. Dans l'émotion, l'esprit ne se distingue pas et n'analyse pas l'objet: les deux termes s'unissent ou se repoussent complètement.

217. Examinons chacun des points prémentionnés. Le sentiment, disons-nous, est l'existence interne d'un rapport, le résultat d'une relation; je *sens* l'objet qui se trouve en relation effective avec moi, l'être sentant. Cet objet peut, d'ailleurs, être le moi même ou quelqu'une de ses particularités, tout comme dans la connaissance l'objet connu peut être le sujet connaissant lui-même; mais l'objet senti peut aussi se trouver différent du sujet affecté, par exemple, dans le sentiment d'amour pour nos semblables, d'admiration pour la magnificence de la nature, de vénération pour l'Etre divin.

218. La relation d'où éclot le sentiment est une union effective intime du senti avec le sentant; non simplement, comme pour la connaissance, une union d'essence propre, dans laquelle les deux êtres en présence affirment avec net-

*) Des religions enseignent que Dieu est *incompréhensible*. Si l'on entend par *comprendre*, enfermer dans les bornes d'une représentation ou d'une image, elles n'ont pas tort, bien qu'elles le construisent souvent, de toutes pièces, à l'image de l'homme, et lui imputent les actes, les sentiments et les faiblesses des êtres finis. Mais la raison ne saisit-elle point l'infinité, c'est-à-dire *l'entièreté complète*, et l'absoluité, c'est-à-dire *la propriété parfaite*? Il est inutile d'indiquer la réponse. *(Note du traducteur.)*

teté leur substance personnelle, et dégagent avec précision leur individualité, mais une union dans laquelle l'essence entière de l'objet senti *pénètre* l'essence entière du sujet qui sent. — Dans la sensation physique, l'objet ne fait qu'un avec l'organisme corporel: lorsqu'on perçoit la lumière, le corps lumineux est lié avec l'organe de la vue selon les procédés naturels de la lumière; lorsqu'on goûte ou odore une substance, qui devient l'occasion d'un sentiment déterminé de saveur ou de dégoût, elle est aussi en union d'essence entière avec l'organe dans lequel se produit la sensation. — Il en est de même pour les sentiments moraux. Pour que nous aimions réellement une personne, ou une idée, la vertu, par exemple, toute leur essence doit se concilier complètement, s'identifier en quelque sorte avec la nôtre. — Bref, le sentiment unit d'une manière intime, tandis que la connaissance unit en maintenant nettement la distinction des termes en relation.*)

219. Dans le sentiment, l'union favorise notre essence ou la contrarie. Dans le premier cas, le sentiment se manifeste comme *plaisir*, dans le second, comme *peine*. — Considérons les sensations corporelles. Lorsque les organes du tact, du goût, de l'odorat, de la vision et de l'audition reçoivent des impressions favorables à leur activité, à leur vie naturelle, ces sens nous procurent *agrément*; lorsque, au contraire, ces impressions sont destructives des organes, en contrarie l'essence, nous éprouvons de la *douleur*. Cependant, dans l'activité de ces sens et, surtout, de ceux de la vision et de l'audition, les sens par excellence de l'intelligence, interviennent aussi les sentiments moraux du bien et du beau, qui ne se laissent nullement confondre avec les sensations physiques. —

220. Examinons la variété interne du sentiment. La première distinction concerne les parties du moi dont les

---

*) L'âme, en tant qu'*affective*, est remuée, agitée, passionnée; elle *pâtit*; elle subit les influences extérieures de l'objet qui l'étreint, dont l'entièreté l'impressionne, lui enlève son indépendance. Dans le sentiment, le sujet est affecté par l'objet, et l'union des deux termes l'emporte sur leur distinction.

états l'occasionnent; c'est ou des états du corps ou des situations de l'esprit; en d'autres termes, les objets du sentiment sont *corporels* ou *intellectuels, physiques* ou *moraux.*

Une seconde distinction se base sur le genre des objets; c'est ou des objets individuels dans le temps, ou des objets non-temporels. Dans le premier cas, le sentiment est *sensible*; dans le second, *non-sensible.* Le non-sensible est triple (193 et ss.); il est ou un objet idéal, d'essence générale et éternelle, ou un objet d'essence suprême, ou un objet d'essence absolue et infinie. D'après cela, les sentiments non-sensibles sont de trois espèces: *éternels, suprêmes* et *absolus.* — Le sentiment que suscite l'idée de la vertu ou de la beauté est éternel; celui que chacun ressent en acquérant la conscience de se déterminer soi-même, librement, comme moi entier, est un sentiment suprême, qui répond à l'essence suprême du moi; celui qui accompagne la vision pure: moi, comme moi absolu, ou la vision de Dieu, est un sentiment absolu, dans lequel ne se manifeste aucune distinction d'essence, suprême, éternelle ou temporelle; le dernier est le *sentiment absolu infini* quant à l'objet, dans lequel n'existe pas même encore l'antithèse du sensible et du non-sensible. —

221. Souvent l'on exprime cette opposition des sentiments sensibles et des sentiments non-sensibles par les dénominations de sentiments *inférieurs* et de sentiments *supérieurs*, et l'on s'accorde ainsi une faculté inférieure et une faculté supérieure de sentir, ou encore, une faculté de sentiment *a posteriori* et une faculté de sentiment *a priori*, tout comme pour la connaissance et la faculté de connaître (179).

Assurément, le sensible, l'individuel est contenu et dominé par l'absolu, puis, déterminé selon l'essence éternelle au sein de l'essence suprême; et, à ce point de vue, ces dénominations sont admissibles. Mais l'on doit se garder de leur signification détournée, de les interpréter comme si les sentiments subordonnés, inférieurs, étaient, par le fait même, *bas*, vils et méprisables, comme si les sentiments sensibles étaient, de leur essence, indignes de l'âme; et comme si, d'autre part, le sentiment absolu de Dieu occupait simplement dans la série le rang suprême, le rang le plus élevé, tandis qu'au contraire, en tant que sentiment infini et absolu, il ne saurait entrer en comparaison ni en rang avec les sentiments finis qu'il enveloppe.

222. Il ne faut pas confondre la division des sentiments en *sensibles* et *non-sensibles* avec leur division en sentiments *physiques* et *moraux*. Un sentiment sensible peut aussi bien être moral que physique, et un sentiment non-sensible ou supra-sensible se rapporter à un objet corporel aussi bien qu'à un objet intellectuel; tel, par exemple, le sentiment supra-sensible qui s'éveille en nous lorsque nous admirons la nature environnante et que nous songeons ensuite à la majesté et à la puissance de la nature infinie et absolue dans son genre.

223. Dans le sentiment sensible se manifeste l'union *vivante*, complètement circonstanciée, d'une chose individuelle et temporelle avec le moi entier.

Pour ce qui concerne les sentiments non-sensibles, il semble, au premier abord, que leur fondement et leur objet ne sont pas aussi immédiatement en la présence de l'esprit. Ainsi, dans le sentiment éveillé en nous par l'idée de la beauté, le beau individuel et actuel ne nous frappe point, comme à l'aspect d'une œuvre d'art exposée à nos yeux; dans le sentiment divin, Dieu n'est pas présent à l'âme selon toute son essence, comme un être sensible réalisé dans le temps. Cependant, en examinant de plus près ces sentiments, on voit qu'ils ont toujours pour condition la vision effective de leur fondement.

224. Les quatre espèces de sentiment, *physique*, *moral*, *sensible* et *non-sensible*, peuvent coexister dans le même sentiment indivis. — Lorsque nous contemplons un beau tableau, nous ressentons immédiatement des sentiments physiques, qui sont d'espèce sensible, tel le plaisir que procurent les effets de lumière et le jeu des couleurs; mais nous éprouvons aussi des sentiments non-sensibles, car la beauté et l'harmonie ne se perçoivent point par les sens du corps; concurremment surgissent des sentiments sensibles moraux, lorsque, reproduisant par l'imagination l'harmonieux ensemble qui impressionne les sens corporels, l'âme s'épanouit; et, si elle le rapporte ensuite à son Créateur infini et absolu, à Dieu, le sentiment devient divin, infini et absolu. —

225. Au point de vue de la position de son objet par rapport au moi, le sentiment est, comme la connaissance, *immanent, transcendant* ou *transcendantal* (179). La pensée de la nature considérée purement à soi suscite en nous les sentiments *transcendants* de la beauté, de la sublimité, de la plénitude de vie de cet être infini; mais la pensée de son union effective avec le moi, par l'entremise des sens du corps, la conscience de la force et de la puissance qu'elle nous confie dans l'organisme corporel, font naître des sentiments *transcendantaux*, résultant de l'union d'un objet extérieur avec notre être.

Pour les sentiments *immanents*, le sentiment entier et suprême, qui les enveloppe et les domine, est celui du moi, de son essence actuelle et de son essence possible, qui accompagne la connaissance de soi comme un même être entier. — Pour les sentiments *transcendants*, le sentiment principal, le plus élevé, est celui de l'Etre suprême, produit et vivifié par la vision de Dieu, régulateur du monde par sa pensée, son sentiment et sa volonté suprême. — Le sentiment un, absolu et infini quant à son objet, est le sentiment de Dieu comme Etre universel, infini et absolu, lequel contient à et dans, sous et par soi tous les sentiments immanents, transcendants et transcendantaux, mais n'est lui-même, au point de vue de son objet et de son fondement, ni interne, ni externe, ni lié extérieurement.

Ainsi, en général, le rapport de l'organisme de nos sentiments avec le sentiment de Dieu, suscité en nous par la vision de l'Etre de tout amour, est semblable au rapport de l'organisme de nos connaissances avec la connaissance de l'Etre de toute vérité.

226. Quelle est la relation du sentiment avec notre activité? D'ordinaire, on signale seulement la réceptivité ou la passivité de l'âme, et l'on perd de vue l'activité spontanée du moi affectif. L'observation rigoureuse montre cependant que dans le sentiment se déploie la spontanéité de l'âme, de même que dans la connaissance intervient l'activité propre de la pensée.

Au rapport des sentiments avec notre activité se rattache leur distinction comme sentiments de *plaisir* ou de *peine*

(219). Si l'union effective de l'être sentant et de l'objet senti se trouve conforme à l'essence du premier, favorise l'épanouissement et la libre expansion de son activité, le sentiment est *agréable*. Si, au contraire, cette union s'oppose à l'essence de l'être sentant, comprime ou annihile son activité, le sentiment est *pénible*.

227. Par le fait même, la tendance nous porte au plaisir et à son objet, et nous détourne de la peine et de sa cause. La tendance persistante vers une chose, dont l'union avec l'âme n'est pas encore accomplie, est le *désir*. Lorsque cette union s'établit, le sentiment devient *contentement, satisfaction, apaisement*. Si nous conjecturons que l'union désirée nous sera dévolue, sans toutefois en être certains, nous avons *espérance* ou *espoir*. L'aversion persistante pour la peine et son objet est l'*horreur*. Lorsque l'union de cet objet d'horreur avec l'âme est inévitable, nous tressaillons *d'effroi*. Si l'union redoutée est seulement possible, nous éprouvons la *crainte*.

Cela ne veut pas dire que, d'une manière générale, toutes nos inclinations et répulsions, tout désir et toute horreur, toute espérance et toute crainte, se rapportent essentiellement au plaisir et à la peine. Ce ne sont point les seuls et essentiels mobiles de l'inclination et de l'aversion; car l'âme est capable aussi d'abnégation, de s'adonner au bien par amour pur du bien.

228. Il nous reste à envisager la relation du sentiment avec la connaissance. Le sentiment a son existence propre, et ne peut se remplacer par aucune connaissance; mais le sentiment et la pensée se complètent mutuellement, et la perfection de l'un a pour condition le perfectionnement de l'autre.

Voyons d'abord à quel point le sentiment est réglé par la pensée, à quel point la culture *du cœur* dépend de celle de *la tête*. Le sentiment, comme tel, comme simple affection particulière de l'être sentant, ne fournit aucune indication sur son fondement; sans la connaissance, il est, dit-on, *aveugle*. — Les sentiments physiques, la jouissance ou la souffrance, ne font point, comme tels, connaître la cause naturelle qui les occasionne; le sentiment esthétique, suscité par l'aspect d'une belle œuvre, ne dévoile pas proprement en quoi réside la beauté qui nous frappe; il en est de même du sentiment moral du bien et du droit. — C'est cette circonstance qui éveille l'activité de la pensée, porte l'esprit à se rendre compte de la raison de ses émotions, et l'amène ainsi à les purifier, les ennoblir et les élever, à régler et modérer la soif des jouissances physiques, à fortifier et redresser les sentiments moraux du beau, du bien, de la justice, à vivifier l'amour absolu de Dieu et du divin et à y conformer les autres émotions.

229. Les sentiments non-sensibles, en particulier, et surtout ceux dont le fondement est extérieur au moi, ne deviennent vivaces que si leurs objets sont connus. — Quel être, par exemple, est plus proche de l'homme que l'homme même? Et cependant, chez les peuples où reste obscure la conscience de l'essence éternelle et de la dignité humaine, l'amour pur de l'humanité est inconnu, les individus traitent leurs semblables comme des choses. — Le sentiment de Dieu et de la perfection divine échappe à l'homme qui n'a pas encore accueilli dans sa conscience la pensée de l'Etre infini et absolu; aussi les sentiments religieux des nations se mesurent-ils à leur conception de l'Etre suprême, et l'on ne peut attendre le développement du véritable amour divin dans l'âme que des progrès de la science de Dieu dans l'intelligence.

230. Il est manifeste par là combien est absurde et dangereuse*) pour l'avancement de la civilisation, la prétention

*) *Malebranche* aussi a reconnu ce qu'il y a de chimérique dans cette thèse, et il s'en est confessé dans le dernier *Entretien sur la métaphysique*: „J'étais dans ce sentiment qu'il fallait absolument bannir la raison de la religion, comme n'étant capable que de la troubler. Mais je reconnais présentement que si nous l'abandonnions aux ennemis de la foi, nous serions bientôt poussés à bout et décriés comme des brutes. Celui qui a la raison de son côté a des armes bien puissantes pour se rendre maître des esprits; car enfin nous sommes tous raisonnables, et essentiellement raisonnables. Et de prétendre se dépouiller de sa raison, comme on se décharge d'un habit de cérémonie, c'est se rendre ridicule et tenter inutilement l'impossible .... Je comprends maintenant que je donnais dans un excès bien dangereux et qui ne faisait pas beaucoup d'honneur à notre sainte religion, fondée par la souveraine raison qui s'est accommodée à nous pour nous rendre plus raisonnables .... Il faut faire servir la métaphysique à la religion ..., et répandre sur

de fonder la connaissance suprême sur un sentiment de foi aveugle et d'édifier la science de l'Etre sur des présomptions vagues et flottantes. Telle est l'origine de la superstition et du fanatisme. Le sentiment peut soutenir, fortifier, échauffer la pensée, mais ne doit point peser sur elle, ni l'égarer. C'est à la science et à la science seule que l'humanité sera redevable de son perfectionnement et de sa félicité; c'est la science qui, par la vision fondamentale de l'Etre, attache l'âme au divin, et, par l'organisation du savoir certain, engendre et nourrit l'organisme des sentiments supra-sensibles; elle seule qui, par la découverte de la vérité éternelle, affermit la volonté et fait régner dans les affections une harmonie semblable à celle des connaissances dans la pensée suprême et absolue.*)

III. Analyse du moi comme être voulant ou doué de volonté.

231. La volonté existe fatalement et continuellement dans l'âme, liée d'une manière indissoluble avec la pensée et le sentiment. Elle est l'activité supérieure par laquelle le

---

les vérités de la foi cette lumière qui sert à rassurer l'esprit et à le mettre bien d'accord avec le cœur."

Leibnitz est précis à ce sujet. „C'est par la raison que nous devons croire. La foi est un ferme assentiment, et l'assentiment réglé comme il faut ne peut être donné que sur de bonnes raisons. Ainsi celui qui croit sans avoir aucune raison de croire, peut être amoureux de ses fantaisies, mais il n'est pas vrai qu'il cherche la vérité, ni qu'il rende une obéissance légitime à son divin maître, qui voudrait qu'il fît usage des facultés dont il l'a enrichi pour le préserver de l'erreur" (*Leibnitz*, Nouveaux essais sur l'entendement humain, l. IV, ch. XVII). (Voy. *Tiberghien*, Logique, t. II, p. 317 et ss.) *(Note du traducteur.)*

*) La science est la première garantie de l'amélioration de l'homme. Elle n'est pas seulement maîtresse de l'intelligence, mais aussi du sentiment et de la volonté, car nos affections et nos résolutions se règlent sur nos convictions et se modifient avec elles. Un jugement droit discerne et commande la droiture dans la conduite; un jugement faux s'accommode, inconsciemment souvent, de toutes les déviations du devoir, de toutes les capitulations de la conscience. Le progrès de la société est en raison directe de la culture intellectuelle des citoyens. L'art et l'industrie, la morale et la religion s'élèvent ou s'abaissent au gré de l'instruction. L'instruction fait la force des peuples et des Etats.

moi, comme être entier, détermine son activité même à réaliser temporellement le bien, c'est-à-dire l'essence des choses. Or, l'activité est causalité temporelle (116); en voulant, le moi se voit donc cause dans le temps, cause de l'accomplissement d'un objet particulier par son activité spéciale. L'objet immédiat de la volonté est l'acte même; c'est par elle que l'homme se décide à diriger ses actions.

Ainsi, la volonté est activité, mais activité à la plus haute puissance, activité déterminante, appliquée à l'activité subséquente qui a pour objet un acte spécifié, la connaissance, par exemple, ou un ouvrage à effectuer dans le monde sensible; elle est la force impulsive et directrice qui préside à tous les actes intellectuels et affectifs.

232. Le moi entier, déterminant sa volonté, se trouve la raison de la direction spéciale qu'il lui imprime. La forme de cette relation du moi entier avec le moi voulant s'appelle *liberté*; et, en ce sens, il s'accorde le *libre arbitre*; il se résoud de soi-même à agir, à réaliser temporellement sa propre essence, c'est-à-dire *son* bien.

A vrai dire, l'être intelligent est, dans sa volonté, libre et spontané, agit de son propre gré (*suā sponte*), sans se laisser influencer par les considérations extérieures; mais la volonté libre tend essentiellement au bien. Elle n'est donc ni sans fondement ni sans loi; sa loi consiste à accomplir le bien, comme l'essence de l'Etre, et la condition indispensable de la libre détermination est la connaissance du bien à vouloir. La volonté se règle d'après la notion de l'objet proposé comme but et comme fin; de là résulte que les actes successifs de l'esprit ne sont pas enchaînés fatalement les uns aux autres, ne dérivent point nécessairement de ceux qui les précédaient; au contraire, ils peuvent varier à chaque instant, selon le but à atteindre et la notion finale de l'objet à effectuer. La *liberté humaine* est donc la forme de la détermination propre de l'homme à diriger ses activités particulières sur des objets spéciaux, selon la loi du bien et conformément à des idées finales arrêtées.

233. Le fond de la volonté est l'essence du moi lui-même, comme *son* bien à réaliser. Cependant, puisque Dieu est aussi en soi l'essence du moi, objet divin subordonné,

nous acquérons la conscience que le bien à effectuer librement est *à soi* l'essence de l'Etre; et la loi de la volonté, la loi *morale*, s'exprime dans ce commandement: *Veuille purement le bien et rien que le bien; accomplis-le en pleine et consciente liberté.*

234. L'âme qui s'est élevée à la conception de cette loi aperçoit les attributs négatifs de la *moralité*. Elle reconnaît que la volonté libre du bien doit s'affranchir des mobiles de plaisir ou de peine, de récompense ou de châtiment, puisque le bien doit être voulu et accompli purement et simplement comme l'essence de l'Etre à réaliser; en d'autres termes, le plaisir ou la peine, la récompense ou le châtiment ne peuvent et ne doivent point déterminer essentiellement la résolution morale, constituer *à soi* le seul but idéal. Le plaisir ou la peine sont les sentiments qui accompagnent implicitement les états conformes ou contraires à l'essence. La récompense est un bien qui s'obtient, parce qu'un autre bien a été voulu et accompli; le châtiment est un mal qui s'encourt, parce qu'un autre mal a été cherché et réalisé. La plaisir et la récompense sont donc indépendants du bien qui doit être fait pour l'amour de soi; la peine et le châtiment, étrangers au mal qu'il faut éviter.

Cependant, bien que les considérations de plaisir ou de peine ne doivent point devenir les motifs déterminants de l'esprit moral, il faut se garder d'en conclure que ces sentiments sont, de leur essence, contraires à l'Etre; car le plaisir est l'indice de l'accomplissement d'une chose conforme à l'essence, et la peine, le signe de la réalisation d'un état qui contrarie la vie. C'est donc un attribut de l'âme finie de goûter le plaisir comme d'endurer la peine. Du reste, ces sentiments portant bien au-delà de ce qui nous est connu, l'esprit moral est forcé d'y avoir égard en beaucoup de circonstances, où le discernement immédiat de l'essence fait défaut. Ainsi, les sentiments physiques de jouissance ou de souffrance concourent à la conservation du corps, parce que les lois qui président à sa vie nous sont encore imparfaitement connues; le sentiment de malaise, surtout, nous avertit du danger qui le menace. Et, puisque le *bien-être* est le compagnon obligé de la vie florissante et prospère, il est évident que l'esprit raisonnable ne doit pas avoir honte du bonheur pur; la loi morale et la moralité ne sont point ennemies de la joie qui accompagne le bien, et n'ordonnent ni la douleur sans but ni la macération contraire à la raison; elles exigent seulement que le plaisir et la peine ne deviennent pas le fondement déterminant, général et unique, de la volonté libre, mais restent des motifs déterminants auxiliaires et subordonnés.

La raison déterminante de la volonté morale est aussi indépendante du mérite ou du démérite, du succès ou de l'insuccès de ses efforts; l'âme se résoud au bien, le veut de toutes ses forces, par la seule considération qu'il est moralement ordonné; la récompense ou la punition, la réussite de son labeur, au contraire, dépendent du concours des circonstances et de la causalité éternelle et temporelle de Dieu. Par suite, il n'est pas indispensable, pour la pure résolution morale, de savoir si l'esprit fini vivra ou non, sans fin dans le temps, comme être individuel et personnel, puisque l'obligation au bien est fondée dans son essence même et sur la conscience qu'il a de se trouver contraint à vivre et à agir; lorsqu'il s'est élevé à la moralité pure, il reconnaît de son devoir de vouloir et d'accomplir le bien, quand même il devrait se voir bientôt plongé dans le néant. Je n'entends point par là que nous puissions concevoir l'idée de l'anéantissement de l'individualité, ni que l'observation des faits la suggère, ni qu'au point de vue de la morale il soit indifférent de discerner ou non l'immortalité de l'âme individuelle; je soutiens seulement que, pour obéir à chaque instant donné aux commandements de la morale, il n'est point nécessaire de se préoccuper du passé et de l'avenir infinis de l'individualité.

235. Après avoir examiné la volonté, en général, selon son essence et sa forme, il convient de l'analyser dans sa variété interne. La volonté du bien est, à soi, une et *absolue*; en tant que l'esprit fini le conçoit comme l'essence de la vie, il se détermine, une fois pour toutes, complètement et généralement, à n'accomplir que le bien; il affirme ainsi sa volonté *suprême*, souveraine, dans laquelle il distingue la volonté *éternelle* et *idéale* du bien un, dont la conscience de sa dignité morale lui révèle la valeur pour tous les temps, pour toutes les relations et les situations de la vie. De plus, il doit se

déterminer individuellement, d'une manière définie, à chaque instant du temps; il ne sait effectuer le bien en général, globalement, mais seulement en particulier, sous une forme circonstanciée; la volonté suprême se manifeste donc aussi comme volonté *temporelle*, par laquelle l'être raisonnable se décide, d'après la condition de sa vie, au bien spécial et individuel qui convient précisément et uniquement à la situation actuelle présente, ou, à faire, comme on dit, pour *le mieux*.*)

Mais, pour que la volonté éternelle du bien en général s'attache à accomplir sous forme individuelle un bien particulier, l'activité réglée de l'âme est elle-même requise; l'âme moralement libre doit dominer toute sa situation spéciale, peser avec prudence, délibérer et s'arrêter à ce qui, dans la circonstance donnée, est le bien qui s'impose, que commandent la sagesse, l'entente et la pratique de la vie.

Deuxième section.

Chapitre unique.

Le rapport du moi et de l'univers avec l'Etre ou Dieu.

Avant-propos.

236. Nous avons résolu, dans une mesure suffisante pour notre but, le triple problème que nous nous étions proposé (144): analyser le moi comme pensée, sentiment et volonté.

---

*) Cette expression est exacte, si ce superlatif ne désigne pas essentiellement le plus haut degré, mais plutôt l'essence une, propre et entière, la plénitude et la perfection de l'essence; alors, *le mieux* signifie ce qui est bien dans toute son essence spéciale, le bien qui s'adapte exactement à notre nature individuelle présente. Comme le superlatif exprime, d'ordinaire, le plus haut degré, cette expression pourrait donner lieu à une interprétation erronée et faire supposer que le bien serait susceptible de degrés divers, qu'une chose pourrait être *plus que bien*, que *le mieux* serait un troisième terme à ajouter au bien et au mal.

Quel doit être, selon notre plan, l'objet de nos prochaines recherches? Les considérations suivantes l'indiqueront. Nous nous sommes reconnus finis, et, au dehors de nous, nous avons rencontré d'autres êtres raisonnables finis, puis la Nature, l'Esprit, l'Humanité et, au-dessus de tout, l'Etre ou Dieu. De là surgit le problème: *rassembler et coordonner subordinément, dans la pensée absolue et fondamentale de l'Etre, ce qu'a révélé l'examen analytique du moi et ce que celui-ci a observé au dehors de son être, grâce à la vision propre de soi*; en d'autres termes, *définir le rapport du moi et de l'univers avec Dieu, et, par son entremise, la relation du moi avec l'univers.*

237. Cette théorie est encore *analytique*, c'est-à-dire procède uniquement par l'intuition interne. Elle n'est pas encore *synthétique*, c'est-à-dire démonstrative, déduite du Principe ou fondée dans la vision de l'Etre.

D'abord, en effet, c'est seulement en partant du moi, en observant ses pensées, que nous avons trouvé sur notre chemin les notions des êtres supérieurs en Dieu, de la Nature, de l'Esprit et de l'Humanité; nous ne savons donc encore que les subordonner à la vision fondamentale de l'Etre, les éclairer à la lumière du Principe, et non les déduire ou les établir scientifiquement dans l'essence de ce dernier.

Ensuite, nous avons, il est vrai, par l'examen de notre conscience, entrevu les attributs principaux ou les catégories des choses (164 et ss.) et pensé que l'Etre infini et absolu est ou a lui-même ces catégories, puisqu'il est *un seul et même être entier*. Mais nous n'avons pas encore approfondi, au sein de la notion fondamentale de l'Etre, la variété interne complète du système des attributs divins, de manière à savoir *déduire* et déterminer rationnellement, d'après ce système, la relation du moi et des êtres de l'univers avec Dieu.

L'exposition systématique des catégories de l'Etre sera donc la suite naturelle de la science analytique et la première partie de la science synthétique. Jusque là, nous ne pouvons reconnaître le rapport du moi et de l'univers avec Dieu que dans la mesure où le permet la simple vision de l'Etre infini et suprême, comme telle.

Le rapport du moi et de l'univers avec Dieu.

238. Le terme absolu de ce rapport est la vision pure et complète de l'Etre ou du Principe, et le terme subséquent, tout ce que, au cours de notre marche analytique et ascendante, nous avons observé et consigné à l'égard du moi et de l'univers. Rapprochant ces deux termes, l'esprit formule les conclusions suivantes.

239. Premièrement, *Dieu est* ***en soi*** *l'univers comme l'être entier d'union, l'être harmonique parfait de tous les êtres finis à quelque point de vue.* Pour comprendre clairement cette proposition, il faut définir d'abord: *l'univers,* et ensuite la signification de la préposition: *en* ou *dans.*

240. On entend souvent par l'*univers,* l'ensemble des êtres finis ou la totalité des choses, le tout collectif ou le sommaire des êtres actifs et passifs qui existent, sans le considérer comme ayant unité d'essence, comme un même entier originaire, antérieur et supérieur à ses parties. Cependant il apparaît déjà à la conscience anté-scientifique, non comme une simple somme, une collection, un amalgame, un fouillis de choses mortes, un chaos, mais comme un ensemble uni harmoniquement, plein de proportion et de mesure, dans lequel tout se trouve ordonné, tout vit suivant une loi. On l'appelle alors le *monde, mundus,* expression qui implique l'idée de la pureté, de l'indépendance, de la perfection, *cosmos, κόσμος,* terme qui renferme l'idée de l'organisation parfaite, harmonique. Le mot *universum* exprime que tout est contenu et vit en unité (*quod omnia vertuntur in uno*).

Pour nous, l'univers est l'ensemble uni intégralement de tous les êtres avec tous leurs attributs, finis sous quelque rapport; ensemble qui, par suite, enveloppe aussi la Nature, l'Esprit et l'Humanité, infinis dans leur genre, mais finis cependant à ce point de vue: que tous trois se trouvent *dans l'Etre* et que chacun n'est aucun des autres. L'univers n'est point une simple pluralité collective, mais l'harmonie de ces trois êtres, qui se manifestent dans notre conscience l'un *en, avec* et *par* l'autre; et il reçoit sa complète détermination, lorsqu'il est reconnu comme étant *en* Dieu, distingué avec netteté de Dieu, et lorsqu'on saisit son rapport *avec* Dieu.

De cette définition résulte à l'évidence que l'univers ou le monde ne peut être identifié avec Dieu, puisqu'il n'est point l'Etre ou le Principe, mais, au contraire, fondé *dans* le Principe.*)

241. Précisons maintenant la signification du mot *en* dans la proposition: Dieu est *en* soi l'univers et le moi. Conformément à notre terminologie (39), envisageant des êtres et des essences finis, nous employons ici *en*, pour exprimer que le tout suprême est, en tant que parties, ces objets finis; ceux-ci étant, comme parties, semblables au tout selon l'essence pure, mais aussi limités, et cela de telle sorte que la limite, qui leur est commune avec le tout, ne borne ou ne circonscrit point cependant ce dernier, comme tel. — L'on dit d'une production naturelle, du Soleil, par exemple, qu'il est *dans* la Nature; ce qui implique les pensées coordonnées suivantes: le Soleil est un objet fini, il est une partie de son tout supérieur, la Nature; il est, selon son essence pure, de même espèce que celle-ci; mais il est limité, et sa limite le différencie de la Nature entière, en l'unissant toutefois avec elle; cette limite borne le Soleil seulement et ne circonscrit point toute la Nature, comme telle. — De même, si l'on se figure une sphère *dans* l'espace infini, l'espace infini est cette sphère, mais il n'est point *rien que* cette sphère; il l'est quant à l'une de ses parties; cette sphère est, de son essence pure, semblable à l'espace; comme lui, continue et étendue suivant trois dimensions; mais elle est délimitée par une surface de courbure uniforme, qui, reliant l'étendue sphérique à l'espace immédiatement extérieur, ne limite pas cependant celui-ci. — Pareillement encore, lorsqu'on dit: le moi ou l'être raisonnable fini est *en* Dieu, on exprime les mêmes idées, et l'on n'entend pas que le moi soit l'égal de Dieu ou Dieu lui-même. — Cela ne signifie non plus que le moi est

*) J'ai moi-même, dans le *Précis du système de la philosophie* (1804) fait cette confusion et employé, comme d'autres philosophes, les termes: *Dieu* et *Univers*, en leur attribuant des significations équivalentes. Cette confusion a amené souvent des méprises et peut blesser le sentiment de la piété. Néanmoins, en matière de philosophie, il convient d'aller au fond de la pensée des auteurs, de ne pas s'attacher uniquement aux mots, ni apprécier les idées des philosophes d'après une terminologie qui n'est pas la leur.

en Dieu selon l'espace. A la vérité, les termes du langage populaire, qui déterminent les rapports des choses sont empruntés de l'étendue, tels sont *dans* (in), *hors* (ex), *à*, *au-dessus*, *sur* (super), *au-dessous*, *sous* (sub), *à côté*, etc.; mais ces mots doivent être pris au figuré, dans une acception supra-sensible, lorsque la science philosophique y recourt pour qualifier les rapports du fini avec l'infini.

242. En ce sens, nous reconnaissons donc que: *Dieu est* ***en***, ***sous*** *et* ***par*** *soi l'univers et tous les êtres finis de l'univers**); car, hors de Dieu, le seul être infini et absolu, il n'est rien. L'Etre est, en soi, ce qui *est*, comme parties de lui-même, contenues, selon les limites particulières de leur essence, *en* et *sous* lui. *Partie* ne fait point allusion ici à des unités limitées, composant ensemble un tout collectif, comme si l'on affirmait que Dieu se compose de portions, en quelque sorte, comme l'univers; *partie* marque un objet interne fini, qui ne peut nullement être identifié avec l'entier, qui, joint à un ou plusieurs autres semblables, ne forme pas le tout, mais existe seulement *en* et *sous* lui, formé *en* lui.**) Nous disons aussi que Dieu est *par* soi l'univers, la préposition: *par*, rappelant le rapport de cause et de fondement infini et absolu.

243. Dans l'assertion que Dieu est en, sous et par soi l'univers, on distingue le tout infini, comme tel, de ses parties, comme telles, on pose que Dieu même, l'Etre infini, est et subsiste *au-dessus* de ses parties organiques internes, au-dessus de l'univers. — Reportons-nous au rapport de la sphère avec l'espace infini: celui-ci n'est pas simplement en soi les sphères, cubes et autres étendues finies imaginables, la collection des volumes finis; mais, comme tout de son espèce, il existe antérieurement et supérieurement aux étendues finies. — De même, le moi renferme beaucoup d'attributs spéciaux et de parties internes, mais il a aussi la conscience de soi en tant que, comme entier, il existe au-dessus de ses parties, les domine et les précède; par exemple, la conscience de se déter-

---

*) *Ex ipso et per ipsum et in ipso sunt omnia.*

**) C'est l'unité entière qui fonde et constitue ses parties, et non les parties qui forment et composent l'unité.

miner dans la volonté; sans doute, le moi est aussi sa volonté, mais il est et subsiste au-dessus de cette faculté. —

Pour marquer ce rapport d'après lequel le tout, l'entier, comme tel, se différencie de ses parties, on se sert du terme: *suprême*, et l'on dit que: Dieu est aussi *l'Etre suprême*, c'est-à-dire que Dieu, en tant qu'infini, existe avant et au-dessus de tout ce qu'il se trouve en, sous et par lui, de l'univers et des êtres raisonnables finis.

244. De là ressort à quel point se justifie l'opinion que l'univers est étranger à Dieu comme Être suprême, que l'Être suprême est distinct de l'univers. L'univers se conçoit *hors* et *sous* Dieu comme Etre suprême, mais concurremment et originairement *dans*, *sous* et *par* Dieu comme l'un seul et même Etre infini. Il y a une distinction radicale à faire entre les deux propositions: l'univers est hors de l'Etre ou de Dieu, base du dualisme, et l'univers est hors de Dieu comme Etre suprême, base de l'harmonie. La première est foncièrement fausse, puisque rien n'est concevable hors de l'Etre universel, puisque la moindre soustraction détruirait son infinité et son absoluité; mais la seconde énonce un attribut fondamental de Dieu, comme de chaque être, du reste. Cette distinction permet de concilier les deux affirmations contradictoires qui se rencontrent à ce sujet dans les diverses écoles de philosophie.*)

245. La relation de l'univers avec Dieu éclaire celle du moi ou de l'intelligence finie avec Dieu. Puisque le moi, comme être fini, se subordonne à l'univers, et que l'univers, en général, est reconnu en Dieu, on pense que Dieu est en, sous et par soi le moi et tous les êtres raisonnables finis. Puisque, en outre, Dieu se conçoit comme le fondement de la

---

*) Au moyen-âge, sous l'influence d'un spiritualisme étroit, par suite d'une conception trop grossière de la nature, les théologiens ont placé le monde hors de Dieu, dans la crainte de compromettre la pureté de l'essence divine par son contact avec la matière. Mais ils n'en continuaient pas moins à affirmer l'infinité de Dieu; seulement ils se mettaient en contradiction avec eux-mêmes, puisque Dieu n'est réellement infini que s'il est l'être entier, s'il contient par conséquent aussi le monde dans son essence. (Voy. *Tiberghien*, Logique, I, p. 411.) *(Note du traducteur.)*

nature externe, on le juge fondement de l'union de la nature avec le moi et les autres esprits finis, et aussi de leur union mutuelle par l'intermédiaire de la nature.

Si le moi et les êtres de l'univers sont distincts de Dieu comme Etre suprême qui les domine, ils ne sont point hors de Dieu comme seul Etre infini et absolu, et, en tant qu'ils sont dans, sous et par lui, ils participent de son essence. Observons, à ce propos, que la pensée: Dieu est en soi le moi et les esprits finis, se trouve, objectivement et subjectivement, à soi et pour notre intelligence, antérieure à la pensée: nous sommes en Dieu; car la première est évidemment le fondement de la seconde.

246. J'énoncerai encore quelques remarques pour éclaircir notre thèse et éviter des méprises assez communes.

Dieu, disons-nous, est en, sous et par soi le moi et les êtres raisonnables finis, et ceux-ci sont en Dieu; chaque moi limité, ayant à soi les catégories divines de l'unité, de la propriété et de l'entièreté, est l'image finie de Dieu. Cela ne veut pas dire que tous les êtres raisonnables réunis valent Dieu, mais bien, qu'ils sont subordonnés, fondés et causés en Dieu, et distincts de Dieu comme Etre suprême; cela ne signifie non plus qu'ils sont des parties de Dieu, dans le sens qu'on donne ordinairement au mot: *partie*, pour désigner ce qui entre dans un tout collectif; car Dieu n'est ni une collection de fragments ni un amalgame. Le philosophe qui prétendrait édifier Dieu de parties, au lieu de les discerner en lui, ferait comme le géomètre qui s'imaginerait construire l'espace au moyen d'étendues finies, tandis qu'il les sépare, au contraire, du tout. Et adresser ce reproche à notre doctrine équivaudrait à accuser le physiologue qui enseigne que dans le corps humain se trouve, fondé et subordonné au tout, un organisme de membres particuliers, de soutenir par là qu'un de ces membres, la main ou l'œil par exemple, est le corps même.

247. Peut-on appeler notre doctrine le *panthéisme*? D'après la philosophie panthéiste, chaque chose est Dieu, et Dieu n'est que l'ensemble, la collection, l'agrégat, en quelque sorte, des êtres de l'univers; Dieu est l'univers et rien que l'univers, le grand *Tout*, l'universalité des choses. Or, dans

la vision de l'Etre, se manifeste justement l'opposé: rien n'est l'Etre lui-même, l'Etre seul; chaque chose finie est, il est vrai, en Dieu, son fondement et sa cause, mais s'en distingue essentiellement, comme la partie du tout. — Je ne proclame non plus que l'*unité* et l'*entièreté* se valent, que l'*un* est le *tout* et que le *tout* est l'*un*, comme l'enseignait l'école éléatique, ἓν καὶ πᾶν, si l'on interprète cette assertion comme exprimant que l'un et le tout, l'unité et la composition de la variété, sont des pensées d'égale compréhension, bien que les philosophes de cette école aient plutôt entendu par là que l'être un a aussi, *entre autres* propriétés, celle d'être total, que l'unité *englobe* la variété. La vision de l'Etre atteste que l'*un* est essentiellement distinct du tout, puisque la pensée du *tout* a déjà en soi celle de la pluralité, postérieure à celle de l'unité, et, à vrai dire, d'une pluralité d'union harmonique; mais ensuite, on voit aussi que l'Etre, comme un et unique précisément, est *à* ou *en* soi, *sous* et *par* soi, le tout, l'ensemble des choses finies (ἓν ἐν αὐτῷ καὶ δι' αὐτὸ τὸ πᾶν). Notre doctrine pourrait donc s'appeler *Panenthéisme* (πᾶν ἐν Θεῷ). Toutefois, si l'on applique la dénomination vague de *panthéisme* à chaque théorie affirmant que l'univers et l'homme sont en Dieu, de quelque façon, nous pouvons nous rallier à ce panthéisme. Mais, ce n'est point là ce qu'on désigne ordinairement par ce nom, lorsqu'on l'emploie sous forme de blâme, pour condamner la doctrine qui méconnaît Dieu comme Etre suprême conscient, et, par suite, l'existence propre des individus, qui déifie le fini et son ensemble: l'*Univers*, le considère comme Dieu même, comme le *Dieu-monde,* dépourvu de sens intime, et avec laquelle notre panenthéisme n'a rien de commun.

248. La doctrine de la vision de l'Etre s'accorde avec celle du *Christianisme.* D'après l'Ecriture, en effet, l'univers est par Dieu; Dieu se manifeste dans l'univers; l'homme est une image finie de Dieu, est créé à l'image de Dieu; nous existons, vivons et nous mouvons en lui. Les Pères de l'Eglise, *St-Augustin* entre autres, proclament explicitement cette thèse.*)

---

*) „Deus est supra quem, extra quem et sine quo nihil est, sed sub quo et cum quo omne est, quod vere est. — Et omnia igitur sunt

Je n'allègue point cet accord, qui apparaît à quiconque s'est initié au christianisme biblique, pour fortifier notre conviction ou à titre de recommandation pour notre théorie*); je le signale seulement pour montrer le peu de valeur de l'assertion souvent émise, que la science pure, développée logiquement, renverse la doctrine de la Bible et des Pères de l'Eglise. Les théologiens, qui font ce reproche à la science, confondent avec les enseignements primitifs des Ecritures certains dogmes modernes, conséquences de systèmes philosophiques nouveaux, que la raison repousse, et qui professent que Dieu est au dehors de l'univers et que le monde est étranger à Dieu.

249. Occupons-nous maintenant d'un autre point de vue qui se présente dans la vision de l'Etre. En se reconnaissant en Dieu, avec tous les êtres raisonnables finis, l'homme voit conjointement qu'il participe de l'essence divine; il se considère comme un être constitué selon cette essence, dont l'unité est infinie et absolue; il regarde l'Etre comme la raison et la cause de son essence et de son existence; et, bien qu'il se sache le fondement de sa détermination propre au bien en pleine liberté, il discerne cependant que même cette liberté, dont il a la certitude, est causée et fondée en Dieu, par Dieu.

En se soumettant ainsi à Dieu, Principe et Cause suprême, le moi subordonne à la vision absolue de l'Etre la vision primordiale de soi, saisie primitivement par la conscience

---

in ipso, et tamen ipse Deus omnium locus non est" (Soliloq. I, n. 3, 4; de diversis quaest. 20). — „Religet religio nos ei, a quo sumus, per quem sumus, et in quo sumus" (De vera religione c. 55). — La pensée que quelque chose finie serait une partie qui concourt à achever Dieu, *Augustin* la rejette également comme impie: „nihil omnino remanere posse, quod non sit pars Dei? quod si ita est, quis non videat quanta impietas et irreligiositas sequatur, nempe ut quod calcaverit quisque, partem Dei calcet, et in omni animante occidendo pars Dei occidatur" (De civit. Dei IV, 12).

*) La vérité pure subsiste indépendante de *chaque* personnalité finie, de chaque individualité, et, dès lors, ne peut être imposée ni comprimée par aucune autorité extérieure. Qu'une seule ou que des millions de personnes affirment la vérité ou la fausseté d'une chose, la vérité même ne saurait en être affectée: la vraie doctrine ne s'établit qu'en vertu de la décision rendue par la Raison universelle, seule autorité compétente.

dans son évidence immédiate (30 et ss.); acceptant Dieu comme la raison et la cause de toute son essence, il l'admet aussi comme le fondement et la cause de sa connaissance de Dieu et de sa connaissance de soi; il juge que la certitude de cette dernière, immédiate pour la pensée, est cependant, *à soi*, médiate, puisqu'elle est fondée par Dieu et n'acquiert sa complète clarté qu'après avoir été éclairée par la conscience de Dieu. Si donc, au début de notre recherche (40), il a été reconnu que les choses finies sont évidentes pour nous sous la forme: *aussi vrai que je me connais moi-même, aussi vrai que je suis, aussi vrai que je vis*, cette évidence se révélera maintenant dans toute sa force, sous la forme absolue: *aussi vrai que je connais Dieu, aussi vrai que l'Etre est*, ou, comme on dit brièvement, *vrai par Dieu.*

D'une manière analogue, le sentiment de soi doit s'accorder avec le sentiment de Dieu, et revêt alors seulement pureté et dignité.

De même encore, la volonté propre de l'âme est en relation effective avec l'essence divine; car l'âme découvre dans la vision de l'Etre que tout ce qui s'effectue dans la vie des créatures raisonnables doit être divin, qu'ainsi le bien, c'est-à-dire l'essence de la vie qui doit se dérouler, est l'essence de Dieu même, à accomplir dans les limites des moyens de l'intelligence finie.

250. La conscience de sa valeur divine impose à l'âme l'obligation d'être sans cesse imbue de Dieu et de ses rapports divins, dans la pensée, le sentiment et la volonté, dans toute sa vie; de demeurer en intimité avec Dieu et de conformer à celle-ci l'intimité avec soi-même.

Deuxième partie.

La théorie analytique de la connaissance.

Les préceptes de l'organisation de la science.

Avant-propos.

251. Quelle direction devons-nous suivre maintenant dans nos recherches? Quel objet avons-nous à examiner? Pour le découvrir, rappelons succinctement le chemin parcouru jusqu'ici. Le but que nous nous sommes proposé d'atteindre, c'est la science, l'ensemble du savoir certain (1). Partant de la première certitude, la vue primitive de nous-même et procédant à l'intérieur de celle-ci par voie d'analyse, nous avons vu surgir, au cours de l'examen de notre connaissance et de notre pensée, la connaissance fondamentale ou le principe de la science, c'est-à-dire la vision de l'Etre, dont le développement constitue l'organisme scientifique entier. Il importe donc de discerner, avant tout, ce que l'Etre est *à* soi, d'après quels attributs généraux nous le connaissons ou quelles sont ses catégories (164 et ss.). Alors seulement se présentera la question: Comment savons-nous qu'il a *en* soi variété ou qu'il est *en* soi l'univers?

La méthode qui s'impose pour la science de l'Etre est donc semblable à celle qui a été suivie dans la connaissance propre du moi; nous avons dû, en effet, après avoir saisi ce dernier dans sa vision primordiale, nous demander quelles étaient ses catégories fondamentales (45 et ss., 164 et ss.), et passer ensuite à l'examen de sa variété interne, de ce qu'il est *en* soi (51 et ss.).

252. Puisque, dès à présent, tout doit être conçu dans la vision du Principe suprême, que tous les objets doivent *faire un* avec elle, la forme de la certitude du savoir à édifier s'exprimera, comme nous l'avons remarqué déjà (249): *aussi vrai qu'est le Principe.* Cette forme ne sera plus simplement la suivante: *aussi vrai qu'est le moi* (41); car, le moi étant fondé et causé par le Principe, sa science s'affranchit des entraves de sa limitation, et la vérité de son savoir trouve un point d'appui inébranlable dans la vision de sa cause, le Principe de la connaissance, vision qui est à soi immédiatement et absolument certaine (199, 201, 206), et fonde la certitude de ce qu'elle implique et de ce que nous y apercevrons en procédant selon ses lois.

Ainsi fortifiés et sûrs de notre droit, nous sommes en état d'organiser la science, dont nous avons esquissé la notion au début de ce travail (*Introd.*) et réuni les matériaux par l'analyse du moi. Pour achever cette tâche, il y aura, d'abord, à étudier *l'instrument*, c'est-à-dire la faculté de la pensée, ses moyens et ses forces, et, ensuite, à tracer le plan de l'œuvre, c'est-à-dire de la connaissance une et totale de l'Etre. En conséquence, la théorie analytique de la science comprendra deux sections principales: la première, qui embrasse l'examen analytique des lois auxquelles est soumise l'activité du sujet pensant, et qu'on peut appeler la *théorie analytique de la méthode* ou la *Logique subjective**); la seconde, qui développe l'examen analytique du contenu de la science, des lois qui concernent son objet, et que l'on peut nommer la *théorie analytique de l'objet de la connaissance* ou la *Logique objective.***)

---

*) La *logique formelle.*

**) La *logique réelle.*

Première section.

La théorie analytique de la méthode ou Logique subjective.*) — Lois subjectives de la pensée.

Chapitre premier.

La loi de la pensée et de son organisme.

Les catégories générales. — La notion de la Logique.

253. Il est clair que la théorie de la méthode doit débuter par l'examen de la loi de la pensée et de son organisme. Cette loi embrasse ce qui est permanent, immuable, commun à toutes les connaissances. Or, nous avons saisi l'Etre comme le Principe, qui est en soi tout ce qu'il existe de varié et de distinct; par suite, l'Etre même ou Dieu est l'objet permanent, commun à chaque connaissance, au sein duquel chaque chose doit être connue, telle que l'*Etre l'est* en soi (200). Sans doute, dans la conscience anté-scientifique, absorbée par les préoccupations sensibles, l'esprit humain ne se rend pas compte de cette unité supérieure et immuable de sa connaissance et de sa pensée. Mais il n'en est pas moins vrai que la notion de l'unité d'un principe fondamental de son savoir est la condition indispensable de la possibilité de toute l'harmonie de ses connaissances, et, dès qu'il atteint à la pensée de l'Être, il devient évident pour lui qu'elle renferme toutes les autres.**) De là naît l'obligation de déve-

*) La *méthodologie*, suivant l'expression commune. Les auteurs énumèrent une foule de méthodes distinctes: l'analyse, l'intuition, l'observation, l'expérimentation, l'induction, la généralisation, l'abstraction, la synthèse, la déduction, la démonstration, la construction, l'hypothèse, l'heuristique, la dialectique; mais ils ne s'accordent nullement ni sur la valeur ni sur les rapports de ces procédés divers. La méthodologie restait à organiser. *(Note du traducteur.)*

**) L'enfant évidemment n'a pas la conscience scientifique de la catégorie de l'être et de ses catégories subséquentes. Cependant, dès que son attention est appelée sur celles-ci, il les connaît, dans la

lopper celles-ci telles qu'elles sont dans et par leur Principe, de former la science comme l'organisme systématique de l'Être.

Pour établir la loi générale de la pensée et ses lois subordonnées, il faudra donc savoir comment l'essence de Dieu est *à* soi un tout, un entier, qui est *en* soi des essences distinctes. Puisque cette essence est la loi unique de la pensée, les attributs qu'elle implique sont aussi les attributs permanents ou les lois fondamentales de la connaissance, les catégories universelles qui gouvernent l'édification de toute la science.

254. En recherchant d'après quels attributs l'esprit connaît les choses (164 et ss.) nous avons énuméré une partie des catégories que l'on conçoit maintenant à leur fondement, c'est-à-dire au Principe ou à l'Être, à savoir: l'*essence*, l'*unité absolue* d'essence, la *propriété* et l'*entièreté* constituant l'*unité composée* ou *harmonique* de l'essence, et, au-dessus de ces deux aspects, l'*unité suprême* de l'essence. On distingue d'abord l'*Etre* et l'*essence*, ce que l'Etre est; puis, l'essence est pensée comme *une*; à l'*unité absolue*, on discerne l'*unité suprême*, sous laquelle se trouvent coordonnées la *propriété* et l'*entièreté*, réunies de nouveau dans la pensée comme *unité composée* ou *harmonique*. Ces catégories sont celles de chaque objet de la pensée; car, l'Etre ayant en soi similitude d'essence, analogie universelle (173), tout ce qu'il est participe de ces catégories dans les limites de la finité, et ne peut être connu légitimement que d'après elles.

255. Mais l'essence a sa *forme*, elle est *posée*; elle prend *position*; l'Etre et ses objets se posent selon la loi de la *thèse*. La forme ou la position est, à son tour, une, propre et entière, ou *une seule et même entière*.

Dans la *position* ou la *thèse*, on distingue ensuite l'*opposition* ou l'*antithèse*, et la *composition* ou la *synthèse*.

---

mesure de ses forces. Demandez-lui s'il n'est pas vrai qu'une pomme est une pomme et qu'une poire n'est pas une orange, il sera étonné, et comprendra à peine qu'on puisse douter de ces principes; loin de contester les lois de l'être et du non-être, il prendra les arguments des sceptiques pour un pur badinage. (Voy. *Tiberghien*, Logique I, p. 263 et s.) *(Note du traducteur.)*

L'antithèse est la catégorie d'après laquelle chacun de plusieurs objets particuliers est ce que son opposé n'est point, et réciproquement; on l'exprime d'ordinaire par le terme: *différence.* Ainsi, la loi de la thèse contient celle de l'antithèse, selon laquelle le même objet est, dans son intérieur, *différent.* Les deux membres de l'antithèse s'opposent sous la forme de l'*affirmation*, l'*affirmativité*, et de la *négation*, la *négativité*, puisque chacun est proprement ce que l'opposé n'est pas. Après que l'objet a été reconnu d'après sa position ou sa thèse affirmative (*per thesin*), il est à examiner d'après son opposition ou son antithèse interne (*per antithesin*), et les termes de l'antithèse sont à déterminer sous la forme de l'affirmativité et de la négativité réciproques.

Cependant les deux termes d'une antithèse sont conjointement posés en union, de sorte qu'ils subsistent, comme opposés, dans la *composition* ou la *synthèse* (*per synthesin*); s'ils sont en antithèse, ils sont aussi en synthèse; telle, par exemple, l'antithèse de l'esprit et du corps, unis dans leur synthèse: l'homme. Les lois de la thèse et de l'antithèse se combinent donc ultérieurement dans celle de la synthèse (*principium syntheseos*), et ces trois lois achèvent celle de la position; car, hors de la position affirmative, de la position négative et de leur union, on ne s'en figure aucune autre.

De là cette loi de la pensée: *Il faut reconnaître l'objet dans sa thèse, son antithèse et sa synthèse.* La thèse *pose* l'objet, purement et complètement, en ce qu'il a de positif, d'affirmatif; l'antithèse le *décompose* en ses membres réciproquement affirmatifs et négatifs, et la synthèse le *recompose*, en rapprochant les parties opposées affirmativement et négativement. En d'autres termes, la thèse pose l'objet dans son unité, l'antithèse le décompose en sa variété, et la synthèse le recompose dans son harmonie.

256. De l'union de l'essence et de la forme ou de la position découle l'*existence.* *Existence* veut dire: *position de l'essence*; *l'essence posée* est l'*existence.* L'existence *absolue* renferme (170) ses quatre modalités: l'existence *suprême*, l'existence *éternelle*, l'existence *temporelle*, et l'existence *éternelle-temporelle*, c'est-à-dire l'existence *éternelle s'écoulant dans le temps*, en relation avec l'existence temporelle.

257. On peut résumer dans le tableau qui suit les catégories générales ou les lois selon lesquelles s'élabore la connaissance scientifique de chaque objet possible:*)

	Thèse	
Essence	(Position)	*Existence*
Essence suprême	(Unité)	*Existence suprême*
Propriété, Entièreté	*Antithèse*	*Existence éternelle, Existence temporelle*
(Essence propre), (Essence entière)	(Opposition)	*Existence harmonique*
Essence harmonique	(Variété)	(Existence éternelle-temporelle).
(Propriété et entièreté unies)	*Synthèse*	
	(Composition)	
	(Harmonie)	

Lorsqu'un objet, Esprit, Nature, Humanité, Univers, Dieu, aura été examiné sous toutes ces faces, son examen sera complet. Ce système des catégories sera, du reste, exposé d'une manière plus explicite dans la partie synthétique de la science, lorsque nous *déduirons* l'organisme des catégories divines.

258. Comparons à notre tableau des catégories les trois lois de la pensée, que considère en général la logique actuelle.

La première est la loi d'identité ou le *principe d'identité* (*principium identitatis*). On l'énonce: *Une chose est identique à elle-même* (*idem sibimetipsi est idem*). Ce principe exprime non seulement que l'objet pensé est ce qu'il est, qu'il est sa propre essence, mais aussi que celle-ci est une même essence, non une autre**), et que l'objet doit être connu comme tel; l'identité y désigne, à la fois, la *propriété*, puis *l'unité* et *l'homogénéité* de l'essence, sans aucune exception ni différence. Il est donc manifeste que c'est là une loi consécutive, bien que, à coup sûr, effective de la pensée; car, si l'on n'en admettait point la légitimité, tout examen des choses serait illusoire; chaque objet, il est vrai, a *l'unité* de l'essence, qui en-

---

*) Les crochets et les barres verticales indiquent, dans de pareilles expositions tabulaires, que, pour en développer la teneur, on doit combiner chaque terme d'une des colonnes avec ceux de la colonne suivante. Ainsi, l'*essence* doit être considérée dans sa *thèse*, son *antithèse* et sa *synthèse*, avec son existence *absolue*, son existence *suprême*, son existence *éternelle*, etc.

**) Ainsi également des objets distincts sont dits identiques, lorsque l'essence propre est la même pour chacun.

traîne son identité; mais telle n'est pas la loi une, propre et entière, qui est celle de *l'être* et puis, immédiatement, de *l'essence* à l'être. Ce principe n'est pas une loi primitive: il indique le rapport de l'unité d'essence avec l'identité, à savoir que l'essence une est *soi*, la même et non différente. Pour cette raison encore, il ne saurait être la loi complète de la pensée, puisque chaque chose comporte aussi, *dans son intérieur*, la *différence*, la non-identité.

259. La seconde loi de la logique vulgaire est le *principe de contradiction* (*principium contradictionis*): *Une chose n'est pas son contraire, A* n'est pas *non-A*, aucun objet n'affecte des attributs contradictoires; il est impossible qu'une chose soit et ne soit pas conjointement. La vérité de ce principe repose évidemment sur la catégorie de l'opposition et de la différence, sur l'antithèse, et signifie que l'un des membres d'une antithèse, l'un des termes d'une opposition, n'est pas ce qu'est l'autre. Ainsi interprétée, cette loi est vraie et fondée dans l'essence des choses. Mais, si on l'envisage d'une manière générale et indéterminée, comme exprimant qu'il n'y a rien d'opposé à et dans le même objet, qu'une chose ne peut s'opposer à soi, contraster avec soi-même sous aucun point de vue, elle est foncièrement fausse; en effet, les membres d'une antithèse quelconque, à laquelle cette loi, sainement comprise, s'applique sans aucun doute, sont *à* ou *dans* un tout supérieur, fondés en lui; dès lors, ce tout est, quant aux deux termes opposés de son antithèse interne, un objet qui s'oppose intérieurement à soi-même, à sa propre essence.

Le principe de contradiction, sous sa forme absolument négative, ne s'applique donc avec légitimité qu'aux deux termes d'une antithèse absolument effective, dont chaque membre n'est que l'essence affirmée proprement de lui, de laquelle, en conséquence, est exclue l'essence propre exclusivement à son opposé, comme tel. Il doit, au contraire, dans son application générale, s'énoncer sous la forme affirmative: *Chaque objet a en soi l'antithèse*, ou s'oppose dans son intérieur à soi-même*), et, *s'il est fini, il s'oppose aussi à ce qui est différent*

*) Par exemple, le moi connaissant au moi connu.

au dehors, à côté et au-dessus de lui. Avec le principe de l'antithèse coexiste donc la loi de la synthèse, selon laquelle les membres d'une opposition interne, c'est-à-dire d'une antithèse ou d'une différence effective, sont cependant unis à l'intérieur du tout qui en est la synthèse*); loi dont l'exposition se trouve complètement omise dans beaucoup de traités de logique.

Enfin, pour ce qui concerne la loi de contradiction, il importe de remarquer qu'elle est également une loi partielle, subalterne, par la raison déjà que chaque objet fini, de quelque manière qu'il soit affecté d'antithèse et de négation, se trouve cependant, dans la thèse ou la position, *selon l'essence pure*, semblable à chaque autre objet fini; et, en cette qualité, bien que fini, il est *à soi* l'essence pure de l'Etre.**)

260. La troisième loi logique ordinairement mentionnée est celle de la *raison suffisante* (*principium rationis sufficientis*), ou mieux le *principe du fondement déterminant* (*rationis determinantis*).***) Nous avons également reconnu la légitimité de ce principe, puisque nous avons conçu l'Etre fondement absolu et infini, par suite aussi, fondement déterminant ou cause de ce qu'il est en soi; car, disions-nous, *être cause d'un objet*, signifie: *être à soi et en soi cet objet, et le déterminer conformément à son essence.* Cependant cette catégorie de la pensée est aussi une loi subséquente, qui, pour ce motif même, ne se trouve pas encore dans le tableau précédent; elle est une catégorie très-complexe, comme je l'ai fait voir (106), que nous rencontrerons en temps et lieux convenables dans la partie synthétique de la science de l'Etre.†)

---

*) Par exemple, la ligne droite et la ligne courbe dans la ligne, en général.

**) Tous les objets sont déjà semblables entre eux et à l'Etre par le fait qu'ils ont chacun: essence une, propre et entière. De là la loi de *l'analogie universelle.*

***) Si l'on a fait un crime à l'école de *Leibnitz* de supprimer la liberté humaine, en posant le principe du *fondement déterminant* (*rationis determinantis*), c'est qu'on l'a dénaturé sous le nom de principe de la *raison suffisante* (*rationis sufficientis*). Voy. „*Crusius* vom zureichenden oder besser determinirenden Grund" 1766, s. 11 f.

†) Il en est de même des lois de la *relation* et de la *conditionnalité.*

Notion générale de l'organisation de la Logique, comme théorie de la connaissance.

261. Les considérations précédentes suffisent déjà pour faire comprendre que la *Logique* n'est pas une science purement formelle, susceptible d'être développée pour soi-même, sans égard à l'objet à connaître, au contenu du savoir. La loi de la pensée semblerait, selon l'opinion reçue, pouvoir être établie purement comme telle, abstraction faite de son fond. Cependant, tout le monde en convient, l'objet de la Logique est la connaissance et la pensée; or (145 et ss.) la connaissance est une union de l'objet à connaître avec le moi qui connaît, la pensée est l'activité qui réalise cette union dans la conscience; par suite, la pensée est une activité qui ne se laisse point séparer de son fond et de son but. Veut-on l'appeler une pure forme? Il est permis alors de qualifier la Logique de science *formelle*, en adoptant l'ancienne division des sciences en *matérielles* et *formelles*; et nommant *matérielle* chaque science dont l'objet est une substance, un être subsistant par soi, telle, par exemple, l'Anthropologie; *formelle*, chaque science qui étudie une simple propriété d'une substance, un attribut d'un être, telles l'Ethique et la Logique. Mais, acceptant cette terminologie, on voit néanmoins qu'aucune science formelle, qui envisage un attribut, n'est possible sans la connaissance de l'être auquel il est inhérent. Par conséquent, la *Logique*, comme *théorie de la pensée*, qui est une activité, ne saurait s'achever sans la théorie de la connaissance, qui est un résultat ou un effet par lequel cette activité se manifeste extérieurement; et la connaissance, à son tour, puisqu'elle est une propriété, ne saurait être considérée pour soi, indépendamment du sujet connaissant et de l'objet à connaître.

Aussi est-il indispensable, pour construire la Logique, de se rendre compte des attributs généraux de l'objet de la connaissance, c'est-à-dire de l'Etre, ou des catégories divines, et d'en développer l'organisme interne, comme nous l'avons commencé plus haut (253 et ss.). Certes, les lois de la connaissance peuvent s'apercevoir partiellement en observant les phénomènes et les procédés de la pensée commune; c'est justement ce qui fait que la logique actuelle ne se fonde encore que sur une conception imparfaite des catégories. Mais, pour discerner sûrement celles-ci dans leur légitimité universelle, comme applicables à chaque objet donné, il faut les tirer de leur fond, les cueillir, en quelque sorte, à l'objet même du savoir; elles ne sont plus alors de simples *formes*, mais les lois supérieures de l'Etre lui-même et de tous les êtres particuliers.

262. Une erreur fréquente consiste à supposer l'existence d'une pensée *pure*, d'une raison pure, d'après laquelle on saurait discerner, rien que dans la pensée, par l'évidence rationnelle, comme on dit, ce qui est possible et ce qui ne l'est point; et l'on fait alors une distinction entre la *possibilité subjective*, dite *logique* et la *possibilité objective* ou *de fait*.

Existe-t-il une pensée pure? Nous avons reconnu (145 et ss.) que nous ne savons penser *à vide*, former des pensées creuses; chaque pensée a un contenu déterminé, un objet, fût-ce la pensée elle-même. Toutefois ce n'est pas tout à fait ainsi que l'on entend une pensée pure: celle-ci n'est pas sans objet, dit-on, mais on ne sait si cet objet existe: il n'est que *pensé*; on peut penser des choses purement imaginaires, se créer des illusions, qui n'ont de réel que la *pure pensée*. L'exemple favori est celui de la *Chimère*. En ce qui la concerne, la plupart se contentent d'affirmer que ce monstre ne saurait évidemment subsister dans la nature; on ne peut, disent-ils, que l'imaginer, le penser; ce n'est qu'un être fantastique. Par contre, d'aucuns leur objecteront qu'il n'est pas impossible de penser qu'une pareille production prenne naissance dans la nature. Mais, à dire vrai, l'assertion, l'évidence rationnelle des uns n'a pas plus de fondement ni de valeur que la conjecture des autres. Il est certain d'abord que la Chimère, entrevue dans la fantaisie, n'est point absolument *rien*; elle est, dans le champ de l'imagination, un objet réel, susceptible d'examen. Lorsque ensuite on se demande si un être pareil est réalisable dans la nature externe, avant la solution scientifique de ce problème, on ne doit dire ni: *il est possible* de le penser, ni: *il n'est pas possible* de le penser; car on ne sait encore ce qui, à cet égard, est possible ou impossible pour la nature; strictement, ce qui est possible, c'est de penser qu'il y a lieu de réfléchir et de rechercher si une pareille production est ou non réalisable dans la nature externe, et, plus spécialement, si elle a pu habiter une montagne du globe terrestre. Si le naturaliste parvenait à approfondir assez la philosophie de la nature pour être à même de démontrer que cette production est effectivement compatible avec l'idée de la nature, il aurait montré l'essence réelle de la chose, et serait autorisé à dire: il est possible de penser la Chimère comme une production naturelle. Si, au contraire, il arrivait à prouver qu'une pareille création est en contradiction avec la notion de la nature et, spécialement, avec l'organisation animale, il certifierait à bon escient: il n'est pas possible de penser la Chimère comme une production naturelle; elle n'est qu'une vaine imagination. Dans cet exemple, la soi-disant possibilité de pensée, qu'on oppose à la possibilité de fait, n'est que la confusion d'un problème proposé à la pensée, dont la solution est encore à trouver, avec une pensée réellement achevée.

En admettant ainsi, à l'encontre de l'essence de la pensée, l'existence de pures pensées — de purs êtres de raison — on se figure une espèce de possibilité *„purement logique"*, suggérée par la raison pure, d'après laquelle tout objet, *„pourvu qu'il n'implique pas contradiction avec soi-même"*, est *logiquement possible.* Cependant, pour parvenir à discerner cette qualité de l'objet, on doit, à coup sûr, le connaître selon son essence; car c'est en elle seulement qu'on peut constater s'il a unité effective et, par suite, n'affecte point des attributs essentiellement contradictoires; le pur discernement *logique* ne saurait être d'aucun secours pour l'appréciation d'un objet donné, si l'on ne saisit à l'objet même qu'il n'implique pas contradiction. C'est une erreur de croire qu'on juge de la possibilité d'une conception par la simple possibilité de son idée, c'est-à-dire comme pensée pure, et qu'on pourrait, dès lors, se dispenser de chercher les lois de la connaissance à son *objet.*

Au surplus, lorsqu'on comprend à sa juste valeur le principe de contradiction (259), on voit qu'il est inexact que tout ce qui se contredit soi-même ou s'oppose à sa propre essence, est impossible à concevoir. S'il en était ainsi, beaucoup d'objets, réalisés en fait dans la vie de l'Etre et des choses, et reconnus de chacun, seraient logiquement impossibles, c'est-à-dire ne pourraient être pensés. Par exemple, l'essence de l'homme est de vouloir et de faire le bien, et il se met en contradiction avec elle, en voulant et effectuant ce qui n'est pas bien; selon cette prétendue loi de l'impossibilité logique de ce qui renferme des attributs contradictoires, il ne devrait donc jamais être possible de penser que l'homme, à l'encontre de son essence, se détermine au mal, et cependant cela arrive. En pareil cas, on croit se tirer d'affaire en disant: A diverses époques, sous divers points de vue, en divers lieux, il est possible qu'un objet se trouve en contradiction avec son essence; — comme si, en accordant la moindre de ces exceptions, on ne reclamait contre le principe même! — Il est inexact également que la contradiction ou la différence se restreigne toujours à des attributs singuliers; au temps, entre autres, car, par exemple, tandis qu'un esprit est moralement bien disposé, il peut lui survenir *en même* temps une tendance troublante; ou à l'espace, car, dans la nature, des oppositions se produisent partout en *un même* lieu: des rayons lumineux et des rayons sonores s'y entrecroisent partout suivant toutes les directions, même suivant des sens directement opposés ou contradictoires; de toutes parts, quelle que soit la situation des organes, la lumière frappe la vue, et le son, l'ouïe; dans un aimant, les attractions contradictoires se trouvent ensemble au même objet, au même lieu, dans le même temps et dans le même principe de force; selon la loi logique que l'on invoque, cet aimant serait logiquement impossible, puisqu'il serait incompréhensible; il existe cependant en fait.

Il est donc manifeste que la loi de la possibilité ou de l'impossibilité logique, telle qu'on l'entend vulgairement, n'est pas déterminée d'une manière satisfaisante; cette indétermination provient du manque de précision de la loi originaire de l'opposition ou de l'antithèse.

263. Au point de vue de sa relation avec l'ensemble de la science et de la méthode, l'exposé de la Logique est ou *analytique* ou *synthétique*; c'est-à-dire que l'essence de la connaissance et de la pensée, ou bien s'aperçoit, sous la forme

de l'intuition, par l'observation propre de l'esprit, comme fait interne de l'intelligence; ou bien, se déduit, sous la forme de la déduction, synthétiquement, dans l'essence de l'Etre. L'analyse de la connaissance que nous avons développée plus haut forme déjà une partie de la logique analytique.

La logique, jusqu'aujourd'hui qualifiée de *formelle*, n'est ni purement analytique, ni purement synthétique; d'une part, elle se fonde sur des observations isolées, recueillies sans aucune suite, dont les résultats sont appuyés d'exemples empruntés à la conscience commune; d'autre part, elle renferme des hypothèses, des préconceptions métaphysiques, qu'il reste à établir dans leur fondement, telles les trois lois usuelles de la pensée, que nous venons de discuter (258 et ss). Bien entendu, la logique analytique n'en est pas moins une science fondamentale pour l'esprit humain; mais, pour qu'elle puisse prétendre à ce titre, il faut qu'elle s'astreigne à l'observation méthodique de la conscience et de l'activité complète de la pensée, et se garde avec soin de conjectures et d'assertions métaphysiques.

264. La *Logique analytique* ou *subjective* constitue une partie de l'ensemble de la philosophie d'observation, où l'on sait, dès à présent, en marquer la place. Toutefois, puisque l'analyse se poursuit encore, après que la construction synthétique a été ébauchée déjà, puisque l'examen des objets en antithèse n'est jamais épuisé, bien qu'on en ait déjà saisi la synthèse*), la Logique analytique s'étend à travers tout le

---

*) L'analyse des choses subsistant en antithèse, *dans*, *sous* et *par* un principe quelconque qui en est la synthèse, n'aura jamais de fin; mais cette circonstance n'empêche nullement d'établir la synthèse, c'est-à-dire de classer, au sein du principe, sans confusion et à leur vraie place, tous les êtres, les attributs et les rapports que l'analyse pourra jamais découvrir. La science entière et les sciences particulières, pour remplir les conditions de l'exposition systématique, définitive et synthétique, doivent donc commencer par poser leur principe, ouvrir à chacun de ses objets subséquents, dans leur ordre véritable, un livre spécial, où seront recueillies et synthétisées les découvertes de l'analyse éternelle concernant son objet. Lorsque la science aura ainsi reçu son organisation, le fond des chapitres établis ne changera plus, bien que chacun de ceux-ci soit

système de la science. Ainsi, l'une de ses divisions envisageant la connaissance sensible des choses externes, et l'analyse de cette dernière ne pouvant se passer du concours de la science naturelle, puisque l'étude des organes sensoriels, instruments de la perception des objets sensibles externes, ressortit au domaine de la physiologie, le développement de la Logique dans cette direction spéciale est subordonné au progrès illimité de la physiologie du système nerveux.

265. Toutes les données de l'analyse et de l'antithèse, de la Logique *analytique* ou *subjective*, se composent et s'unissent organiquement dans la synthèse, la *Logique synthétique* ou *objective*, à établir dans le Principe suprême, dans la vision de l'Etre ou la science de Dieu, comme organisme partiel de la philosophie synthétique entière, où il apparaît, pour la première fois, que la connaissance est un attribut primordial de Dieu. De plus, la pensée y étant reconnue également comme une faculté particulière de l'intelligence finie de l'être humain et de l'humanité, la *Logique synthétique*, la *théorie déductive* de la pensée humaine, n'atteint sa perfection que dans la théorie déductive de l'esprit, de l'homme et de l'humanité, c'est-à-dire repose à la fois sur les lois de l'esprit et sur les lois de la nature.

266. Cela posé, reprenons le problème au point où nous l'avions laissé. Après avoir analysé la connaissance et la pensée selon leur essence entière et leurs catégories générales (253 et ss.), nous avons à les considérer dans leur variété interne. La connaissance est une union effective du connaissant et du connu, et la pensée s'exerce à réaliser cette union dans la conscience. L'activité pensante doit donc être réglée à deux points de vue; d'une part, par l'objet à connaître: devant atteindre à la vérité, elle doit s'accorder avec l'*objet*, et sa loi se modeler sur celle de l'essence et de l'existence de ce dernier; d'autre part, par le moi, le *sujet* connaissant, car toute activité est fondée dans l'essence de l'être qui la déploie. De là une double série de règles pour la

---

susceptible de s'étendre à l'infini; et, si de nouvelles divisions s'imposent, elles trouveront sans peine leur rang à côté de leurs aînées. *(Note du traducteur.)*

pensée: d'une part, celles qu'impose l'objet ou *les opérations de la pensée;* d'autre part, celles qui concernent le sujet actif ou les *fonctions de la pensée.*

Chapitre II.

Des opérations de la pensée.

I. La notion.

267. J'entends par *opérations de la pensée* les formes spéciales qu'imprime à l'activité pensante l'essence de l'objet même à connaître, à soumettre à cette activité.

Pour les discerner, il faut observer à cet objet comment il est et comment, dès lors, il doit être conçu par la pensée. Dans chaque connaissance, le connu est uni, comme essence propre, avec le connaissant, comme substance propre (145 et ss.); par conséquent, *l'essence propre* est, à chaque objet, la chose primitive à saisir. La première opération de la pensée consiste à: *voir* ou *saisir l'essence propre complète de l'objet*, à en former *la notion.**)

268. L'objet un et entier de la notion est l'Etre ou Dieu. La notion de chaque être et de chaque essence finis et particuliers se trouve donnée à ou dans, sous et par la notion absolue de l'Etre, comme connaissance fondamentale ou Principe; en effet, on a observé déjà (236 et ss.) la relation générale des objets finis l'un avec l'autre et avec Dieu, d'après laquelle chacun est bien essence propre à soi, mais non essence propre absolue, indépendante; d'après laquelle tous sub-

---

*) Plusieurs noms ont été donnés à cette opération de la pensée. On l'appelle tantôt *représentation* ou *sensation*, tantôt *concept*, *conception* ou *idée*. Mais ces termes ne désignent proprement que des espèces particulières de notions. La *représentation* signifie communément les notions sensibles, dont les objets sont figurés dans l'imagination. Les *concepts* sont des notions générales, dont l'extension et la compréhension sont définies. Les *idées*, selon la terminologie de *Kant* et de *Platon*, expriment les notions supra-sensibles. Quant à la *sensation*, elle n'est pas une notion, mais un intermédiaire entre le sujet et l'objet externe sensible de la notion. *(Note du traducteur.)*

sistent *à* ou *dans* l'Etre infini et absolu, unis entre eux, *avec leurs essences propres* distinctes et opposées. De là ressort aussi que, pour envisager dans un rapport un objet fini et subordonné quelconque, il faut, au préalable, connaître cette essence propre, c'est-à-dire posséder la notion de l'objet.

269. La variété des notions correspond à la variété des catégories qui se rencontrent dans notre conscience. Le contenu de la notion primordiale et suprême est l'*Être*; aux notions ultérieures répondent les êtres que celui-ci englobe, l'*Univers*, l'*Esprit*, la *Nature*, l'*Humanité*, et leurs substances subordonnées. De là découle une première série de notions, celles d'*êtres* ou de *substances*.

A l'être, on distingue l'essence. L'essence de l'être est une, et ses attributs particuliers, ses essences partielles sont *à* ou *dans* cette essence une; telles l'unité absolue, l'unité suprême, la propriété, l'entièreté, l'unité harmonique; puis, la forme ou la position, l'unité de forme, l'unité formelle suprême, la direction, la contenance, l'unité formelle harmonique; ensuite, l'existence avec l'organisme des modalités qu'elle enveloppe; enfin, toutes les propriétés ou essences particulières que l'essence peut impliquer. De là surgit une deuxième série de notions, celles d'*essences* ou de *propriétés*, d'*attributs*.*)

270. Mais l'essence est à l'être, et l'être est son essence. Une propriété ne peut exister à soi, mais seulement à un être. D'autre part, un être ne saurait non plus exister sans son essence.

De là encore deux espèces de *notions combinées*. — La première espèce est celle des notions d'êtres considérés selon une essence ou un attribut déterminé: dans la notion: *père*, l'objet est un être, un homme considéré non selon son essence entière, mais selon un attribut social particulier. — La seconde espèce est celle des notions de propriétés attribuées à un être déterminé: dans la notion: *amour humain*, l'objet est un attribut, l'*amour*, non l'amour en général, dans son

*) Les notions d'êtres s'expriment dans le langage par des termes concrets: *Dieu*, *esprit*, *nature*, etc.; les notions de propriétés, par des termes abstraits: *divinité*, *faculté*, *force*, etc. *(Note du traducteur.)*

unité, sa propriété et son entièreté d'essence, mais en tant qu'il se rapporte à *l'être humain.*

Chaque propriété, à son tour, a ses propriétés, et chaque être également contient en soi des êtres. De là de nouvelles séries subséquentes de notions combinées, dans lesquelles on conçoit des propriétés qui sont à des propriétés et des êtres qui sont à des êtres, et dont la Logique aura à exposer le système.*)

271. Les notions se distinguent encore d'après la modalité de l'essence et de l'existence, sous laquelle l'objet est envisagé. Selon qu'il est saisi dans toute son essence une et absolue, dans son essence éternelle et générale, dans son essence temporelle et individuelle, la notion est *absolue et infinie, éternelle et générale, temporelle et individuelle.* Les notions éternelles et générales se nomment aussi *notions idéales* ou *idées***); telles les idées de l'homme, du bien, du beau, du droit.

Une autre série de notions est fondée dans le fait que l'on voit l'éternel et le général effectué ou réalisé dans le temporel et l'individuel, et que, réciproquement, on considère le réel comme la réalisation de l'éternel. — Si je connais: *tel homme vertueux* ou *telle peinture sublime,* dans chacune de ces notions se combinent une notion générale ou idéale et une notion individuelle; je reconnais l'homme individuel dont je parle, comme vertueux, c'est-à-dire comme manifestant à soi l'essence éternelle de la vertu; j'estime l'œuvre picturale une réalisation de la sublimité éternelle, dans le temps et l'individualité. — Ce domaine particulier de notions est celui des notions *éternelles et temporelles, générales et individuelles composées.****).

272. L'essence entière se trouve, comme essence suprême, au-dessus de l'antithèse de l'essence éternelle et de l'essence

*) Les notions de ce genre s'expriment par un seul nom dans les langues à racines propres, telles que les langues germaniques. Les noms de ce genre dans la langue française sont presque tous empruntés aux idiomes de l'antiquité, surtout au grec: *philanthropie, magnanimité,* etc. *(Note du traducteur.)*

**) L'*idée* désigne souvent aussi la notion absolue, que nous exprimons plutôt par le terme: *vision. (Note du traducteur.)*

***) On les appelle aussi *notions comparées* ou *appliquées. (Note du traducteur.)*

temporelle. De là une série de *notions suprêmes.* — Lorsque le moi se conçoit comme faculté, il se connaît dans son essence suprême, dominant l'opposition de son essence éternelle et de son activité temporelle, il a de soi une notion suprême. Au sommet de toutes les pensées, lorsqu'on forme celle de Dieu comme Etre existant au-dessus de l'éternel et du temporel et antérieurement à leur distinction, dominant comme infini et absolu à la fois l'un et l'autre, en un mot, comme Être suprême, on acquiert la notion suprême de Dieu; celle-ci n'est ni la notion générale, l'idée de Dieu, ni la notion individuelle de Dieu, comme l'Etre qui est en, sous et par soi les êtres individuels. —

273. En résumé, le système des notions se divise, d'une part, d'après le système des êtres et des essences, d'autre part, d'après l'organisme des manières d'être de l'essence et des modalités de l'existence, en d'autres termes, aux points de vue du *fond* et de la *forme.* Lorsqu'on aura épuisé tous les termes de cette division, on aura achevé l'exposé logique, complet à ces points de vue, de la première opération de la pensée.

Le tableau synoptique qui suit réunit les diverses espèces de notions*):

I. *D'après l'objet.*

1. *Etre* (substance, *substantia*).
2. *Essence* (propriété, attribut, accident, *accidens, inhaerens*):
   - *a*) essence de fond (propriété matérielle, *accidens materiale*);
   - *b*) essence de forme (propriété formelle, *accidens formale*).
3. *Etre combiné avec essence*:
   - *a*) être en relation avec une propriété ou un attribut;
   - *b*) propriété ou attribut rapporté à un être;
   - *c*) être en relation avec un être;
   - *d*) propriété rapportée à une propriété; et, ainsi de suite.

II. *D'après les manières d'être de l'essence et les modalités de l'existence.*

1) comme essence une, propre et entière, comme existant absolument et infiniment (*notion absolue* ou *vision de l'être*) (*terminus absolutus et infinitus*);
2) comme essence suprême (*notion suprême* de l'être) (*terminus superessentialis*);
3) comme essence éternelle et générale (*notion éternelle et générale, idéale; idée*) (*terminus generalis* seu *idealis*);
4) comme essence temporelle et individuelle, infiniment finie (*notion individuelle* ou *singulière*) (*terminus individualis*, s. *singularis*, s. *realis*);
5) comme essence éternelle et essence temporelle composées (*notion éternelle temporelle combinée, notion comparée*) (*terminus ideali-realis*).

*) Voy. la note page 214, n°. 257.

On peut aussi illustrer le système des notions au moyen de signes symboliques.*) Représentons un *être* par un cercle, figurant la surface enveloppe d'une sphère; une *propriété* ou une *essence*, par un carré, figure abrégée du cube; la *forme* pure, par un triangle, rappelant le tétraèdre; l'*existence* par le tétraèdre joint et inscrit au cube.

D'après cela, un *être en relation avec une propriété* se représente par un quadrilatère inscrit dans un cercle; une *propriété rapportée à un être* par un quadrilatère circonscrit à un cercle, etc.

En adoptant ces symboles, on parvient à représenter complètement, jusqu'à certaine limite, les espèces diverses de notions distinguées d'après l'objet. (V. la *planche*, I.)

II. **Le jugement.**

274. Puisque tous les objets finis, posés avec leur essence propre, ont des rapports l'un avec l'autre, et puisque, au faîte, tous se trouvent en rapport de subordination à l'Etre infini, la pensée doit également démêler ces rapports. La seconde opération, imposée à l'esprit pensant par l'essence de l'objet à connaître, consiste à envisager dans leurs relations les objets distincts, opposés sous quelque aspect, c'est-à-dire à *saisir l'objet selon ses relations ou ses rapports.*

275. Lorsqu'on voit l'Etre, on aperçoit conjointement qu'il se dirige sur soi ou se rapporte à soi; la connaissance suprême de cette espèce, du rapport le plus élevé, s'énonce donc: *l'Etre à l'Etre, Dieu à Dieu;* et, comme ce rapport est considéré au point de vue de la position pure de l'essence, il s'exprime: *l'Être est l'Être, Dieu est Dieu,* ou *l'Etre est soi, Dieu est soi.* Le moi s'accorde un rapport semblable avec soi-même: le *moi au moi,* le *moi est le moi.* Et, comme chaque objet de la pensée se replie sur soi et se rapporte à soi, l'expression générale de ce rapport est: l'*objet à l'objet,* ou, sous une forme abrégée: *A à A, A est A, A = A.***)

---

*) V. „*Abriss des Systems der Logik*", 2e, mit der metaphysischen Grundlegung, und einer dritten Steindrucktafel, vermehrte Ausgabe. Göttingen, 1828.

**) A lui-même, le verbe *être* indique la relation propre et entière, le rapport de la position absolue, indivise, de l'essence, sans aucune

Dans ce rapport, les deux termes sont les mêmes. Mais la diversité ou l'antithèse est aussi une catégorie de l'Être (255); par suite, il y a lieu d'envisager également la relation de distinction, le rapport des *contraires*, et, à vrai dire, aussi bien en ce que les objets diversifiés ont de commun, qui les relie, qu'en ce qu'ils ont de contradictoire, qui les différencie.*) — Si je vois que: *le cercle est une ligne*, je saisis le rapport de la notion d'une ligne particulière avec la notion de la ligne en général. Si je pense: *le cercle n'est pas une droite*, je considère un objet spécial, *le cercle*, selon sa différence en regard de son opposé, *la droite*; je discerne au premier une propriété *négative* du second; mais le rapport embrasse aussi ce qu'ils ont de commun, à savoir *d'être ligne.*

276. Avec la notion de chaque objet fini et particulier surgit aussitôt le problème de la détermination de ses rapports internes et externes. Lorsqu'on pense un objet quelconque en relation avec un autre objet, par exemple: *l'homme est un être raisonnable,* on attribue au premier terme, *l'homme,* qu'on veut déterminer, une certaine particularité, grâce au rapport de son essence avec celle de l'autre terme: *être raisonnable.* Cette seconde opération de la pensée s'appelle *juger*, et son résultat est le *jugement.*

277. Tout jugement unit et distingue deux termes, et,

---

détermination, aussi indéterminé que le rapport marqué par la préposition *à*. L'expression générale de la relation ou du rapport: *objet à objet*, contient donc implicitement l'existence; en termes explicites, elle fait entendre: *un objet existant considéré d'après un rapport existant avec un objet existant.* C'est ce que sous-entend aussi le mathématicien lorsqu'il énonce des rapports, par ex., a : b. L'expression générale du jugement: *l'Etre à l'Etre,* ne s'emploie pas dans le discours usuel; mais on la rencontre en mathématique dans la formule: A = A. Pour transformer en proposition cette locution: *l'Etre à l'Etre*, il faut introduire le verbe: *l'Être est et existe en relation avec l'Être.*

*) Toute *comparaison* et, par conséquent, tout jugement exigent que les choses à comparer soient rapprochées l'une de l'autre et considérées à la fois dans ce qu'elles ont de commun et dans ce qu'elles ont de distinct ou d'original, c'est-à-dire dans leur ressemblance et dans leur différence. Toutes les choses ont en commun l'essence *pure*, exprimée par les catégories de l'Etre.

dès lors, au moins deux notions présentes à la conscience.*) Le terme antérieur est le *sujet*, le terme postérieur, l'*attribut* ou le *prédicat*. Ils ont toujours une relation réciproque, c'est-à-dire qu'un jugement est, de son essence, à double face ou *bilatéral*, indiquant le rapport du sujet à l'attribut et, réciproquement, celui de l'attribut au sujet. — Le jugement: *le triangle est une figure de l'étendue*, contient deux termes: la notion de *triangle* et la notion de *figure de l'étendue*; le sujet, *le triangle*, est ce qui se trouve à qualifier (*determinandum*) par le prédicat, et le prédicat, la *figure de l'étendue*, est ce d'après quoi le sujet se trouve qualifié en relation. La proposition précédente énonce simplement la qualité du triangle au regard de la figure de l'étendue; mais, *à soi*, les deux termes sont réciproquement qualifiants et qualifiés**): ce jugement en implique un second, qui spécifie la figure de l'étendue d'après sa relation avec le triangle; on y discerne que la notion: *figure de l'étendue* est plus élevée, plus extensive que celle de *triangle*, et, par suite, que, réciproquement: *certaine figure de l'étendue est le triangle*. — D'ordinaire, dans les jugements que nous prononçons, nous ne songeons qu'au rapport unilatéral du sujet avec l'attribut; cependant le rapport réciproque, dans lequel le prédicat devient le sujet, s'y trouve implicitement renfermé.

La troisième partie intégrante du jugement est celle qui relie les deux termes et définit leur rapport. On la nomme le *judicateur* (*ratio judicii*); et, comme les notions sont rapprochées ou enchaînées dans la pensée, on l'appelle aussi la *copule* (*copula*) du jugement. La copule peut être tout lien, tout rapport imaginable, exprimé par le verbe.***) — Si l'on dit: *je suis moi*, la copule, le verbe *suis*, marque le rapport de la position absolue de l'essence. Si l'on pense:

---

*) Le sujet et l'attribut pouvant être formés de notions combinées.

**) *Qualifier* ou *spécifier* ne signifie pas *conditionner* ou *fonder*, ni *causer*, mais seulement *préciser le rapport réciproque*, plutôt *d'après*, *selon*, *au regard*, que *par* les modalités de l'essence.

***) La *copule* d'une proposition est le verbe, soit le verbe substantif *être*, soit un verbe adjectif, qui renferme implicitement le premier et y ajoute une qualité: *j'existe*, *je suis existant*. *(Note du traducteur.)*

le cercle n'est point une ligne droite, la copule se compose des mots: *n'est point*, et le rapport aperçu est celui de l'opposition ou de la contradiction d'essence: *le cercle est non-ligne-droite.**)

278. Un jugement se trouve parfaitement constitué lorsque ses deux termes et leur copule sont bien déterminés selon leur extension et leur mode d'existence, c'est-à-dire en *quantité*, en *qualité* et en *modalité*. Si l'une de ces déterminations fait défaut, il est vague, indécis (*judicium vagum*, *exponibile*), et réclame un examen ultérieur.

La plupart des jugements qu'on porte dans la vie commune, et même dans les œuvres scientifiques, sont indéterminés sous un ou plusieurs points de vue; en particulier, par le fait déjà qu'ils sont ordinairement unilatéraux, qu'on y envisage bien le rapport du sujet avec l'attribut, mais non réciproquement le rapport de l'attribut avec le sujet. — Le jugement: *l'homme est mortel*, semble au vulgaire suffisamment précis, et cependant il est indéterminé sous beaucoup d'aspects: l'homme est-il mortel comme être entier, ou comme âme, ou comme corps? Signifie-t-il: l'homme cesse absolument d'exister, ou seulement l'homme cesse d'exister et de vivre temporellement; ou bien: le corps humain, comme production de la nature, est périssable? L'homme est mortel, dit-on; est-ce dans l'éternité ou à un jour fixé? Entend-on par là: l'homme n'existe plus après la mort, ou: il ressuscitera? Et, s'il continue à vivre, vivra-t-il sans organisme corporel dans l'avenir infini? Dès lors, ne sera-t-il plus mortel? Ou bien, mourant une infinité de fois, recevra-t-il à chaque renaissance un corps nouveau? Ces modalités restent tout à fait indécises dans ce jugement vague, que la science travaille sans cesse à préciser. — Lorsque le panthéisme enseigne: *Dieu est l'univers*, le verbe *est* exprime-t-il: Dieu et l'univers sont essence identique, ces deux notions ont même extension et même compréhension? La copule du jugement ne décide rien à cet égard; et l'examen scientifique rigoureux montre que, pour être vrai et complet, il doit s'énoncer: *Dieu est* ***en, sous*** *et* ***par*** *soi l'univers* (242).

---

*) Les termes sont dits aussi la *matière* (*materia*) du jugement, et le rapport en est la *forme* (*forma*). *(Note du traducteur.)*

279. Examinons maintenant la variété du jugement. (V. *la planche*, II, III, IV, V.)

En ce qui concerne les notions intégrantes, chacune des espèces mentionnées dans le paragraphe précédent peut se trouver sujet aussi bien qu'attribut. Les deux termes peuvent être des notions absolues et infinies, comme dans les jugements: *Dieu est Dieu*, *Dieu se connaît*. Il arrive qu'un terme seulement est absolu, comme dans le jugement: *Dieu sait tout*, où *Dieu* est pensé absolument, *tout*, par contre, en relation, comme l'ensemble et la réunion des objets particuliers, ce qui constitue déjà un aspect spécial. — Dans certains jugements n'intervient aucune notion absolue, mais deux notions générales: *l'équité est une vertu;* ou deux notions temporelles, finies et individuelles: *la Terre est la troisième planète inférieure de notre système solaire.* Dans ce dernier jugement, le rapport aussi est temporellement individuel, et ainsi ce jugement est individuel (*particulier*) sous tous les aspects.

Il est facile de représenter au moyen de signes combinatoires les divers cas possibles du jugement, caractérisés au point de vue des cinq espèces de notions 1, 2, 3, 4, 5, consignées dans la deuxième colonne du tableau de la page 226. En *arrangeant* celles-ci deux à deux, comme sujets et comme attributs, on obtiendra tous les cas de la division du jugement d'après cette base, à savoir

1—1, 1—2, 1—3, 1—4, 1—5
2—1, 2—2, 2—3, 2—4, 2—5
3—1, 3—2, 3—3, 3—4, 3—5
4—1, 4—2, 4—3, 4—4, 4—5
5—1, 5—2, 5—3, 5—4, 5—5,

soit 25 espèces de jugements.

Citons quelques exemples: 1. *la Terre est la troisième planète inférieure*, forme 4—4, sujet individuel — attribut individuel; 2. *l'homme est mortel*, forme 3—3, sujet général — attribut général; 3. *Dieu, comme Etre suprême, est au-dessus de l'univers*, forme 2—1, suprême — absolu; 4. *Dieu se reconnaît comme Etre suprême*, forme 1—2, absolu — suprême.

Dans la division précédente, on a eu égard à la variété des termes du jugement; mais on n'a pas encore tenu compte de la diversité de la copule ou de la relation posée, qui augmente beaucoup le nombre des cas.

280. Une seconde division du jugement se fonde sur la comparaison des termes au point de vue de l'*extension**): ils sont ou bien d'égale extension, c'est-à-dire *réciproques*, complètement l'un à et dans l'autre, ou bien d'inégale extension. Ce dernier cas en comprend quatre autres spéciaux: 1. le sujet est dans et sous l'attribut; 2. l'attribut, dans et sous le sujet; 3.—4. le sujet et l'attribut sont en partie intérieurs, en partie extérieurs l'un à l'autre, ou tout à fait extérieurs l'un à l'autre. Somme toute, il n'y a donc, sous le rapport de l'extension des termes, que *cinq* formes principales de jugement, dans lesquelles ou bien l'extension de l'attribut dépasse ou surpasse celle du sujet, ou bien ne dépasse point cette dernière. (Voy. la *planche*, V.)

Les jugements: *je suis moi, l'Etre est l'Etre*, appartiennent au premier cas, le sujet et l'attribut sont identiques. On les appelle *jugements identiques.* Dans le jugement: *je pense*, l'attribut est une propriété subordonnée à l'être constituant le sujet, et, dès lors, ne dépasse pas non plus l'extension de ce dernier. De pareils jugements, de la première et de la deuxième forme, sont nommés *immanents* ou *analytiques*. D'après cette terminologie, les jugements: *je suis moi, l'Etre est soi, l'espace est l'étendue*, sont *analytiques-identiques.*

Lorsque l'extension de l'attribut dépasse celle du sujet, entièrement ou partiellement, les jugements sont *externes, transcendants* ou *synthétiques*. Tel le jugement: *je connais l'univers*; l'attribut, *l'univers*, s'étend partiellement au dehors du moi, puisque j'y appartiens; tels encore les jugements: *l'âme est unie au corps, la droite peut couper le cercle au plus en deux points*, où les deux termes sont extérieurs et opposés l'un à l'autre.

281. Quel est le rapport des jugements synthétiques ou transcendants avec les jugements analytiques ou immanents?

---

*) Quand on s'élève dans l'échelle des êtres, on obtient des notions de plus en plus extensives. La notion la plus extensive est celle de l'Etre, la moins extensive celle de l'individu.

Originairement, au regard de l'objet supérieur dans lequel sont posés les deux termes, tous les jugements transcendants sont aussi immanents. Par exemple, le dernier, sur la droite et le cercle, procède de plusieurs jugements immanents: la ligne droite sait couper le cercle, parce que tous deux sont des limites inhérentes à l'espace, dans la notion duquel le susdit jugement est enveloppé; en cette qualité, comme implicite au suivant: *l'espace est l'espace,* ce jugement se trouve immanent, analytique. Et, en définitive, puisque les êtres et les essences finis sont et existent à ou dans et sous l'Etre, et qu'ainsi la notion de l'Etre renferme à ou dans et sous soi toutes les autres, qu'aucune relation ne dépasse l'Être même, tous les jugements synthétiques sont en fait contenus et fondés dans le seul jugement analytique-identique: *l'Etre est l'Etre,* lequel englobe tous les jugements quelconques: *l'Etre, dans certaine partie de son essence, est, sous certain rapport, l'Etre dans certaine partie de son essence.*

Kant, qui le premier a établi cette distinction des jugements analytiques et synthétiques et l'a développée explicitement, pensait, au contraire, que, pour l'avancement de la science, les jugements synthétiques, qu'il appelle *extensifs,* étaient les plus importants, et que les jugements analytiques, qu'il considère seulement comme *explicatifs* et qui, d'après lui, se comprennent d'eux-mêmes, ne valaient guère la peine de s'y arrêter.*) Les considérations précédentes rectifient suffisamment déjà cette opinion erronée.

282. Signalons encore quelques vérités générales qui découlent de nos explications.

Le jugement présuppose des notions, puisque, pour l'établir, on doit penser et connaître l'essence propre de ses deux

---

*) „Un jugement synthétique, „dit *Kant*“, affirme plus que le concept du sujet, et ajoute par conséquent à nos connaissances; un jugement analytique ne fait que développer une notion, sans étendre le cercle de nos connaissances.“ Je n'ai rencontré cette distinction des jugements analytiques et des jugements synthétiques chez aucun logicien antérieur à *Kant*. *Kant* croit cependant que *Locke* a le premier soupçonné la nature des jugements synthétiques dans son *Traité sur l'entendement humain,* L. 4, Ch. 3, § 7.

termes.*) *Juger* constitue donc bien la seconde opération de la pensée, et non la première, comme le soutiennent certains logiciens.

Par suite, le principe de la science ne saurait être un jugement ou une proposition, mais il est nécessairement une notion, indivise et absolue, la *vision de l'Etre* (13). Ultérieurement, par la conception du rapport: *l'Être est l'Être, l'Être est son essence*, apparaît à la conscience le seul jugement absolu, qui, somme toute, est une partie de la vision de l'Etre, à savoir la vue de l'Etre en rapport propre et entier avec soi-même. Quant au principe de chaque science subalterne, il est aussi à reconnaître d'une manière absolue comme notion; mais concurremment, il est saisi, dans son essence première, sous la forme d'un jugement, puisqu'il ne se laisse concevoir qu'en rapport avec l'Être, le Principe un, en d'autres termes, comme principe partiel dans la science une et entière. Ce jugement est, pour la science considérée, la proposition fondamentale: *immanente, analytique* ou *explicative* au point de vue de la notion de l'Etre; *transcendante, synthétique* ou *extensive* au point de vue du principe particulier de cette science.

283. Tous les jugements sont donnés et compris dans le seul et même jugement entier: *l'Etre est l'Etre,* exprimant le rapport propre et entier de l'Etre avec soi-même (275, 281). Ainsi, en et sous ce jugement, on voit surgir le suivant, qui lui est semblable: *le moi est le moi, je suis moi.* De même que le premier: l'Etre est l'Etre, est le principe primordial pour tous les jugements, de même le second: le moi est le moi, est le principe immédiat et primordial pour les jugements ultérieurs qui concernent le moi.

284. Tous les jugements imaginables forment l'évolution systématique du jugement intégral de l'Etre, et l'un des problèmes essentiels de la science a pour objet de développer l'organisme des principaux jugements particuliers impliqués dans le jugement fondamental universel. On conçoit ici la possibilité de ce développement, car on a ébauché déjà le

*) Un jugement, dit *Condillac,* n'est que le rapport aperçu entre des idées qui s'offrent en même temps à l'esprit. *(Note du traducteur.)*

système des catégories de l'Etre (254). On juge d'après celles-ci: l'Etre est l'Etre; il est essence; il est unité; il est unité suprême; il est propriété ou essence propre, entièreté ou essence entière, il est tout ce qui lui est propre; etc. Concurremment se présente la série des jugements réciproques (277): l'essence est à l'Être, l'unité est à l'Être; etc. Puis, rapportant les catégories aux catégories: l'essence est unité, unité suprême, propriété, entièreté, unité harmonique, etc.; et la série des jugements réciproques: l'unité est essence, etc. Ces séries de jugements principaux, que la Logique doit exposer, s'appliquent aussi légitimement aux objets finis; par exemple, au moi: je suis moi, je suis un être, je suis ou j'ai unité, je suis ou j'ai propriété, etc.

Il est évident que la connaissance du système de ces jugements est d'une importance capitale pour l'organisation de la science.*) Cette importance n'avait pas échappé à *Kant*, qui avait aussi entrepris leur exposition systématique dans la *Critique de la raison pure*; mais ses efforts ne pouvaient aboutir à cause de l'imperfection de son tableau des catégories, abstraites simplement des formes incomplètes et secondaires du jugement, telles que la logique formelle les enseignait.

III. Le raisonnement.

285. Connaître un objet, le saisir à soi-même, dans son essence propre, en inculquer la *notion* dans la conscience, telle est la première opération de la pensée. Déterminer cette notion en la comparant à d'autres, en l'envisageant dans ses rapports ou ses relations, la *juger*, c'est la seconde opération de la faculté pensante. Mais une relation, un rapport constitue, à son tour, pour l'intelligence un objet substantiel, qui a son essence propre; de là dérive une nouvelle activité: *connaître les relations des relations connues*, c'est-à-dire *saisir les rapports des jugements* ou *juger les jugements, raisonner;* troisième opération de la pensée, dont le résultat est le *raisonnement;* et qui se compose de la première et de la seconde, puisqu'on y conçoit comme notions ou termes des

---

*) V. *Abriss des Systemes der Logik*, 1825; 1828.

rapports déterminés, et que l'on y aperçoit alors la relation, la convenance ou la disconvenance, de ces rapports, par la seconde opération, en les jugeant.

286. Le jugement fondamental sur lequel repose cette troisième opération, c'est que: *des rapports ont entre eux des rapports;* ce qui a lieu à l'égard de tout ce que l'on peut imaginer. Ainsi, *être ami* est une relation, *être citoyen d'un Etat* en est une autre; mais elles ont, à leur tour, des rapports l'une avec l'autre; elles peuvent, par exemple, subsister conjointement. De même, 2 à 1, 4 à 1, et 8 à 1 sont trois relations particulières, qui ont elles-mêmes de nouvelles relations entre elles: la relation 4 à 1 implique 2 fois, et la relation 8 à 1, trois fois la relation 2 à 1, puisque 2 fois (2 fois 1) = 4 et 2 fois [2 fois (2 fois 1)] = 8. A ce point de vue, les trois relations 8 à 1, 4 à 1, 2 à 1 ont donc entre elles la nouvelle relation de 3 à 2 à 1.

287. Combien y a-t-il de relations de relations, de rapports entre des rapports? Tous ceux que l'on est en état de se figurer.

Si les jugements existent avec leur substance propre l'un à côté de l'autre, on les relie par les conjonctions *et* ou *aussi.* — Lorsqu'on dit: l'homme pense *et* l'homme veut, les deux jugements coexistent, subsistent concurremment, en même rang. —

Il arrive que deux jugements se comportent comme la partie au tout. — Soient les deux jugements: *tous les triangles sont des figures rectilignes*, et *quelques triangles sont des figures rectilignes;* ici le second est contenu comme partie dans le premier. —

Le raisonnement: *l'homme est capable de moralité, car il a le libre arbitre*, combine deux jugements qui sont dans le rapport du fondé au fondement, de l'effet à la cause.

Pour épuiser les diverses espèces de rapports des jugements, il faudra donc déterminer à fond la catégorie de la *relation.* Ces rapports se manifestant à chaque conscience, à la conscience populaire comme à celle du savant, on rencontre dans toutes les langues des mots pour les exprimer; ce sont les *conjonctions*, telles que: *et*, *aussi*, *puisque*, *pourvu que*, *en tant que*, *quoique*, etc. Plus le génie d'un peuple se trouve développé, plus riche, plus précis et plus profond sera le système des conjonctions de son langage.

288. Jusqu'ici la Logique n'a pas encore exposé d'une manière générale et organique cette troisième opération de la pensée, et s'est attachée surtout au raisonnement dans lequel les jugements se trouvent en relation de fondement à fondé, de principe à conséquence. C'est là, certes, une partie essentielle de sa théorie, mais néanmoins une opération partielle seulement, qui a pour base le fait que les termes du raisonnement sont l'un *à* ou *dans* l'autre (104), qu'ils *s'incluent*, ou, sous sa forme négative, la circonstance qu'ils sont l'un au dehors de l'autre, qu'ils *s'excluent*. Aussi, dit-on, le raisonnement de fondement à fondé *conclut*, le fondement, le principe, le fait est *concluant* (*concludens*), expression qui, d'après l'étymologie, signifie: *contenir effectivement;* et la conséquence est une *conclusion*, qu'on dégage.

289. Examinons, dans sa variété, cette partie du raisonnement: la *théorie de la conséquence et de la conclusion.* Il se présente deux cas: la conclusion dérive soit d'un, soit de *plusieurs* jugements, qui en sont le fondement.

Dans le premier cas, où la conséquence se tire d'*un* seul jugement qui la contient implicitement, sans l'intervention d'aucun autre rapport, le jugement dérivé doit avoir les mêmes termes ou notions que le jugement primitif, mais qualifiés sous certains aspects inhérents au fondement. Il existe autant de *conséquences immédiates* de cette espèce qu'on conçoit de manières différentes dont ce rapport direct entre la conclusion et le principe peut se présenter.

On infère (*in, ferre*) du tout à la partie. — Comme dans l'argument suivant: *tous les triangles sont des figures rectilignes*; *par suite, tel triangle A B C est une figure rectiligne.* Cette conséquence est fondée en ce que la partie se trouve contenue dans le tout, et si ce dernier fondement est, à son tour, englobé dans un tout supérieur, la précédente conclusion l'est également. Illustrons ceci par un symbole. Soit un cercle ***a*** représentant la notion de triangle; un cercle ***b***, qui enveloppe le précédent, représentera la notion de figure rectiligne; et nous aurons une image sensible de cette proposition générale: *si* ***a*** *est en* ***b***, *toute partie de* ***a*** *se trouve aussi en* ***b***. —

Cette conclusion vaut aussi pour des jugements individuels; par exemple: *la pierre entière est pesante de part en part; conséquemment, chaque partie en est pesante.*

On obtient encore des conséquences immédiates par simple renversement ou *conversion* du jugement. De ce que: *tout animal est un organisme*, il résulte sur-le-champ: *certains organismes sont des animaux.*

Puis, il se présente des conclusions *hypothétiques* immédiates, d'après le rapport de *condition.* Lorsqu'on trouve: *si* ***a*** *est,* ***b*** *est*, le jugement antécédent est *conditionnel.* On déduit de là: *or* ***a*** *est, donc* ***b*** *est aussi.* Ici les jugements conséquents ne se distinguent des antécédents que par la position, la manière dont ils sont posés.

Telle est la première espèce de raisonnement conclusif, celle du raisonnement à deux termes ou du raisonnement *immédiat.**)

290. Dans le second cas (289), où le jugement conclusif se déduit de deux autres, la relation des deux termes ou notions de la conclusion est reconnue par l'entremise d'un troisième terme, d'une notion qui lie ensemble les deux extrêmes. — Soient les notions générales ***a***, *l'homme*, ***b***, *l'être raisonnable*, et une troisième ***c***, *le libre arbitre*, qui embrasse les deux premières; on parvient à établir le rapport de la notion ***a*** avec la notion ***c*** par l'intermédiaire de la relation de chacune d'elles avec la seconde ***b***; et l'on obtient ainsi les propositions: *tous les êtres raisonnables ont leur libre arbitre, tous les hommes sont des êtres raisonnables*, d'où suit: *tous les hommes ont leur libre arbitre.* Le fondement démonstratif de

*) La théorie du raisonnement immédiat ou la *logistique* a pour objet de déterminer quels sont tous les rapports possibles qui sont impliqués dans un rapport donné entre deux notions; en d'autres termes, quels sont tous les jugements qui peuvent résulter d'un autre jugement connu. Elle montre qu'on peut tirer d'un seul rapport donné (catégorique, conditionnel ou disjonctif; apodictique, assertoire ou problématique; universel ou particulier) une innombrable série d'autres rapports, en variant seulement la position, la quantité, la qualité, la modalité des termes ou de la copule, sans recourir à aucun élément étranger. (V. *Tiberghien*, Logique, t. II, p. 108 et ss.) *(Note du traducteur.)*

cette conclusion réside en ce que ***a*** est dans ***c***, puisqu'il est dans ***b***, lequel est dans ***c***.

Cet argument à trois propositions se compose, comme on voit, de deux jugements admis, que l'on nomme *antécédents* ou *prémisses*, et d'un troisième jugement, fondé dans les deux premiers, que l'on appelle *conséquent*, *conséquence*, *jugement conclusif* ou *conclusion*. En ce qui concerne les termes des jugements, ou les notions, tout argument de ce genre, à trois propositions, renferme aussi trois notions; la notion par l'entremise de laquelle s'enchaînent les deux *extrêmes* est nommée le terme *moyen* ou intermédiaire. Telle est la description du raisonnement conclusif à trois propositions et à trois termes, du raisonnement *médiat* ou du *syllogisme*.*)

La conclusion d'un syllogisme est généralement affirmative. Elle peut néanmoins se trouver négative. Soient les trois termes: ***b***, *ligne courbe*, ***c***, *ligne droite*, ***a***, *ligne circulaire*; des deux propositions: *ligne courbe n'est pas ligne droite*, ***b*** *n'est pas* ***c***, et, *ligne circulaire est ligne courbe*, ***a*** *est* ***b***, résulte la conclusion: *ligne circulaire n'est pas ligne droite*, ***a*** *n'est pas* ***c***. Le fondement de la conclusion est ici le suivant: puisque tout ***a*** est contenu en ***b*** et que tout ***b*** est en dehors de ***c***, dès lors, tout ***a*** est aussi en dehors de ***c***. Les deux termes ***a*** et ***c*** *s'excluent* donc par le terme intermédiaire ***b***. — La *conclusion* de la première espèce de syllogisme est une *inclusion*; celle de la dernière espèce est une *exclusion*.

La possibilité d'un argument à trois propositions repose,

*) Le syllogisme régulier comporte trois propositions. Cependant il importe de remarquer que pour distinguer un raisonnement immédiat d'un syllogisme, dans les cas douteux, il faut plutôt considérer le nombre des termes que le nombre des propositions. Une proposition peut facilement être sous-entendue pour la rapidité de la pensée ou pour l'élégance de la phrase, comme dans l'*enthymème* de *Descartes: je pense, donc je suis.* Puisqu'il y a trois termes, le *moi*, la *pensée* et *l'existence*, c'est un syllogisme. Par contre, un raisonnement immédiat peut être formulé en trois propositions, si la première ne fait qu'indiquer le rapport qui existe entre les deux termes, comme dans le raisonnement hypothétique mentionné plus haut. S'il n'y a que deux termes, c'est un raisonnement immédiat. (V. *Tiberghien*, Logique, t. II, p. 104.) *(Note du traducteur.)*

comme on voit, sur ce que trois termes se trouvent, au point de vue de l'appartenance et de la contenance, spécifiés l'un au regard de l'autre, de telle sorte que de deux rapports entre ces termes saillit un troisième rapport.*) **)

291. Des considérations précédentes résultent quelques vérités générales qu'il ne sera pas inutile de signaler.

La science ne peut tirer son origine d'un raisonnement; car le raisonnement présuppose des jugements, et ceux-ci des notions (282).

Elle ne saurait, par exemple, être fondée dans l'argument: *je pense, donc je suis*, comme l'admettait *Descartes*. En effet, si cela était, son évidence serait établie déjà dans les notions et les jugements antérieurs qui donnent naissance à cet argument.

---

*) Communément, on regarde l'argument conclusif et le syllogisme comme la troisième opération complète de la pensée, dont il n'est cependant qu'une partie. Cette manière de procéder est aussi impropre que le serait celle du mathématicien s'attachant uniquement au rapport de *proportion* entre les quantités, sans s'occuper des autres relations qu'elles affectent.

**) La *syllogistique* expose tous les moyens de démonstration basés sur l'introduction d'un troisième terme entre deux autres donnés et l'examen des rapports existant entre les deux termes extrêmes et le moyen, lesquels rapports en contiennent un troisième, qui est la conséquence. Si les deux premiers rapports sont exacts comme assertions, le troisième aura la même valeur. Les deux termes extrêmes sont le *petit terme* et le *grand terme*. Selon les rapports ordinaires entre le sujet et l'attribut d'un jugement, au point de vue de l'extension et de la compréhension, les deux extrêmes figurent comme sujet et comme attribut dans la *conclusion*, après avoir été posés séparément, le grand terme dans celle des prémisses qu'on appelle *majeure*, et le petit terme dans la *mineure*. La majeure, qui souvent énonce un principe général, se désigne encore sous le nom de *Proposition par excellence*, et la mineure qui alors applique le principe général à un cas spécial, sous celui d'*Assomption*. Le schème suivant indique le plus convenablement tous ces rapports dans les jugements universels affirmatifs, où le sujet S est une espèce de l'attribut P; M désigne le terme moyen:

Majeure: M est P
Mineure: S est M
———————————
Conclusion: S est P.

S est dans *P*, puisqu'il est dans M, lequel est dans P. (V. *Tiberghien*, Logique.) *(Note du traducteur.)*

292. La science, il est vrai, s'enchaîne et s'approfondit, en passant des vérités générales aux vérités particulières, par l'opération du raisonnement ou par la conception des espèces de rapports des jugements, conception impliquée déjà dans celle des termes et des jugements isolés. Tous les objets qui existent étant contenus organiquement, l'un à ou dans l'autre, au sein du Principe de la science, ces termes que le Principe enveloppe, pour une part, s'y incluent, pour une autre, s'y excluent, d'après la thèse du fondement. Ainsi, le raisonnement est la forme effective sous laquelle le Principe est, dans son intérieur, reconnu comme un tout organisé, un ensemble composé d'éléments liés d'après cette thèse. Mais, au moyen du seul raisonnement, comme tel, le savoir ne saurait s'étendre, les vérités nouvelles se découvrir*); un argument présupposant un ou deux jugements, qui doivent être tenus pour vrais, et exigeant aussi pour ses jugements deux ou trois notions reçues pour véritables, de plus, la vérité de sa conclusion découlant purement de la relation donnée des termes d'après la forme pure ou la position pure (*vi formae*), de l'enchaînement des notions et non de leur valeur intrinsèque, aucun raisonnement ne procure de vue nouvelle qui, *à soi*, au fond (*vi materiae*), ne se trouve implicitement renfermée dans les notions et les jugements antérieurs; on y saisit simplement, sous la forme d'une conséquence, le rapport de ces prémisses. Au contraire, pour élargir le savoir, il faut développer les notions et déterminer entre elles de nouvelles relations internes et externes, d'où éclosent alors des raisonnements ultérieurs. Le développement des notions acquises, la recherche de nouvelles notions intermédiaires qui puissent servir de traits d'union, de termes moyens

---

*) De là le débat qui s'est élevé depuis *Bacon* au sujet de la valeur du syllogisme comme moyen d'investigation scientifique, et de la prééminence du procédé inductif. Le syllogisme n'a d'utilité que pour la démonstration, ce qui ne diminue pas son importance; car, sans démonstration, point de liaison entre les notions et les jugements, point de science organisée et systématique. La dialectique géométrique, entre autres, est une application constante des lois du syllogisme. (Voy. *Tiberghien*, Logique, t. II, p. 101.) *(Note du traducteur.)*

pour des raisonnements subséquents, constituent le vrai progrès de la science, le véritable principe progressif de l'édifice scientifique. En un mot, le raisonnement n'est qu'une opération analytique, qui élucide et aide à préciser la connaissance antérieure, non une opération synthétique par laquelle s'enrichisse la matière du savoir.*)

III. Relations mutuelles de la notion, du jugement et du raisonnement. — Leur rôle dans la science.

293. Il nous reste à examiner la relation de ces trois opérations entre elles et avec la science.

La notion est antérieure et supérieure au jugement et au raisonnement. Car la vision de Dieu ou de l'Être, la notion une, propre et entière, n'a, *à* soi, ni la forme du jugement ni celle du raisonnement; elle ne revêt ces dernières qu'*en* soi, lorsqu'on détermine son contenu.

L'analyse interne de chaque notion se poursuit sous la forme du jugement. Lorsqu'on approfondit une notion, on distingue *à* ou *en* elle des particularités; on les rapporte à la notion entière, et les unes aux autres; or, saisir des rapports, c'est juger.

Le raisonnement, en général, et l'argument conclusif, en particulier, présupposent les deux opérations précédentes, tandis que le jugement n'exige, comme base essentielle pour ses plus hautes applications, que la première.

294. Le raisonnement à deux termes, à conclusion immédiate, se présente toutes les fois que d'un jugement isolé en dérivent d'autres en vertu des catégories de l'Etre.

L'argument à trois termes, le syllogisme, à conclusion médiate, intervient dans les cas où la relation d'appartenance et d'intériorité se répète, de manière que deux notions soient

---

*) *Bacon* avait raison de déplorer la stérilité du raisonnement pour l'investigation et d'exalter la fécondité de l'induction; mais il aurait dû ajouter comme correctif que le raisonnement procure la certitude en enchaînant les notions à leurs principes, tandis que, sans lui, l'induction ne donne que des hypothèses, des présomptions, des probabilités plus ou moins grandes en raison du nombre des observations. *(Note du traducteur.)*

spécifiées par l'intermédiaire d'une troisième, qu'on infère une chose d'une autre en apercevant la connexion des idées qui lient ensemble les deux extrêmes.

De là suit qu'il faut au moins discerner les catégories principales de l'Etre, pour qu'un premier syllogisme, et, à la vérité, avec des termes réciproques ou d'égale extension (280), devienne possible; et, pour faire un raisonnement dont l'une des prémisses ait des termes particuliers, il faut que la pensée ait au moins pénétré dans la notion de l'Etre et descendu ses premiers échelons.*) Par contre, la notion *scientifique* d'un objet fini, placé à un rang inférieur dans l'organisme des êtres et des essences, a pour condition des jugements et des raisonnements. Par exemple, la vision ou la notion immédiate: *moi*, n'exige ni jugement ni raisonnement, s'il ne s'agit que de saisir le moi comme un même être entier; mais, pour la parfaire scientifiquement, on doit reconnaître le moi comme existant dans l'Etre, conséquemment aussi dans ses rapports avec l'Esprit et avec Dieu; ce qui ne peut se poursuivre que sous forme de jugements et de raisonnements, en allant du tout à ses parties et à ses propriétés.

295. La notion, le jugement et le raisonnement sont les formes fondamentales nécessaires de toute production scientifique**); car la notion du Principe, considéré à soi, étant

---

*) Personne ne peut comprendre un jugement ou un raisonnement avant de comprendre d'abord les termes qui y sont enfermés.

**) Les opérations de la pensée s'expriment au dehors dans le *langage* et se formulent de la manière la plus nette dans la grammaire. La parole s'organise dans la grammaire comme la pensée dans la logique: la grammaire dans son ensemble, comme lexicologie et comme syntaxe, est une logique pratique et populaire, une logique en action. Les notions se moulent dans les *mots*, comme parties du discours ou éléments du langage; les jugements dans les *propositions*, où les mots se combinent comme notions; les raisonnements dans les *périodes* ou les *phrases* qui contiennent plusieurs propositions. — L'expression propre de la notion est le *substantif*; le mot qui marque le jugement est le *verbe*; le terme du langage qui sert à joindre des propositions entre elles et à formuler des raisonnements est la *conjonction*. Ces trois espèces de mots sont complétées, modifiées ou déterminées par les espèces accessoires: l'*article*, le *pronom*, l'*adjectif* et l'*adverbe*. La *préposition* complète le sujet ou l'attribut de la proposition: c'est un terme de

quant à son contenu la notion une et complète, chaque objet que le Principe est à et en soi doit être reconnu en relation avec celui-ci et avec ses autres objets particuliers, conséquemment sous forme de jugement, et ensuite, tel qu'il est dans son fondement, sous forme de raisonnement. Puisque ainsi ces opérations de l'esprit pensant sont imposées par l'essence même de l'objet à connaître, elles correspondent aux formes effectives de ce dernier; et, dès lors, la science, comme œuvre objective, abstraite de l'activité pensante, ne peut exister et se développer que sous la forme d'un ensemble systématique de notions, de jugements et de raisonnements.

296. Cette analyse suggère ici le problème de reconnaître scientifiquement, à l'essence de l'objet même du savoir, le fondement effectif des trois opérations principales de la pensée, et d'en dérouler la variété interne. Certes, nous avons remarqué déjà, en général, que la propriété d'essence et la relativité d'appartenance et de contenance, de convenance ou de disconvenance des choses à connaître, sont les bases de ces opérations; mais c'est seulement après avoir développé systématiquement l'essence de leur objet comme essence fondamentale de l'Etre qu'on pourra établir ces bases en parfaite rigueur scientifique.

Chapitre III.

Les fonctions de la pensée.

Avant-propos.

297. Il nous reste à examiner la seconde série (266) des règles de la pensée: celles qui concernent le sujet actif, quel que

---

rapport comme le verbe et la conjonction, mais au lieu d'unir le sujet à l'attribut dans un jugement, ou une proposition à une autre dans un raisonnement, la préposition marque les relations les plus simples et les plus générales que nous puissions concevoir entre les choses, par exemple, les rapports d'attribution, de direction, d'appartenance, de contenance, de but, d'action ou de causalité. Quand le sujet ou l'attribut d'une proposition est complexe ou réclame un complément, c'est au moyen de prépositions que les diverses parties se lient entre elles. (Voy. *Tiberghien*, Logique, t. II, p. 14 et ss.) *(Note du traducteur.)*

soit l'objet, chose ou rapport, c'est-à-dire les *fonctions* de la pensée. J'entends par *fonctions* de la pensée les phases de l'activité de cette faculté ou l'action de cette faculté considérée dans son exercice, dans l'accomplissement de ses *opérations.*

198. Pour les discerner, il faudra observer l'activité pensante en son entier, la suivre dans ses procédés successifs et sa marche progressive jusqu'à la formation d'une connaissance quelconque, notion, jugement ou raisonnement. Puisque nous avons saisi l'Etre ou le Principe, nous devons voir d'abord comment cette activité procède pour connaître celui-ci, et ensuite comment elle se comporte pour acquérir la connaissance finie. A soi, la pensée, que nous nous en rendions compte ou non, est toujours dirigée sur la connaissance du Principe, et chaque objet spécial devient susceptible d'être connu par le fait seulement qu'on le rapporte, consciemment ou inconsciemment, à la notion fondamentale de l'Etre, la connaissance une, propre et entière, quant au fond et à la forme, et enveloppant celle de tous les objets particuliers, dont le fond et la forme existent à ou dans, sous et par elle.

I. L'attention, la réflexion, la méditation.

299. En nous regardant penser l'Etre, nous voyons que la première phase ou la première fonction de la pensée consiste à concentrer l'*attention*, contempler attentivement, *réfléchir* ou *méditer.* Point de notion de Dieu sans attention. La même remarque s'applique à la connaissance de chaque objet donné: l'attention est la condition première pour rendre consciente une pensée quelconque, infinie et absolue ou finie et relative.*)

---

*) Nous avons beau recevoir les sensations du monde physique ou les impressions du monde moral; si l'esprit n'est pas présent, si sa pensée est distraite ou préoccupée, il ne sait rien de ce qui se passe en lui ou hors de lui (54). „Quand nous ne fixons point notre attention", dit *Condillac,* „en sorte que nous recevons les perceptions (les sensations) qui se produisent en nous, sans être plus avertis des unes que des autres, la conscience en est si légère, que, si l'on nous retire de cet état, nous ne nous souvenons pas d'en avoir éprouvé." (*Note du traducteur.*)

300. Les considérations qui suivent préciseront la nature de cette fonction. La pensée, avons-nous vu, est une activité spéciale, intrinsèque de notre activité une et entière. Elle est, à soi, un de nos attributs éternels; elle perdure et se déploie en nous fatalement, sans discontinuité, et indépendamment de notre volonté. Mais, comme être entier, nous sommes antérieurs et supérieurs à notre activité; comme faculté éternelle, nous en réglons l'action temporelle en vue d'un but spécial, qui est l'accomplissement, moralement ordonné, d'un bien quelconque. L'essence spéciale ou le bien particulier sur lequel se dirige l'activité de la pensée, c'est le savoir. A chaque instant, nous exerçons librement cette activité sur l'objet que nous voulons connaître; c'est-à-dire nous-mêmes nous déterminons à fixer notre attention, à réfléchir, à méditer sur cet objet.

Pour que l'esprit prête attention à une chose, il faut à l'évidence que la notion de celle-ci préexiste en partie dans la conscience; pour méditer, il faut un objet proposé à la méditation. Du reste, nous avons été amenés déjà à le constater (145), certaines prénotions existent à chaque instant dans notre intelligence, et l'œuvre de la pensée ne consiste point à engendrer la connaissance, mais à développer celle acquise ou innée, autodidacte. De là ressort que la fonction de la réflexion ne commence nullement la série du savoir en général; elle n'est que le premier mode de l'activité pensante se portant sur une connaissance préconçue.

301. Puisque nous ne pouvons déterminer notre activité sans nous trouver concurremment impressionnés dans l'âme comme être affectif, aucune attention ni réflexion n'est possible sans disposition correspondante du sentiment, sans affection positive et arrêtée pour son objet. La science exige de ses adeptes un dévouement librement consacré.

302. En résumé, l'acte de la réflexion présuppose connaissance et disposition préalable à connaître. De plus, il est provoqué et soutenu par la conscience de l'imperfection de savoir préexistant et de la nécessité de le compléter, et par le sentiment de notre dignité qui nous impose ce devoir.

303. Cet acte a une durée déterminée dans le temps, et se prolonge aussi longtemps que la pensée scrute la notion

à parfaire. C'est surtout sous ce point de vue, considérée dans sa durée plus ou moins longue, que la réflexion ou la méditation s'appelle l'*attention*. L'attention n'est donc pas, à proprement parler, une fonction fondamentale de l'activité pensante, mais la persistance de la réflexion ou de la méditation.

304. Puisque, *à* soi, chaque connaissance est une notion de l'Etre un, infini et absolu, et, *en* soi seulement, une notion de substance ou d'essence finie que l'Etre manifeste dans son intérieur, la méditation et l'attention sont constamment, en Dieu, dirigées sur Dieu, bien que, dans la conscience vulgaire et même dans la conscience instruite, l'esprit, absorbé par les préoccupations de la vie individuelle et journalière, ne s'en rende pas toujours compte. Puisque, en outre, la vision générale de l'Être n'est nullement tirée du moi fini (197 et ss.), comme tel, mais qu'il faut admettre, au contraire, que Dieu même se livre éternellement, dans cette vision, à la pensée de chaque esprit (199), il devient clair que la possibilité de toute réflexion, quel que soit son objet, est, à soi, fondée et causée par cette causalité éternelle de Dieu, en vertu de laquelle il se révèle à l'intelligence humaine. De là, pour l'esprit imbu et pénétré de Dieu, parvenu à la pleine sagesse, l'obligation d'employer tous ses efforts à se rendre et à demeurer conscient dans la méditation continuelle de l'Etre infini, à ne jamais perdre de vue que sa réflexion est, en définitive, dirigée sur lui, même lorsqu'elle s'adresse immédiatement à des êtres et des attributs finis.

305. A ce propos, mentionnons une remarque suggérée par la méditation des choses finies. Chacune d'elles a son essence ou sa substance propre en et par Dieu, et, quant à l'essence pure, participe, même comme partie restreinte, de l'absoluité de l'essence divine, à laquelle la pensée attribue similitude interne, analogie universelle (173). Chacune donc ayant, comme l'Être, unité, propriété et entièreté, peut se concevoir pour soi, et l'intelligence humaine est capable, sans faire mention de Dieu, de réfléchir sur de pareils objets, sur le moi, par exemple. Or, c'est précisément en excipant de cette circonstance qu'on prétend réfuter l'exactitude de notre thèse actuelle; s'il était vrai, dit-on, qu'à soi la réflexion est

toujours dirigée sur l'Etre infini, il devrait être impossible pour l'esprit indifférent à Dieu, de porter son attention sur des objets particuliers, comme tels. Ce qui est vrai, au contraire, c'est que toute réflexion isolée sur une chose finie quelconque, sans rattacher celle-ci à son fondement supérieur, présente des lacunes, ne peut aboutir qu'à un résultat partiel, et n'offre que des fragments de vérité. Ainsi, la réflexion du moi concernant sa propre essence reste défectueuse et inapaisée tant qu'il n'a pas atteint à la vision de l'Etre qui la fonde; sitôt qu'il se rend compte de sa finité, il se voit astreint à élever graduellement sa pensée, jusqu'à la notion de l'Etre infini, dans laquelle seulement la réflexion retrouve son calme et sa force.*)

306. Toutefois, en disant que l'intelligence, parvenue à la sagesse, ne doit cesser de réfléchir et de concentrer son attention sur Dieu, nous n'entendons pas qu'elle puisse, sans discontinuité et sans aucune interruption momentanée, rester en communion réfléchie avec lui, et moins encore que l'esprit, vivant dans le cercle étroit du monde terrestre, se trouve sans cesse conscient de l'essence divine. Cette assertion non-seulement contredirait l'expérience et l'observation, mais elle méconnaîtrait aussi la nature de la finité. Nous nous bornons à constater que l'intelligence finie a pour devoir de faire tous ses efforts pour relier ses connaissances isolées à la pensée de l'Être qui les embrasse, et que l'accomplissement de cette tâche peut seul procurer à la méditation apaisement et satisfaction. C'est précisément par cet effort de synthèse que la pensée scientifique se distingue de la pensée vulgaire, qui erre de connaissances restreintes en connaissances restreintes, incapable de les coordonner dans leur unité suprême, de discerner les substances et les essences finies au cœur de leur Principe, l'Etre infini et absolu, de sentir la beauté divine et d'appliquer sa volonté au bien divin.

307. Avant d'aborder l'examen de la seconde fonction de la pensée, signalons encore quelques particularités accessoires concernant la réflexion.

---

*) Elle s'apprête alors à redescendre, pour rattacher à cette notion tous les matériaux qu'elle a préparés sur sa route.

L'esprit réfléchit à chaque instant, sans discontinuité, mais le plus souvent sans le savoir, sans se rendre compte de cet acte en pleine conscience. Cependant il peut et doit aussi réfléchir à sa réflexion, fixer son attention sur sa méditation, comme nous le faisons ici; il le faut pour qu'elle devienne méthodique et atteigne à la connaissance systématique d'un objet quelconque. L'esprit sait même réfléchir à la troisième puissance, à la réflexion de la réflexion, comme ici nous remarquons que nous méditons sur la réflexion.

Certes, il ne saurait, d'une manière permanente, faire de la réflexion l'objet de sa réflexion. La méditation n'étant qu'un objet spécial et devant se trouver dirigée sur toutes choses, elle ne peut l'être exclusivement sur elle-même. Mais le devoir s'impose au savant de méditer périodiquement sur sa réflexion, afin de la régler et de la conduire avec ordre et méthode.*)

308. Conçue dans sa vérité, la méditation ne s'applique pas exclusivement ni surtout au fini et à l'individuel; mais elle est, au contraire, dans son fond et son origine, la direction de l'esprit qui se consacre, en ferme et libre volonté, à la connaissance de Dieu, la condition indispensable de la notion consciente du Principe de la science. Et, si certaines écoles blâment l'abus de la réflexion, c'est qu'elles l'envisagent dans un sens restreint, comme attention exclusive pour les objets finis.

II. **La perception.**

309. La réflexion part d'une connaissance donnée et formée partiellement, et la volonté exerce l'activité pensante à achever cette notion imparfaite (145, 300). Après avoir réfléchi attentivement sur un objet quelconque et établi ainsi entre lui-même et l'objet la relation d'où peut éclore la con-

---

*) Des considérations qui précèdent, il ressort à l'évidence que, la réflexion étant l'œuvre volontaire de la pensée, la connaissance *déterminée* se forme en nous par notre propre activité, contrairement aux enseignements des doctrines extérioristes, sensualisme, traditionnalisme ou panthéisme, qui placent l'origine de cette connaissance dans la Nature, dans l'Humanité ou en Dieu. (*Note du traducteur.*)

naissance, l'esprit *perçoit* celui-ci; la notion apparaît, devient évidente. — Par exemple, si l'on a déjà, grâce à la sensation, reconnu en partie une chose externe sensible, mais qu'on désire la déterminer avec plus de précision, il est immédiatement indispensable d'y réfléchir, et, pour qu'on y puisse saisir quelque particularité nouvelle, cette chose doit, par l'entremise des sens du corps, se trouver avec l'esprit en une relation réciproque telle qu'il la *perçoive*. — La *perception* est la deuxième fonction de la pensée, celle par laquelle la notion de l'objet est accueillie dans l'unité de la conscience de l'être pensant, par laquelle il en *prend* connaissance.*)

310. Si l'objet de la perception est fini, il doit être perçu tel qu'il est proprement à soi, dans son essence propre; en d'autres termes, pour le percevoir, la pensée fait abstraction de tous les autres objets et se préoccupe de lui seul. Percevoir une chose finie, c'est conjointement l'abstraire des autres. Impossible de percevoir un animal, une plante, un astre sans que la pensée se détourne de tous les autres objets et n'affirme qu'il n'est pas eux. Aussi beaucoup de logiciens ont-ils nommé *abstraction* cette seconde fonction de la pensée, que nous appelons *perception*, parce que l'abstraction

---

*) On a longtemps confondu la perception avec la sensibilité; cependant, depuis que la doctrine de *Condillac*, fondée principalement sur cette confusion, a cessé de régner dans les écoles françaises, on exprime par le mot de *perception*, la faculté de prendre connaissance des objets extérieurs. Quelques philosophes admettent deux sortes de perception: l'une *externe*, l'autre *interne*. Mais d'autres penseurs, se fondant sur l'étymologie du mot, déclarent cette distinction inadmissible. „La perception“, disent-ils, „est essentiellement externe; l'étymologie veut qu'elle consiste à connaître les objets du dehors par le moyen des organes des sens; c'est par la conscience que nous saisissons les phénomènes de notre âme, immédiatement, sans aucun intermédiaire; donner à une pareille faculté le nom de *perception interne*, c'est méconnaître la valeur des termes, et les allier d'une manière contradictoire.“ Ce qui est exact, au contraire, c'est qu'il n'y a point de *perception externe* (199 et ss.). La perception est une fonction de l'intelligence, et rien ne s'oppose à ce qu'on emploie ce substantif, comme le verbe dont il exprime l'action, dans le sens général, pour désigner la fonction de *prendre connaissance*. *(Note du traducteur.)*

n'y intervient que comme fonction spéciale*) et n'est qu'une de ses faces.

311. Lorsqu'on perçoit un objet infini, comme tel, comme tout, on ne saurait, en cette qualité, l'abstraire d'aucun objet extérieur à lui. — En percevant l'étendue infinie, on ne la sépare d'aucune autre étendue, externe par rapport à elle. Lorsqu'on pense: l'Etre ou Dieu, toute abstraction d'une chose étrangère à lui devient impossible. —

Toutefois, même dans ce cas, est possible, et, à certain point de vue, nécessaire et fatale pour l'intelligence finie, l'abstention de réflexion sur le dedans du tout infini. Cette sorte d'abstraction est inévitable, en tant que celui-ci enveloppe en soi une pluralité sans fin d'objets particuliers, dont l'esprit limité ne perçoit jamais qu'une partie, et aussi en tant que la pensée ignore encore quelles sont les choses finies contenues dans ce tout. — Le géomètre, par exemple, ne perçoit jamais qu'une portion de la pluralité sans fin des objets spéciaux enveloppés dans l'étendue infinie. — Mais cette abstraction est, jusqu'à certain point, volontaire, opérée de propos délibéré, pour distinguer de la connaissance acquise d'une partie du contenu du tout, la notion pure de ce dernier, comme tel, avec son essence propre.

312. Si, au contraire, l'objet de la perception est fini, l'abstraction est triple ou s'opère suivant trois directions différentes: on abstrait d'abord l'objet de ce qui lui est *supérieur*, puis, de ce qui est *latéral*, enfin, de ce qui lui est *inférieur*.

313. Souvent les logiciens ne signalent qu'un des modes de l'abstraction, à savoir celui de la *généralisation*, qui passe d'objets particularisés ou susceptibles de l'être à d'autres semblables *supra-ordonnés*. Cette abstraction, à la vérité, se présente immédiatement dans la formation des notions sensibles. Dans ce domaine, l'objet donné, saisi en premier lieu, est l'individuel sensible, déterminé complètement, infiniment;

---

*) L'abstraction, en général, est la séparation exclusive que l'esprit fait d'un ou de plusieurs objets, d'une ou de plusieurs propriétés, pour ne considérer qu'un ou plusieurs autres objets, une ou plusieurs autres propriétés. *(Note du traducteur.)*

si l'on distingue alors l'essence commune à plusieurs notions sensibles et qu'on la détache de leurs particularités individuelles, on obtient une notion *généralisée*, embrassant l'essence commune à plusieurs autres de même espèce. — Telle est la notion: *l'animal*. — Poursuivant cette généralisation du sensible, laissant de côté ou distrayant l'une qualité après l'autre, on forme des notions de plus en plus *étendues* et dépouillées de caractères, de plus en plus généralisées ou de moins en moins déterminées, pour aboutir, dans cette voie, à la notion indéterminée, mais susceptible de détermination sans fin: *objet*, *chose*.*) Tel est le procédé de l'abstraction nommée communément *abstraction logique* ou *généralisation*.

314. Mais cette sorte d'abstraction ascendante du parti-

---

*) La *généralisation* remonte de l'*individu* à l'*espèce* et de l'espèce au *genre*, en distinguant les qualités communes et les qualités propres ou individuelles, et en procédant par élimination. En remontant l'échelle des êtres, depuis l'individu jusqu'au genre suprême, on arrive à des notions qui, d'une part, renferment un nombre d'êtres de plus en plus considérable, et qui, de l'autre, possèdent un nombre de propriétés de plus en plus faible, et le résultat est inverse quand on descend l'échelle des êtres. Il est manifeste que le nombre des propriétés diminue d'une manière proportionnelle à mesure que le nombre des individus contenus dans la notion augmente. C'est sur cette propriété de la généralisation que se fonde la théorie de l'*extension* et de la *compréhension*, qui reçoit tant d'applications en logique. L'*extension* d'une notion est l'ensemble des individus ou des objets auxquels elle s'applique; la *compréhension* d'une notion est l'ensemble des propriétés ou des attributs qu'elle possède. Il s'ensuit que si l'on compare deux notions d'espèce et de genre, l'extension sera toujours en raison inverse de la compréhension, que la plus extensive sera conjointement la moins compréhensive, et la plus compréhensive la moins extensive. Le genre a nécessairement moins de propriétés, moins de compréhension que l'espèce, et l'espèce moins de propriétés que l'individu; mais en revanche, l'espèce s'étend plus loin que l'individu, et le genre plus loin que l'espèce. La notion la plus compréhensive et la moins extensive est celle de l'individu; la notion la plus extensive et la moins compréhensive est celle du genre suprême. La notion la plus large est donc conjointement la plus simple, et tout ce qu'on y ajoute pour la déterminer en restreint le sens. L'être a plus d'extension que l'être inorganique ou l'être organisé. (Voy. *Tiberghien*, Logique, t. I, p. 203 et s.) *(Note du traducteur.)*

culier au généralisé n'est ni la seule ni la plus essentielle. Si, en s'élevant à des notions supérieures, la pensée perçoit concurremment celles-ci dans leur essence *générale*, générique complète, comme genres renfermant implicitement toutes les notions subordonnées et individuelles, elle opère encore une abstraction ascendante ou généralisation, puisqu'elle passe des parties à l'ensemble, mais n'obtient plus pour résultat la notion: *objet, chose,* qui n'a pas de contenu déterminé; elle en revient à la vision de l'Etre qui est l'essence générale, une, propre et entière; puis, faisant encore abstraction de la qualité d'essence générale, elle perçoit l'essence pure et absolue de l'Etre, c'est-à-dire Dieu lui-même; et toutes les notions sur lesquelles l'esprit s'est appuyé pour atteindre à la vision de Dieu, sont concurremment rassemblées dans celle-ci (238 et ss.).

315. L'abstraction *latérale* a lieu chaque fois qu'est perçu un membre spécial d'une coordination. — On perçoit la ligne droite en la séparant de son terme coordonné, la ligne courbe; on connaît l'Esprit en le dégageant de son terme collatéral, la Nature, parce qu'on la considère aussi comme ayant son essence propre dans l'Etre. —

Cependant la science ne peut se résoudre en spécialités et s'en tenir à cette abstraction de termes coordonnés; la loi fondamentale de l'essence (165, 257) exige, au contraire, qu'ils soient aussi rapportés l'un à l'autre et reconnus dans leur union ou leur synthèse.*) — Lorsque le géomètre a considéré la ligne droite et l'a complètement détachée de la ligne courbe, il passe à l'analyse de cette dernière, porte son attention sur elle, en commençant par négliger tout à fait la droite; mais bientôt s'impose l'obligation de rapprocher les deux notions et de développer les particularités essentielles qui surgissent de ce rapprochement. —

---

*) L'abstraction est le procédé le plus ordinaire de l'esprit humain, mais ce procédé a ses écueils et peut, s'il se soustrait à la loi de la synthèse, entraver le progrès des sciences, comme cela a eu lieu dans le dernier siècle, où à force de vouloir donner une existence réelle et indépendante aux éléments que l'abstraction sépare et dégage, on avait peuplé le monde philosophique d'entités chimériques et de fantômes, que l'intelligence s'épuisait vainement à vouloir saisir. *(Note du traducteur.)*

316. Quant à l'abstraction *descendante*, qui va de l'objet supérieur à l'objet inférieur ou distingue sous l'essence suprême l'essence subordonnée qu'il s'agit de percevoir, elle est, dans la marche synthétique de la pensée, une conséquence inéluctable de notre finité. Certes, le philosophe, scrutant le contenu du Principe, a pour devoir de ne jamais perdre de vue ce dernier ainsi que ses attributs fondamentaux, mais néanmoins, par suite de la limitation de son intelligence, il ne saurait se dispenser de méditer et de percevoir séparément, dans leur essence propre, les objets subséquents qui s'offrent à la spéculation, et de faire abstraction, dans la mesure indiquée, de chaque objet supérieur qui n'est pas en relation immédiate avec celui qui l'occupe.*)

317. Examinons maintenant l'*objet* de la perception. Cet objet est sans cesse le même: *l'Etre*, et chaque chose finie que l'on perçoit, même sans la rapporter d'une manière consciente au Principe, n'en est pas moins saisie telle qu'elle se trouve posée en et par lui. C'est précisément parce que, bornée aux limites particulières de son essence, elle est encore semblable à l'essence divine, qu'on sait, d'après les catégories de l'Etre, la percevoir à soi, sans songer à sa cause ou à Dieu. Cependant, bien que le penseur ne puisse faire du Principe l'objet constant de sa perception, ses efforts y tendent continuellement, et la science progresse à mesure que se développe avec méthode la perception fondamentale de l'Etre et que les choses subordonnées perçues le sont dans et par le Principe, sous leurs rapports essentiels avec lui et avec toutes les autres choses supra-ordonnées et coordonnées en lui.

Pour que la perception de l'objet soit adéquate, elle doit donc se dérouler conformément à l'organisme des êtres et des essences, c'est-à-dire que l'objet est perçu d'abord comme un même entier; puis, comme varié intérieurement, d'après ses membres particuliers; ensuite, d'après la relation de ces mem-

---

*) C'est pourquoi dans une *définition*, on ne rappelle pas les qualités des genres supérieurs, mais celles du genre prochain. „*Fiat definitio per genus proximum et differentiam ultimam.*" *(Note du traducteur.)*

bres entre eux et avec le tout; enfin, on considère ultérieurement les membres de ces membres.*)

318. Ici s'expliquent certains phénomènes de la conscience observés précédemment et quelques problèmes dont nous n'avons pu encore donner la solution.

Nous avons remarqué que le moi fini a le don de se percevoir soi-même avec une certitude immédiate (30 et ss.), sans être astreint pour cela de recourir à la pensée de Dieu. La raison de ce phénomène réside en ce que l'homme, quelque borné qu'il soit, se trouve cependant semblable à Dieu, car son essence est déterminée selon l'essence divine; conséquemment, le moi qui se saisit soi-même ne fait, en définitive, que percevoir, inconsciemment d'abord, une partie de l'objet de toute sa perception, de l'Etre infini, puisqu'il se connaît tel qu'il est déterminé en et par ce dernier.

319. On comprend comment des branches de la science ont pu recevoir de vastes développements, sans que sa théorie synthétique eût encore été exposée et son Principe reconnu ou même seulement entrevu. — La Mathématique et les sciences naturelles empiriques fournissent des exemples frappants de ce fait. Les seules bases de la Mathématique et les sources de sa richesse sont les préconceptions de l'infini, de l'infinité du nombre, de l'étendue, du temps et du mouvement; et cependant la philosophie n'avait pas encore établi ce qu'est la numéralité et en quoi la pluralité est infinie, ce qu'est l'espace et pourquoi il s'étend continûment suivant trois dimensions; elle n'avait pas encore conçu le temps comme forme de la vie, le mouvement comme combinaison du temps et de l'espace, ni rattaché enfin la Mathématique à la pensée de l'Etre. — Il en est de même de la science empirique et expérimentale de la Nature, qui n'avait d'autre recours que le cercle restreint de l'observation sensible et l'exercice indispensable de la pensée et de l'entendement, que cette dernière réclame. —

Toutefois, puisque les principes des sciences spéciales sont contenus dans le Principe un et que leur essence est déterminée par l'essence de celui-ci, il est évident que la no-

---

*) Selon les lois de la thèse, de l'antithèse et de la synthèse (255).

tion de chaque science subordonnée doit se fonder dans celle de l'Etre, son principe propre se poser dans celui de la science entière, et ses lois se discerner dans celles de toute l'organisation scientifique. A cette condition seulement, il sera possible de la parfaire conformément à son idéal. — La Mathématique, par exemple, n'a pu commencer à revêtir une forme démonstrative qu'après que les éléments de la Logique eussent été établis par les philosophes grecs sur une base rationnelle, et l'état de désorganisation dans lequel elle persiste encore, comme les plus profonds et les plus puissants géomètres en conviennent, résulte de ce que ses principes n'ont pas jusqu'à présent été coordonnés dans le Principe suprême, ni leur essence propre perçue méthodiquement. Sa rénovation partielle date du mouvement philosophique du siècle dernier. Le même effet en est résulté pour la Physique, pour la science de la Nature.

320. Au point de vue du temps, la perception est permanente; elle subsiste sans cesse, eu égard au sujet aussi bien qu'à l'objet. En tant que cette fonction est durable dans son résultat, elle devient la conscience continue de l'objet, et la faculté qui conserve celle-ci est la *mémoire*. La *mémoire* est donc la faculté en vertu de laquelle nous nous trouvons le fondement de la possibilité de représenter dans la suite à la conscience ce qui a été perçu, de nous en souvenir.

321. Comme la réflexion, la perception est souvent fatale et inconsciente. — Elle se replie sur soi ou se perçoit soi-même, comme en ce moment. Puis, la perception de la perception se perçoit de nouveau.

III. La détermination.

322. Nous venons de terminer l'examen général des deux premières fonctions principales de la pensée: la réflexion et la perception Cette dernière cependant ne satisfait pas encore l'intelligence; œuvre d'abstraction surtout, elle n'est point l'assimilation parfaite de l'objet et de son contenu; la pensée poursuit sa marche et exerce une fonction subséquente, dont le fondement et la nature apparaîtront à la lumière du Principe.

Lorsque la perception est issue de la réflexion, l'intelligence a, certes, atteint une partie de son but, mais, dans la perception proprement dite, elle ne saisit l'objet que dans son unité, sa propriété et son entièreté; sa variété, sa pluralité et ses particularités internes échappent encore, et c'est en préconcevant celles-ci que l'activité pensante persévère à son égard.

323. Comme nous l'avons signalé déjà (302), l'imperfection de notre savoir et l'insuffisance de notre perception nous portent sans relâche à approfondir l'examen des objets. La raison de cette ignorance perpétuelle ressort clairement de la vision du Principe: puisque nous le concevons comme l'organisme infini, sans limites, des êtres et des essences, et que notre pensée est essentiellement bornée, la notion de l'Etre et de chacune de ses catégories est, pour elle, inépuisable.

Au surplus, sans en appeler au Principe, la seule observation personnelle suffit pour convaincre l'esprit que sa perception demeurera à jamais inachevée, suivant toutes les directions. — Ainsi, dans le seul cercle de l'empirisme et de l'expérience, la Nature se montre déjà infiniment particularisée en tous sens, douée d'une variété sans bornes. — Il en est de même de l'intelligence et de l'être humain; plus on les creuse, plus s'élargit la sphère de l'investigation. L'individualité propre de chaque moi offre une variété sans fin, aussi bien dans ses rapports intimes que dans ses relations avec tout ce qui a vie autour d'elle. — Le domaine des vérités éternelles s'étend également à l'infini. Quoi de moins compliqué, en apparence, que la ligne droite? Et cependant, elle jouit d'innombrables propriétés qu'aucun analyste ne saurait prétendre à distinguer; signalons seulement la série des figures rectilignes, du triangle, du quadrilatère et des autres polygones, la série infinie des propriétés du triangle, dont les nombreuses et profondes applications de la trigonométrie ne constituent qu'une infime partie. Quel vaste champ n'embrasserait pas la théorie du polygone d'un billion de côtés! — Des remarques analogues s'appliquent à la théorie des nombres; aucun esprit, ni une pluralité quelconque d'esprits ne sont à même de l'épuiser.

324. Si notre limitation ineffaçable ne nous permet point d'achever jamais la perception d'aucun objet, ni de percevoir tout ce qui est susceptible de l'être, nous avons néanmoins

le pouvoir de reculer sans fin et progressivement les bornes du savoir, que nous ne saurions supprimer. Ce pouvoir, j'en conviens, se trouve réduit encore par la faiblesse de la mémoire, qui nous laisse oublier bien des choses perçues jadis avec clarté et précision, de sorte que notre esprit est, pour ainsi dire, comparable à la flamme d'un flambeau qui se déplace sans cesse et autour duquel règne à chaque instant une sphère lumineuse, replongée bientôt dans la nuit antérieure. Mais, si l'oubli efface ce qui a été connu dans le passé, nous n'en sommes pas moins capables, à tout moment, de penser et d'apercevoir l'Etre même, et de regarder, comme enveloppés en lui, tous les objets particuliers de notre perception. A ce point de vue capital et essentiel, notre connaissance peut, malgré ses limites, être complète, et, comme telle, se comparer à la lumière suprême qui éclaire l'univers, sans jamais s'obscurcir.

325. Puisque ainsi l'objet de chaque perception est susceptible de se particulariser, il reste à le *déterminer* dans ses propriétés ultérieures, sa variété interne. Cette troisième fonction de la pensée, appelée la *détermination*, clôt la série, sans avoir elle-même de fin.

Bref, l'activité pensante est triple, et sa loi se formule dans les commandements suivants: *Réfléchis et médite; comprends et perçois; discerne et détermine.*

326. Comme pour les autres fonctions de la pensée, nous avons à examiner le rapport de la détermination avec la notion du Principe. Lors même que l'esprit, indifférent à l'Etre infini, ne s'applique qu'à déterminer le domaine des choses finies, l'activité de sa pensée se déploie, sans qu'il y prenne garde, en Dieu, Principe et Cause des êtres et des essences finis. Le problème intégral de la détermination a donc pour objet de déterminer la notion même de l'Etre d'après son contenu: l'organisme des êtres et des essences qu'il est en et par lui, c'est-à-dire l'univers.

Ce problème, avons-nous dit (323), reste nécessairement à jamais inachevé, et cela sous deux points de vue. D'une part, l'esprit descendant les degrés de la notion de l'Etre, scrutant son organisme, découvre à chaque pas de nouveaux horizons, puisque chaque catégorie divine implique l'infinité.

D'autre part, il reconnaît l'impossibilité de pénétrer le moindre objet particulier et individuel dans toute sa plénitude, dans son infinité de relations avec soi-même et avec les autres choses; non seulement, il n'a pas la puissance d'englober et de percevoir d'une manière complète la vie sans bornes de l'univers, mais il ne sait même déterminer que dans une mesure restreinte l'étroite sphère de l'expérience sensible; et cela est vrai aussi bien des plus grands organismes que des plus petits dont il observe la vie, d'un système solaire ou d'une planète que de son propre corps ou d'une goutte de rosée.

327. Puisque le problème de la détermination de la connaissance est illimité suivant toutes ses directions, il importe de fixer la première à suivre, selon la loi du vrai. La détermination va d'abord du tout aux parties, de l'absolu au relatif, de l'infini au fini. Cette direction primordiale se trouve conforme à l'essence même de l'Etre; car le tout, l'infini, l'absolu est et contient en, sous et par soi ses parties finies et relatives, et, dès lors, d'après l'essence, domine le fini et le relatif. — Le géomètre procède de cette manière, lorsqu'il pose d'abord l'espace ou l'étendue dans son entièreté, se rend compte ensuite de ses attributs fondamentaux, l'infinité, la triplicité de ses dimensions, la possibilité de sa limitation sans fin, descend alors ses divers échelons et saisit la surface, la ligne, le point, considère à nouveau la surface en son entier, la développe dans sa variété interne, et continue ainsi à progresser sans cesse en s'abaissant aux détails. — Nous avons suivi la même marche, au cours de notre essai, pour parfaire la connaissance du moi, descendant du tout à ses parties, à ses attributs, à ses activités.

328. Le fondement de cette marche descendante ou *déductive* de la détermination réside en ce que l'essence de chaque objet fini, posé dans l'Être et participant de son essence, est de se trouver un même objet entier, renfermant en soi des parties et des membres spéciaux. Elle n'est suivie dans toute sa généralité que si l'on *descend* de l'Être comme notion fondamentale, comme Principe, qui est à, en, sous et par soi toutes les choses de l'univers, ainsi que nous le ferons dans la seconde partie fondamentale du système de la philosophie, la partie *synthétique-déductive* (17).

Au cours de notre procédé analytique et ascendant vers la connaissance du Principe, nous n'avons pu adopter qu'incidemment cette direction primordiale, lorsque, partant du moi indivis, nous avons pénétré et descendu son intérieur. Maintenant que Dieu est reconnu, il nous faudra la prendre pour déterminer et former régulièrement la science dans son ensemble systématique. Cette direction ou cette méthode est aussi appelée *synthétique,* parce qu'elle coordonne, à l'intérieur du Principe, toutes les connaissances spéciales, l'une dans, avec et par l'autre.

329. Toutefois, dans la vision même du Principe, on discerne que chaque objet fini et individuel participe de l'essence de celui-ci, qu'il est, selon l'essence pure, semblable à l'Être, et, par conséquent, doit aussi devenir *à soi* évident pour l'esprit qui l'observe; et puisque l'intelligence bornée n'a pas la puissance de saisir d'un coup et sans lacunes comment les choses finies et individuelles se manifestent dans la vie, fondées par l'essence de Dieu, elle ne saurait se soustraire à la nécessité de percevoir séparément la notion immédiate de chaque objet fini et de le déterminer tel qu'il lui apparaît dans l'intuition; puis, cette intuition acquise, de s'élever à l'examen de son fondement supérieur, pour retourner ainsi de degré en degré à la notion du Principe, en recueillant subordinément, au cours de cette marche ascendante, dans leurs fondements successifs, tous les objets individuels, pour les rassembler enfin dans leur cause dernière: Dieu.

Cette méthode de détermination, directement opposée à la précédente, n'est pas moins indispensable que celle-ci; comme elle est ascendante, procède par intuition et s'élève des objets limités à ceux qui les renferment, on l'appelle la méthode *analytique*, *intuitive*, *inductive* ou, plus exactement, *éductive* (31). Notre recherche, jusqu'au point où elle a abouti à la connaissance du Principe, en est une première ébauche.

330. Toutes les choses en antithèse se pénétrant de nouveau pour s'enchaîner dans l'unité de l'essence infinie et absolue de l'Etre, les deux directions distinctes de la détermination s'enlacent également et uniformément dans l'intelligence; d'une part, la pensée s'attache à reconnaître synthétiquement, *par déduction*, comment l'essence absolue de l'Etre,

son essence suprême et, au-dessous de celle-ci, son essence éternelle, se réalisent en phénomènes finis et individuels; d'autre part, elle perçoit le fini et l'individuel, et recherche analytiquement, *par intuition*, à quel point sa notion se trouve conforme et répond à l'essence éternelle, puis à l'essence suprême et, au-dessus de tout, à l'essence absolue de Dieu, que l'on a déduites précédemment.

Chacune des deux méthodes de détermination, et leur combinaison, se poursuivent sans limites pour l'intelligence bornée; ses efforts tendent sans relâche, d'une part, à développer synthétiquement la vision de l'Etre et, d'autre part, à analyser le fini perçu immédiatement, pour rétablir ensuite dans leur union harmonique les notions trouvées par les deux voies.*)

331. La possibilité de la détermination de la connaissance a pour base la vision ou, au moins, le pressentiment de Dieu. Tous les objets particuliers existant à ou en lui et le savoir vrai devant se trouver adéquat à l'objet connu, il suit que la notion de l'Être est le seul fondement de la possibilité de déterminer avec vérité et certitude une connaissance quelconque. C'est pourquoi le penseur, initié à la science et conscient de cette relation, doit s'astreindre à reconnaître avec méthode le système des attributs universels ou des catégories de Dieu (253 et ss.), qui constituent, pour chaque recherche, les lois générales de la détermination.

Cependant la pensée anté-scientifique fonde aussi son activité sur le pressentiment de l'Etre comme Principe, et les catégories divines s'offrent fatalement à elle, acceptées au moins, sans coordination régulière, comme préconceptions ou idées générales indéterminées de l'être, de l'essence, de l'unité, de la propriété, de l'entièreté, de la position, de l'existence, etc., s'appliquant aux sensations et aux perceptions sensibles aussi bien qu'aux objets non-sensibles.

332. De même que la réflexion et la perception, la détermination continue et persiste dans le temps; à chaque in-

---

*) Les notions obtenues par l'une de ces voies ont acquis leur légitimité, leur valeur objective, quand elles sont conformes aux notions correspondantes rencontrées par l'autre voie.

stant, nous réglons fatalement notre détermination, en partie, de plein gré, en partie, contraints par les nécessités de la vie.

De même aussi, la détermination se replie sur soi; nous déterminons la détermination, comme nous venons de le faire.

Les trois phases ou moments de la détermination.

333. Comme on vient de le voir, la fonction de la *détermination*, par laquelle la perception s'élargit, progresse et se perfectionne, présente trois phases spéciales subordonnées, trois moments dans lesquels elle s'achève. Ce sont la *déduction* et l'*intuition* de l'objet, et l'union de ces deux phases dans la *construction*.*)

La déduction. (*Die Ableitung.*)

334. La première phase de la détermination est la *déduction*, c'est-à-dire la connaissance non-sensible de l'objet au sein de l'Etre (*Theilwesenschauung*), d'après les catégories imposées à l'esprit comme lois de sa pensée et de l'organisation de la science. La déduction, la pure vision non-sensible d'un objet, tel qu'il se trouve constitué en vertu des catégories, n'est complète et parfaite que si l'Etre même est reconnu et ses catégories déduites synthétiquement, c'est-à-dire aperçues comme adhérentes à sa vision et impliquées dans sa notion. Et, puisque l'essence de chaque chose qu'il est à et en soi, se trouve, en fini, semblable à la sienne, on peut et doit aussi la connaître primitivement d'après les mêmes catégories. Lorsque cette essence est saisie telle qu'elle existe comme élément à ou dans le Principe, elle est *déduite* en ce dernier.

335. La possibilité d'une déduction scientifique repose donc sur la connaissance de l'Etre et de ses attributs catégoriques. Toutefois, avant que celle-ci n'ait acquis toute sa clarté, la pensée procède déjà par déduction d'une manière restreinte et subordonnée, en déterminant nécessairement les choses d'après les catégories générales, mais conçues comme finies, comme idées communes, de l'essence, de l'unité, de la propriété, de l'entièreté, de la différence, etc. (331).

*) Pour le développement plus explicite de cette théorie, voy. l'ouvrage de *Krause* „Entwurf des Systems der Philosophie, 1804".

Dans le langage usuel, *déduction* ne se dit que du rapport de fondement à conséquence. Cependant, la causalité, la relation de cause à effet n'est qu'une des relations déductives, celle qui se base sur la catégorie du *fondement, à l'exclusion des autres.* A ce point de vue, on définit la déduction: *une démonstration tirée du principe;* elle est, à coup sûr, démonstration, puisque chaque objet fini est fondé dans le Principe, mais elle n'est pas que démonstration; en général, elle s'occupe à déterminer l'objet à et dans son principe selon toutes les catégories. On ne peut non plus, en toute rigueur, dire que par elle l'objet est tiré ou déduit *du* principe, si l'on entend par là extrait *hors du* principe; il est plutôt déduit, démontré *dans* ou *par* son principe, discerné *à* et *dans* son fondement.

336. Pour éclaircir cette fonction, recourons à un exemple. Supposons que l'objet soit l'espace ou l'étendue. Sa déduction s'effectuera de la manière suivante. Puisqu'il est une forme, il faut déduire, discerner au cœur du Principe le fond dont il est la forme; ce fond, c'est la matière, c'est-à-dire la Nature en ce qu'elle a de permanent. Il faudra donc préalablement déduire la Nature, voir, regarder quelle est son essence fondamentale ou reconnaître la pure notion non-sensible de la Nature, comme notion particulière dans celle de l'Etre*); il faut percevoir que celui-ci est en soi la Nature, et quelle est l'essence de cette dernière. Cela fait, on reconnaîtra que la Nature, en ce qu'elle a de permanent, est la matière; qu'en outre, comme chaque objet, elle a une forme spéciale; et lorsqu'on aura montré que cette forme, comme son contenu, doit être infinie, continue, susceptible sans cesse de particularisation, la notion ainsi trouvée de cette forme sera la pure notion déductive de l'espace. Celle-ci n'est pas encore l'*intuition* de l'espace, jusque là reconnu uniquement selon son essence au sein de l'Etre, comme une essence particulière, interne et subordonnée dans celle de l'Etre, comme une vision spéciale dans celle de Dieu. — Le géomètre qui s'en tient à la pure intuition, à la contemplation de l'étendue, remarque, sans aucune déduction, sans se préoccuper de sa

*) Ce que nous ferons dans la partie synthétique-déductive de la science.

position dans l'Etre, que l'étendue est infinie, susceptible de délimitation sans fin, mais il pose cette thèse comme un axiome, une évidence, que chacun doit admettre et de la déduction desquels il demande à être dispensé. Cependant, pour que la théorie de l'espace devienne scientifique, au vrai sens du terme, il est indispensable que son objet, l'étendue infinie, soit distingué et classé dans la notion de l'Etre, c'est-à-dire déduit.*)

Prenons un autre exemple. La connaissance, avons-nous dit (146), est l'union de l'objet, qui a son essence propre, avec l'être connaissant, qui subsiste également par soi-même. Cette définition expose simplement l'essence intuitive du rapport de connaissance. Pour la connaître par déduction, il faut remarquer que Dieu, l'Etre substantiel infini et absolu, est, comme être propre, lié avec soi-même, comme tel; cela posé, la notion pure de la connaissance est trouvée: la connaissance est le rapport d'union de l'essence propre avec elle-même dans l'Être, la relation de Dieu avec son essence propre. L'esprit fini, privé de l'intuition de cette notion, pourrait toutefois l'acquérir par déduction, sans remarquer encore qu'elle correspond précisément à l'essence de la connaissance qu'il observera plus tard dans son intuition.

Prenons pour troisième exemple la notion de la lumière. Dans notre condition actuelle, celui-là seul qui est doué de la vue peut en avoir l'intuition; mais, la notion déductive de l'essence pure de la lumière, le maître pourra l'inculquer à son élève aveugle, et si, un jour, celui-ci recouvre la vue, il saura rapprocher la notion déductive de sa perception intuitive. Par l'exposition de la philosophie de la Nature, on peut démontrer à l'aveugle ce qu'est la lumière selon son essence pure, lui faire comprendre qu'elle est une activité

*) De même, le naturaliste, partant des faits et des phénomènes observés, établit, par voie de généralisation et d'abstraction, des espèces, des genres, des classes, qui réduisent l'expérience en système, mais qui, introduits de cette manière sous une forme hypothétique, attendent encore le contrôle de la déduction, le discernement de leur valeur objective, de leur existence effective au sein de l'Etre et de la Nature, pour se voir définitivement acceptés par la science. *(Note du traducteur.)*

qui de tout point s'exerce uniformément dans l'espace, se propage en ligne droite avec une vitesse déterminée, qu'elle est en soi d'espèces distinctes, qu'elle est colorée, bien que jamais il ne percevra intuitivement la couleur même; et alors il sera en état de développer lui-même la théorie de la lumière. La preuve vivante en a été donnée par l'aveugle *Sounderson*, le continuateur de *Newton*. — D'une manière analogue, l'homme privé de l'ouïe, après avoir formé la notion déductive du son, s'être rendu compte du mouvement vibratoire qui le produit, pourrait écrire une théorie de l'acoustique et même, dans son principe, une théorie de l'harmonie, s'il reconnaît par déduction l'essence pure de cette dernière.*)

337. La déduction de chaque objet, avons-nous remarqué (334), suit pas à pas le système des catégories divines, lois fondamentales de l'organisation scientifique. *Kant* est le premier philosophe qui, dans les temps modernes, ait discerné ce fait; aussi s'est-il attaché à découvrir et exposer systématiquement, dans son *tableau des catégories*, ces lois qu'il appelle les *„principes synthétiques a priori“* ou les *„principes de la synthèse transcendantale“*. Quelque imparfait que soit le résultat auquel ont abouti ses travaux, ce n'en est pas moins un progrès capital d'avoir seulement soulevé ce grand problème, dont nous donnerons la solution plus complète dans la partie synthétique de la science, dans la déduction de la vision de l'Etre.

L'intuition.**) (*Die Selbeigenschauung.*)

338. Le second moment de la détermination est l'*intuition*, la vision propre de l'objet perçu. La connaissance déductive, l'aperception au sein du Principe ou de l'Etre (*Wesen-*

---

*) *Platon* a bien saisi la condition essentielle de la déduction ou de la dialectique. „L'âme“, dit-il, „doit s'affranchir du corps, se dégager des sens et voir les choses à elles-mêmes, à et dans l'Etre, par une vision pure de la pensée. Les idées pures de leur essence réapparaissent alors à l'occasion de l'intuition des objets sensibles qui en portent les traces, qui sont, après tout, les images des types supérieurs ou les ombres de la réalité véritable.“ *(Note du traducteur.)*

**) En philosophie, on entend ordinairement par le mot *intuition*, la connaissance directe, immédiate des vérités qui, pour être saisies

schauung), est la base du savoir; elle est, à soi, certaine et complète, et, comme telle, ne requiert aucunement le concours de l'intuition, de l'aperception immédiate. Mais, d'autre part, il n'est pas moins essentiel de saisir chaque chose directement, de la percevoir immédiatement telle qu'elle existe et s'offre à l'esprit. Tout objet que l'Etre est à ou en soi ayant, comme lui-même, son essence propre, celle-ci doit être aperçue par intuition, par vision propre.

L'étendue, par exemple, se contemple sans intermédiaire, et, à l'esprit qui n'en aurait point l'intuition, nulle déduction ne saurait contribuer à l'inculquer. — De même, aucune considération déductive ne saurait procurer la vision propre de la lumière. — La Nature aussi est saisie directement dans ses phénomènes individuels; sans la perception intuitive de ces derniers, la connaissance déductive de la Nature serait, il est vrai, certaine, mais l'intuition directe de ses œuvres ferait défaut. —

339. Ainsi donc, d'une part, chaque notion peut avoir pour point initial l'intuition immédiate de son objet. L'intelligence finie est capable de percevoir les choses individuelles absolument, par simple vue, sans intermédiaire, sans recourir à leur déduction dans la vision du Principe, sans faire appel à la pensée de leur fondement, sans même concevoir la notion de l'Etre. De là vient que des sciences spéciales ont pu recevoir de vastes développements par la seule intuition. Tel est le cas de la science expérimentale de la Nature et, plus encore, de la théorie supra-sensible de la Mathématique pure.

Mais, d'autre part, il n'est pas moins évident que la con-

---

par l'esprit humain, n'ont pas besoin de l'intermédiaire du raisonnement. L'intuition est alors opposée à la déduction: l'une résulte d'une aperception immédiate de la vérité, l'autre d'une suite plus ou moins longue d'idées parcourues successivement. La définition est bonne, avec la restriction toutefois qu'il n'y a point de vérités, finies et déterminées, qui, pour devenir des *certitudes* objectives, n'aient besoin de l'intermédiaire de la déduction, et la condition que la suite plus ou moins longue d'idées à parcourir prenne son origine dans le Principe, l'Etre ou Dieu, et se développe suivant les lois de la pensée et de l'objet. (*Note du traducteur.*)

naissance déductive d'un objet, dans la vision de l'Etre, n'exige point qu'il soit, au préalable, saisi par intuition. La déduction détermine, indépendamment d'aucune vue directe de l'essence particulière de l'objet (336), son essence entière et générale.*)

340. Bien que, dans la sphère du savoir fini, la déduction intervienne comme l'intuition et que l'une ou l'autre puisse élaborer la première connaissance de l'objet, il est clair cependant que la véritable méthode de l'exposition scientifique procède de la déduction à l'intuition; en effet, les êtres et les attributs particuliers étant posés à ou dans et sous l'Etre et recevant en et par lui leur essence propre, le développement progressif de la science doit s'assujétir à cet enchaînement éternel et essentiel des choses. Il est manifeste que la détermination de la manière dont une chose existe et se trouve constituée dans l'Etre infini, en d'autres termes, la détermination déductive de cette chose selon les catégories de l'Être, signale à l'esprit la voie par laquelle son intuition peut et doit se conduire et se parfaire méthodiquement. — La Mathématique, jusqu'ici, doit ses progrès surtout à l'intuition; mais elle ne pouvait revêtir une forme scientifique, porter le cachet de l'organisation, avant qu'on n'eût déterminé, dans la connaissance déductive, les lois fondamentales qui concernent l'essence propre de son objet, avant qu'on n'eût établi par déduction, dans le Principe, la connexion de ses éléments primordiaux, à savoir l'entièreté, la quantité, la numéralité, l'espace, le temps, le mouvement, la force, etc. —

Par contre, s'il n'était pas possible de poursuivre l'intuition sans la déduction, l'intelligence, adonnée à l'analyse et à l'expérience sensible, inconsciente de soi-même et de l'Etre infini, ne saurait jamais se ressaisir, ni revenir à la conscience effective de Dieu. La recherche analytique, à laquelle nous avons consacré ce livre, fournit une preuve maté-

---

*) *Descartes* a reconnu qu'il existe deux moyens par lesquels notre entendement peut s'élever à la connaissance sans crainte de se tromper: l'intuition et la déduction; mais il n'a pas eu la vue nette de la déduction dans le Principe, ni de la combinaison des deux moyens pour la *construction* (Voy. la *troisième règle pour la direction de l'esprit*). (*Note du traducteur.*)

rielle de la possibilité de s'élever par simple intuition à la pensée de Dieu: partant de la vision propre du moi, nous y sommes parvenus, d'intuition en intuition, à l'intuition absolue et infinie de l'Être.

341. Puisque la déduction et l'intuition sont des phases spéciales essentielles de la fonction fondamentale de la détermination, la connaissance vraiment scientifique et systématique ne saurait faire aucun progrès ferme sans l'intervention constante de ces deux fonctions.

Si, d'une part, une perception étant formée, on se propose de déterminer ce que l'objet a de fini complètement, de circonstancié dans le temps, d'individuel, de singulier, au cours de cette investigation prédomine l'intuition; mais la connaissance déductive de l'objet s'y joint sur-le-champ, comme moyen et comme soutien. — Tel est le cas pour la perception des sensations: une perception sensible ne saurait être saisie dans ses particularités qu'avec le concours des idées générales et éternelles (185), qu'appuyée et guidée par la connaissance déductive des catégories; l'intuition aperçoit seulement de quelle manière spéciale celles-ci se trouvent réalisées à ou dans l'objet perçu. — L'intuition domine aussi dans la détermination des choses individuelles temporaires, lorsqu'on y compare l'individuel, réalisé et saisi par l'entremise des sens, à l'idée éternelle de ce qui *doit* s'accomplir dans ces choses. On juge ainsi l'individu d'après son essence idéale et éternelle, on détermine, en l'observant, ce qu'il a de conforme ou de contraire à celle-ci.

Si, d'autre part, un objet étant perçu, on cherche non pas à le déterminer dans son individualité, mais à discerner quelle essence générale et éternelle il actualise sous une forme spécifiée, l'intuition apparaît, à son tour, comme moyen et soutien pour la connaissance déductive, qui est le but à atteindre. Dès qu'elle se propose une connaissance idéale, générale et éternelle supra-sensible, l'intelligence recourt à une image intuitive, à un schème de l'idée ou de la notion idéale à déterminer. — Les figures, sur lesquelles le géomètre explique les vérités éternelles de la science de l'étendue, en sont des exemples typiques. — L'intuition individuelle se manifeste aussi comme moyen de présenter sous une forme sensible les notions idéales, les idées pures. Lorsqu'on a déduit une idée, celle de l'Etat, par exemple, reconnu l'essence éternelle que l'Etat doit offrir en tout temps, on rend cette idée palpable en s'en ébauchant un idéal entrevu par intuition dans son essence propre. Mais ici l'intuition de cet idéal s'obtient par l'intermédiaire de la notion déductive de l'Etat, déduite dans l'essence propre du Droit et de la Société, posée elle-même dans la vision de l'Être.

Lorsque enfin il s'agit de reconnaître l'individualité temporelle et de chercher si et de quelle manière elle réalise à et en soi son essence idéale et éternelle, lorsque, concurremment, l'on s'attache à distinguer l'essence idéale et à voir si et comment elle se montre effectuée à et dans l'individualité temporelle, au cours de cette connaissance bilatérale, régulièrement constituée, la déduction et l'intuition interviennent en mesure égale, elles sont réciproquement but et moyen.*)

La construction. (*Die Schauvereinbildung.*)

342. Après avoir procédé par déduction et par intuition, il reste donc, pour parfaire la connaissance, à rapprocher la notion déductive de la notion intuitive. La notion complète de l'objet n'arrive à terme que par leur réunion.**) — Par

---

*) Les théories philosophiques proclament, en général, que leur thèse est prouvée. S'agit-il de reconnaître l'exactitude de leur assertion individuelle et particulière, il faudra, en partant de l'intuition de ce qu'elles posent, rechercher si et de quelle manière cette assertion réalise à et en soi l'essence idéale éternelle, l'essence déductive de la preuve, et, concurremment, discerner par déduction cette essence idéale éternelle, pour y comparer la preuve particulière donnée. Cependant la plupart de ces théories se dispensent d'établir en quoi consiste *la preuve. (Note du traducteur.)*

**) L'intuition, sans le contrôle de la déduction, peut aboutir à un amalgame de notions subjectives, d'illusions fantastiques qui ne répondent pas à l'organisme de l'Etre. La déduction, sans qu'on la compare avec l'intuition, peut conduire à un système de notions qui ne correspondent nullement à la réalité soumise à notre observation. L'intuition et la déduction nous donnent chacune une face des choses, d'une part, la vue des choses à elles-mêmes, d'autre part, la vue des choses telles qu'elles dérivent de leur Principe. Mais, l'erreur étant possible pour notre intelligence bornée, il reste à discerner la convenance ou la disconvenance des deux espèces

exemple, si l'on reconnaît purement dans la vision de l'Etre, c'est-à-dire si l'on déduit qu'en vertu de ses catégories il implique deux êtres supérieurs, infinis dans leur genre, s'opposant l'un à l'autre, et si, d'autre part, on aperçoit que les êtres supérieurs, rencontrés dans l'intuition immédiate, sont la Nature et l'Esprit, il n'est pas encore établi par là que la Nature et l'Esprit sont précisément les deux êtres supérieurs en Dieu, auxquels la déduction nous ramène. — De même, si l'on déduit dans la vision de l'Etre que l'activité supérieure qui se manifeste dans la Nature par des procédés divers est nécessairement une et la même, et si, d'autre part, l'intuition nous dévoile la lumière comme la force naturelle dont les manifestations sont les plus générales, on n'a pas encore démontré par là que cette force supérieure, que l'on a déduite, par laquelle s'opère tout le travail de la Nature, n'est autre que la force lumineuse, perçue par l'intuition sensible.

Ainsi, la réunion dans la vision harmonique de la vision déductive et de la vision intuitive, le rapprochement de la déduction et de l'intuition, pour parfaire la connaissance, est la troisième phase indispensable de la détermination, et la dernière. Cette phase achève la détermination, puisqu'elle recompose en une seule les deux espèces opposées de notions primitives, la pure notion déductive dans la vision de l'Etre et la notion intuitive de l'objet, c'est-à-dire les éléments de toute notion complète d'une essence finie dans l'intérieur de l'Etre. J'appellerai cette dernière phase la *construction*, empruntant ce terme à la Mathématique, où il est en usage depuis longtemps, parce que l'on y distingue nettement les fonctions de la déduction et de l'intuition et que leur réunion dans la construction s'impose comme inévitable au mathématicien qui veut étendre ses théories.

343. Une erreur fort répandue consiste à admettre que le contenu d'une construction doit être un objet complète-

---

de vues. Pour constater si les visions déductives sont légitimes et s'enchaînent régulièrement, il faut les comparer au spectacle de la réalité, aux données intuitives. Pour décider si les vues de l'intuition sont exactes, il faut examiner si elles sont compatibles avec la vision déductive de l'organisme de l'Etre, c'est-à-dire avec leu fondement. *(Note du traducteur.)*

ment fini, individuel, sensible. On se laisse entraîner à cette supposition par le fait que, dans ses constructions, le mathématicien ne perd pas de vue, ce qui est vrai, une figure, un signe ou un schème sensible spécial; mais, si l'on observe que la constitution sensible de ce schème sert uniquement à rendre plus saisissable la conception générale de la théorie à expliquer et ne contribue aucunement à sa déduction*), on voit sans peine que, dans la Mathématique aussi, la construction, lorsqu'il s'agit d'une vérité générale, joint des conceptions idéales purement déductives avec des perceptions sensibles purement intuitives; en effet, comme dans tous les domaines, la vision intuitive de chaque objet de la Mathématique est originairement la vision particulière de celui-ci tel qu'il existe dans l'Etre, laquelle renferme assurément, en et sous soi, la vision de l'essence générale et éternelle, accompagnée de la vision schématique de l'essence individuelle et temporelle, inséparable de la première.**)

---

*) Les mathématiciens aveugles se passent même de tout signe, de toute représentation *extérieure*. *Malebranche* prétend avec raison que la déduction s'appuie non sur l'image, mais sur l'idée. „Je ne puis", dit-il, „imaginer un carré, par exemple, que je ne le conçoive en même temps. Et il me paraît évident que l'image de ce carré que je me forme n'est exacte et régulière qu'autant qu'elle répond juste à l'idée intelligible (déductive) que j'ai du carré, c'est-à-dire d'un espace terminé par quatre lignes exactement droites, entièrement égales, et qui, étant jointes par toutes leurs extrémités, fassent leurs angles parfaitement droits. Or c'est d'un tel carré dont je suis sûr que la diagonale peut le double de chaque côté. C'est d'un tel carré dont je suis sûr qu'il n'y a pas de commune mesure entre la diagonale et les côtés. En un mot, c'est d'un tel carré dont on peut découvrir (déduire) les propriétés, et les démontrer aux autres. Mais on ne peut rien connaître dans cette image confuse et irrégulière que trace dans le cerveau le cours des esprits. Il faut dire la même chose de toutes les autres figures. Ainsi, les géomètres ne tirent pas leurs connaissances des imaginations, mais uniquement des idées claires de la raison. Ces images grossières peuvent bien soutenir leur attention, en donnant, pour ainsi dire, des corps à leurs idées; mais ce sont les idées, où ils trouvent prise, qui les éclairent et qui les convainquent de la vérité de leur science." *(Note du traducteur.)*

**) Comme dit *Malebranche*, „l'esprit joint à ses idées finies l'idée de la généralité qu'il trouve dans l'infini". *(Note du traducteur.)*

Pour nous, la *construction* signifie donc la recomposition harmonique de l'essence déduite avec l'essence aperçue, la synthèse de la vision déductive de l'objet et de sa vision intuitive (*die Vereinbildung der Ableitung und der Selbeigenschauung als Schauvereinbildung*), qu'il s'agisse d'ailleurs, d'un objet absolu, suprême, général, éternel, ou d'un objet relatif, particulier, individuel, temporel.

344. Examinons comment doit s'opérer dans la construction la recomposition des deux éléments de la connaissance, qui l'achèvent. Dans la construction doivent s'accorder deux séries distinctes de connaissances partielles. De là, pour la parfaire, une première condition, à savoir que les termes de la série de l'intuition soient rapprochés de leurs correspondants dans la série de la déduction; puis, la seconde condition, que, l'un des termes d'une série étant réuni dans la pensée avec le terme correspondant de l'autre série, leur détermination soit poursuivie en les maintenant unis. Bref, allier correctement les termes déductifs et les termes intuitifs correspondants, et poursuivre méthodiquement la détermination des termes dont l'accord est établi, telles sont les deux conditions fondamentales de la construction scientifique.

345. J'éluciderai cette thèse en prenant pour exemple la science naturelle. Admettons, d'une part, que l'on soit parvenu à déduire, purement dans la vision de l'Etre, par la philosophie de la Nature, l'idée entière de la Nature, puis toute la succession de ses activités et la classification de ses procédés, le tout cependant sans avoir aperçu ces objets par l'intuition, ni les avoir ordonnés par voie de généralisation et d'induction. Supposons, d'autre part, que l'esprit pensant ait examiné avec soin et avec méthode par l'intuition, par l'observation immédiate, la vie de la nature ambiante. Alors surgit le problème de la construction, du rapprochement des deux séries de notions, la question de constater l'adéquation, quant à tous leurs termes, de la série des intuitions immédiates et des inductions avec la série des connaissances déductives de la Nature; de voir à quelle idée déductive répond la lumière, à laquelle la pesanteur, à laquelle la plante, à laquelle l'animal, à laquelle leurs espèces, leurs genres et leurs classes; bref, de discerner si nous connaissons ces

choses à elles-mêmes telles qu'elles ont été déduites dans leur principe.

346. En cette matière, il peut se commettre beaucoup d'erreurs, à la suite desquelles la construction s'égare et devient défectueuse*); ces méprises dans l'édification générale de la science sont d'autant plus aisées que l'on s'attache plus à construire les diverses sciences isolément, à les confiner dans leur spécialité, sans enchaînement avec l'ensemble. Une première faute une fois commise au sujet du rapport de certains termes des deux séries opposées de connaissances, il s'ensuit fatalement une construction défectueuse pour tout le cours de la théorie, au domaine de laquelle appartient l'objet de cette erreur. L'histoire des sciences naturelles surtout en offre de nombreux exemples. Pour que la science, en général, puisse aboutir, il faut qu'il soit possible d'éviter ces méprises; on saura s'en préserver si l'on développe uniformément les deux séries de la déduction et de l'intuition. Les considérations qui suivent font comprendre cette possibilité. L'Etre est en, sous et par soi tout ce qui existe, et cela selon une loi unique et générale, car il se trouve en soi identique d'essence, il est, en son entier, semblable à lui-même; et cette loi universelle, organisme de lois particulières, sera connue après qu'on aura déterminé les catégories de l'Etre.**) Lorsque ensuite, suivant pas à pas ce système des

---

*) A un point de vue spécial, la pensée peut s'égarer en appréciant faussement les données des sens et de la raison, en rapportant, p. ex., une sensation à un objet plutôt qu'à un autre, et en jugeant de la forme, de la grandeur, de la distance, du mouvement de l'objet d'après l'impression du moment, sans tenir compte des lois intellectuelles, physiques et physiologiques que la déduction a établies ou doit établir au regard du phénomène. — En matière philosophique, les méprises les plus fréquentes sont celles qui, dans le rapprochement des notions déductives et des notions intuitives, prennent la partie pour le tout, l'attribut pour la substance, la cause pour la condition, l'effet pour la cause, le fond pour la forme, le signe pour la chose, l'image pour la réalité, l'indéfini pour l'infini, le relatif pour l'absolu, le bien pour le mal, et réciproquement. (Voy. *Tiberghien*, Logique, t. II, p. 322 et ss.) (*Note du traducteur.*)

**) Ou, sous l'aspect subjectif, les *idées de la raison* ou *rationnelles*, comme on dit vulgairement.

catégories divines, la pensée aura développé dans la vision de l'Etre la série des connaissances déductives, aussi bien que la série des connaissances intuitives, chacune pour soi, elle verra surgir les termes de l'une et de l'autre, qui se correspondent.

Mais comme, jusqu'aujourd'hui, dans les diverses théories philosophiques, le système des catégories n'a encore été exposé que d'une manière fort imparfaite, et non dans l'ordre conforme à l'essence objective des choses, la série des connaissances déductives, d'abord, y reste défectueuse; puis, les termes de la série intuitive, les résultats de l'observation immédiate, qui ne s'accommodent point avec ces vues déductives mal venues sous le rapport du fond et de la forme, sont introduits erronément et arbitrairement dans la série de ces dernières; et le système de la science fourmille, par suite, de lacunes et de contradictions.

En général, la divergence des théories philosophiques actuelles réside surtout en deux points: premièrement, dans la manière foncièrement différente de comprendre les lois, les principes de la synthèse ou de la déduction, et, secondement, en ce que des termes de la série intuitive sont considérés comme correspondants à des termes différents de la série déductive. De là des différences radicales d'opinion sur tout ce qui s'offre à la pensée par intuition immédiate, sur tous les objets et les faits observés. Telle est l'origine des thèses contradictoires sur les rapports de l'Esprit et de la Nature, de l'esprit et du corps, entre eux et avec Dieu: un système affirmera que l'Esprit ou l'Etre intelligent est subordonné à la Nature, un autre, au contraire, que la Nature est soumise à l'Etre intelligent, un troisième, que tous deux ont même valeur, qu'ils sont en Dieu coordonnés au même titre. De là également les avis opposés sur les divers membres de la condition humaine, sur l'Etat, sur la société religieuse, sur la relation de l'homme et de la femme. Mais le penseur qui connaîtra la loi harmonique de la déduction et de l'intuition, de la démonstration et de l'observation, et aura, dans la construction, accordé d'une manière correcte et parfaite les termes fondamentaux de leurs séries, saura se préserver de fausses opinions et se trouvera en état de discerner et de résoudre les contradictions des systèmes philosophiques.*)

347. Abordons l'examen de la seconde condition que nous venons de poser (344) pour la construction, à savoir que, la corrélation des termes des deux séries de la connaissance une fois aperçue, la notion déductive et la notion intuitive doivent progresser en se pénétrant et se déterminant réciproquement, de sorte qu'à partir de ce moment la déduction et l'intuition se développent côte à côte, parallèlement.

Prenons un exemple et supposons qu'on veuille *déterminer* l'espace ou l'étendue. Admettons que, d'une part, on ait saisi, purement dans la vision générale de l'Etre, la vision particulière et l'idée éternelle de l'étendue, comme la forme du monde corporel en tant que celui-ci est un tout permanent, en d'autres termes, comme la forme de la Nature en tant que matière; et que, d'autre part, on ait présente à la conscience l'intuition immédiate de l'espace. Qu'on ait ensuite, première phase de la construction, discerné que l'étendue contemplée dans l'intuition répond à la notion précédente déduite dans la vision de l'Etre, qu'elle est bien la forme de chaque corps. Alors se déroule la seconde phase de la construction: les deux espèces de notions, reconnues identiques, se déterminent en se pénétrant réciproquement, la déduction et l'intuition avancent et s'approfondissent, pour ainsi dire, la main dans la main, l'une appuyant et soutenant l'autre. Ainsi, l'on verra par déduction que l'espace, comme forme de la matière de la Nature, et en vertu de la similitude interne de l'Etre, a unité, propriété, entièreté et unité harmonique, que l'étendue est l'unité de forme ou de position, la forme unique de la matière comme telle, qu'elle est donc infinie, en vertu du principe synthétique que la forme est semblable à son fond, la matière, qui est tout dans son genre, par suite, infinie; et concurremment, on constatera que ces attributs répondent à l'intuition individuelle de l'espace et élargissent, pour ainsi

*) Ainsi, dès à présent, nous pouvons remarquer que les panthéistes pèchent par défaut d'intuition, les sensualistes et les positivistes par défaut de déduction. Les faits condamnent les premiers; les principes sont inconnus aux derniers. *(Note du traducteur.)*

dire, indéfiniment la représentation intuitive, d'abord indéterminée, mais susceptible de détermination, que l'on s'en créait dans l'imagination. Puis, on déduira que la forme de la matière est continue, puisque son fond, la matière, est purement en soi, dans toute son essence propre, ce qu'il est; si alors l'on revient à l'espace perçu par l'intuition, on trouve qu'on se le figure également avec la continuité d'étendue; ce qui implique aussitôt qu'il est un tout infini susceptible de division dans son intérieur. Poursuivant la déduction, on voit que l'étendue est susceptible de se délimiter sans fin dans son intérieur, si son étoffe, la matière, se laisse envisager sans restriction sous des limites quelconques; cela posé, l'intuition individuelle de l'espace se détermine encore une fois, l'imagination s'y représente, en effet, des limites suivant les trois dimensions de l'étendue, en longueur, largeur et profondeur, à savoir les surfaces à deux dimensions, les lignes à une dimension*) et les points sans dimension. Tout ce que

*) J'obtiens ainsi par construction une définition de la ligne: c'est cette limite intérieure de l'espace qui n'a qu'une dimension. Je détermine de nouveau la ligne par déduction et intuition. La déduction m'apprend que tout a une essence et une forme. Je reviens à la ligne dont j'ai l'intuition dans mon imagination, et je vois qu'elle a respectivement pour essence et pour forme la longueur et la direction. De là une nouvelle vision plus complète de la ligne: c'est une longueur avec une direction. Toute essence finie est susceptible de plus ou de moins, de quantité, et toute forme a sa forme. La longueur de la ligne peut donc croître ou décroître, et comme elle est tout dans son genre, elle y est continue et se trouve divisible sans fin en parties similaires: je retourne à la ligne de mon intuition et je vois qu'en effet je puis la diviser indéfiniment, sans pouvoir fixer le terme de cette opération. La forme de la direction de la ligne sera ou toujours la même ou toujours autre, changeante: cette déduction concorde avec mes représentations; je me représente effectivement une ligne droite et une ligne courbe, avec les propriétés déduites; la ligne droite est celle dont la forme est homogène, la direction relative interne, identique entre quelques limites que je la considère; la ligne courbe est celle dont la direction relative interne varie continuellement. La construction nous donne donc, sous le rapport de la forme, deux espèces primordiales de lignes. (Voy. *Krause, Encyclopädie der philosophischen Wissenschaften*: die Lehre vom Erkennen und von der Erkenntniss 1836, S. 429 ff.) (*Note du traducteur.*)

nous venons d'établir, la déduction, régulièrement poursuivie d'après *la vision de l'objet comme élément de l'Etre* (*als Theilwesenschauung*) et d'après son idée éternelle, le dévoile, mais elle ne donne jamais l'intuition ou la vue individuelle directe de l'objet, laquelle s'étend elle-même en suivant pas à pas le progrès de la déduction; l'esprit, procédant avec méthode, constate sans cesse comment les données de la déduction se manifestent et se réalisent à celles de l'intuition, et, réciproquement, comment les données de l'intuition correspondent et concordent avec celles de la déduction.*) Et ainsi se construit la *science de l'espace*, la *géométrie*.

348. La science une et entière est l'objet un et entier de la construction; elle doit s'édifier sans fin, au sein de l'Essence, de la manière méthodique que l'on vient d'exposer, comme vérité toujours plus profonde et plus riche; elle doit, après chaque déduction, chercher s'il existe quelque notion intuitive qui réponde à la notion déduite, et réciproquement. Il est donc exact de dire, en bonne part, que l'esprit, en constituant la science, recrée en quelque sorte pour soi l'univers, si par là, bien entendu, on ne fait allusion qu'à la création de la connaissance; il ne crée point l'univers, mais sa notion, dans laquelle, si la science est organisée avec méthode, se reproduit fidèlement l'organisme de l'Être, tel qu'il existe en réalité.

Toutefois, l'empirisme et le dogmatisme ont grossièrement dénaturé cette assertion, en l'interprétant d'une manière ironique ou injurieuse, comme si le philosophe voulait se

---

*) Dans la construction, l'intuition et la déduction se servent l'une à l'autre de contre-épreuve, et cette contre-épreuve est elle-même garantie par l'indépendance des deux procédés. L'intuition n'a d'autre guide que l'évidence, et marche à son but sans avoir égard à la déduction future; la déduction déroule le Principe, sans se préoccuper des objets de l'intuition. L'une regarde sans enchaîner, l'autre enchaîne sans regarder. Si, dans ces conditions, elles se rencontrent dans un même objet, cet objet, qu'il soit mathématique ou naturel, est une certitude, car il est doublement constaté, en fait et en principe; la science est faite sur ce point, et reste faite pour l'éternité; elle peut recevoir des accroissements, non des modifications. *(Note du traducteur.)*

poser en créateur de l'univers. Souvent aussi on a méconnu la destination de la construction scientifique, en supposant que la philosophie se faisait forte de déduire, de démontrer, de construire l'individualité temporelle des choses, comme telle. C'est ainsi que, dans les temps modernes, l'idée de la construction scientifique ayant été d'abord pressentie par *Kant* et précisée ensuite par *Schelling* et d'autres penseurs, on demandait ironiquement à ces philosophes de reconstruire, entre autres, l'histoire du développement de la Terre, du système solaire ou même seulement l'histoire du savant constructeur lui-même.*) Ceux qui les interpellaient de la sorte perdaient de vue que la construction méthodique elle-même apprend que toute individualité, tout objet infiniment déterminé dans la vie, se trouvent fondés dans la causalité temporelle de Dieu, dont la forme est la liberté infinie et absolue, et produits avec le concours d'êtres subordonnés, qui, jouissant d'une liberté restreinte, déploient leur activité dans la succession des temps; ils oubliaient que, dès lors, il n'est pas en pouvoir d'intelligences finies d'établir par déduction et construction, de dévoiler l'histoire des choses individuelles, des conflits accidentels des êtres dans le temps et l'espace, qu'il s'agisse des soleils immenses ou des atomes imperceptibles; ils ignoraient que l'individualité historique et expérimentale, comme telle, n'appartient pas au domaine de la construction philosophique, mais qu'au regard de l'individuel, le rôle de celle-ci se borne à reconnaître que le cours infini de la vie

---

*) La construction peut bien nous apprendre qu'il y a un principe d'individualité, mais elle ne montre pas les individus, elle n'indique aucun des traits originaux de leur carrière; elle peut discerner l'existence de l'homme, comme être raisonnable, doué de tous les attributs de l'humanité, mais elle n'établit pas l'existence de *Moïse* ou d'*Homère*, elle ne donne pas leur portrait, ni l'année de leur naissance, ni les incidents de leur vie. Tout ce que nous savons d'un objet historique, nous le devons au témoignage d'autrui ou à notre propre observation. De même, la construction fonde une institution de droit et de religion, le *Droit naturel* et la *Religion naturelle*, comme principes absolus de la Société, mais elle ne sait rien de la législation de *Lycurgue* ou de *Solon*, des croyances de l'Orient ou de l'Occident. (Voy. *Tiberghien*, Logique, t. II, p. 478.) *(Note du traducteur.)*

des individus est réglé dans l'univers par la sainte et libre volonté divine, et à exposer les lois selon lesquelles Dieu même, l'Etre infiniment et absolument libre, crée avec le temps par son activité propre, et selon lesquelles aussi les êtres intelligents et libres dans une certaine mesure, accomplissent, au cours de leur évolution, leurs actes particuliers.*) — D'aucuns encore sommaient les philosophes de trouver au moins la cause des relations de grandeur que l'on voit aux choses observées, de démontrer pourquoi chacune des planètes a les dimensions qu'on y découvre, pourquoi les animaux de la Terre ont des tailles différentes, pourquoi la souris est minuscule et l'éléphant énorme. Encore une fois, ces critiques ne se rendaient pas compte du champ de la construction philosophique, qui n'a rien à démêler avec les grandeurs absolues individuelles, et ne s'occupe que des rapports de grandeur, comme tels, sans s'attacher aux individus dans lesquels cette grandeur se manifeste. Mais néanmoins, la philosophie et la raison humaine s'attribuent le droit et le pouvoir de rechercher les lois fondamentales de toutes les relations, d'établir, avec le temps, la cause et la mesure des rapports des astres du firmament et des choses de la Terre; et l'histoire des sciences physiques et astronomiques, de la *Stœchiométrie*, par exemple, montre suffisamment que cette prétention n'est point vaine.

---

*) C'est l'essence immuable qui fait l'objet de la philosophie, comme le disait *Platon*. Les attributs, éternels et permanents, les vérités nécessaires, sont du domaine de la construction scientifique; les actes, libres et temporels, les faits contingents, sont l'objet de la *foi* ou de l'histoire. Si Dieu a une volonté libre, la science ne saurait déterminer quels seront en chaque circonstance les décrets de sa Providence, mais la déduction enseigne que ces décrets sont toujours régis par la sagesse, la justice et l'harmonie. L'évolution temporelle des êtres finis, obéissant à leurs instincts, à leurs dispositions, à leurs caprices, observant ou violant à leur gré les lois morales de leur activité, dans la mesure de leurs forces, ou bien soumis à l'empire d'autres volontés libres, échappe à la construction philosophique. La liberté, comme faculté, avec ses obligations, se laisse construire, mais son activité, ses actes, de leur essence, ne peuvent être que constatés. *(Note du traducteur.)*

Rapports mutuels de la déduction, de l'intuition et de la construction.

349. La vision même de l'Être ou la pensée primordiale du Principe subsiste antérieure et supérieure à l'antithèse de ces trois fonctions et s'en trouve indépendante; elle est la vision propre et entière, absolue et infinie, dans laquelle et par laquelle les trois membres de cette antithèse, à savoir la déduction, l'intuition et leur combinaison dans la construction, se trouvent contenus, fondés et rendus possibles, s'aperçoivent comme les éléments réels du vrai savoir, et progressent parallèlement.

350. La pensée choisit, à son gré, entre le développement de la déduction et celui de l'intuition; elle peut débuter par la déduction de l'objet et laisser suivre l'intuition, ou, inversement, elle peut commencer par l'intuition et y joindre ensuite la notion déductive; mais toujours, la construction exige les deux fonctions et implique leur parfaite coordination et correspondance.*)

---

*) Les savants se font illusion à cet égard, quand ils se figurent qu'une proposition universelle qu'ils dérivent de l'expérience est légitime à elle-même, sans le secours de la déduction, et qu'ils l'admettent comme telle, à titre de prémisse d'une démonstration. Tout procédé analytique qui vise à l'universalité, qui proclame un principe ou une loi — „*Rien ne se crée, rien ne se perd dans la Nature*" par exemple —, doit passer sous le contrôle de la déduction. — Par contre, comme le dit *Locke* d'accord avec *Descartes*, la connaissance démonstrative (déductive) s'appuie constamment sur l'intuition. A chaque pas que fait la raison dans la démonstration (déduction), il faut qu'elle aperçoive, par une connaissance de simple vue, la convenance ou la disconvenance de chaque terme dans ses rapports avec les termes extrêmes, bien que ces philosophes aient tort d'en conclure que la connaissance démonstrative (déductive) est plus imparfaite que la connaissance intuitive. (Voy. *Locke,* Essai sur l'entendement humain, traduit par *P. Coste,* liv. IV; *Descartes,* Règles pour la direction de l'esprit.) — *D'Alembert* a partiellement caractérisé les deux procédés de la méthode dans leur application à la dynamique. „Voici, „dit-il", la route qu'un philosophe doit suivre pour résoudre la question de savoir si les lois de la statique et de la dynamique sont de vérité contingente ou de vérité nécessaire. Il doit tâcher d'abord de découvrir par le raisonnement quelles seraient les lois de la statique et de la dynamique

D'après la loi de l'organisation scientifique, la déduction, de sa nature, vient en premier lieu; car le premier attribut des essences et des êtres finis consiste en ce que l'Etre est ceux-ci en soi ou qu'ils sont dans, sous et par le Principe; et, par suite, la première condition de la connaissance vraie d'une chose finie, c'est de discerner qu'elle existe et comment elle existe dans le Principe, c'est-à-dire de la déduire. Mais, d'autre part, il faut considérer que la réalité de la vie nous offre l'essence divine avec ses manifestations précises, avec sa richesse et sa fraîcheur infinies; la pensée, par conséquent, doit veiller attentivement à accueillir avec autant de zèle dans la conscience les particularités individuelles de la vie, s'astreindre à les effectuer, avec une volonté sainte et digne, dans la mesure de ses moyens, puisqu'aucune construction philosophique n'atteindra jamais et n'a point à parfaire l'individualité, comme telle (348).

351. Plus systématique devient la déduction, plus s'approfondit et s'enrichit l'intuition et, conséquemment, la construction, et la science qu'elle édifie. Chaque défaut, chaque erreur qui entache l'une de ces trois fonctions s'étend, s'élargit nécessairement dans la suite, à travers tout l'organisme scientifique, puisque chaque objet subordonné est fondé dans l'objet supra-ordonné qu'on lui attribue, et que tous les objets coordonnés à l'intérieur de l'objet commun supra-ordonné se déterminent réciproquement les uns avec et par les autres.

---

dans la matière abandonnée à elle-même; il doit examiner ensuite par l'expérience quelles sont ces lois dans l'univers; si les résultats diffèrent, il en conclura que les lois de la statique et de la dynamique, telles que l'expérience les donne, sont de vérité contingente; si les résultats sont concordants, il en conclura que les lois observées sont de vérité nécessaire ou qu'elles résultent de l'existence (l'essence) même de la matière" (*Traité de dynamique*, Discours préliminaire). *(Note du traducteur.)*

Deuxième section.

La théorie analytique de l'objet de la science ou Logique objective.*) — Lois objectives de l'Etre.

Avant-propos.

352. Nous venons d'envisager l'activité de la pensée qui procure le savoir, et, d'abord, ses formes d'après l'objet, ou ses *opérations*; puis son procédé d'après le sujet, ou ses *fonctions*. Il reste maintenant à examiner la seconde face de la théorie analytique de l'objet de la science (252), la partie que l'on a nommée l'*Architectonique***) *de la science* ou la *Logique objective*. Dès à présent, l'on considère l'œuvre même à accomplir, les lois objectives qui concernent le système de la science (Introd.) et imposent l'ordre architectonique suivant lequel elle doit être cultivée et organisée par l'intelligence finie. Toutefois, cette partie de la Logique ne peut encore être reconnue ici que par pure analyse, bien qu'éclairée déjà par la conception du Principe; sa construction et son développement synthétique ne sauraient s'effectuer, en temps et lieux convenables, que dans la théorie déductive et synthétique même de la science.

353. La recherche que nous nous proposons comporte

---

*) *Die Lehre von dem Gliedbau der Wissenschaft, oder dem objectiven Organon; oder: Grundriss und sachliche Gesetze des Wissenschaftbaues.*

**) *Kant* a donné le nom d'*Architectonique* à l'art de construire des systèmes, à la théorie scientifique qui réduit à l'unité harmonique les connaissances fragmentaires, les pensées accumulées. Sans l'architectonique, sans la systématisation, la pensée manque de vue d'ensemble et de fil conducteur; elle ne peut pas se reconnaître dans la multitude de faits soumis à l'observation; elle procède sans l'ordre et l'enchaînement qui sont dans l'Etre et dans la réalité. Les sciences empiètent alors les unes sur les autres et se ravalent les unes les autres: les vérités déductives sont contestées au nom de l'expérience, et les vérités intuitives sont sacrifiées à la spéculation. *(Note du traducteur.)*

naturellement deux questions principales. Il s'agit, premièrement, de considérer l'organisme de la science purement à soi-même, à son objet, objectivement, sans avoir égard aux conditions et aux limites auxquelles se trouve assujétie notre pensée finie. Comment la science apparaît-elle dans la vision de l'Être, comme un tout organisé intérieurement? C'est ce point de vue qui s'offre en premier lieu et d'où l'on découvre que, si l'on parvient, dans la suite, à établir que l'Etre ou Dieu a la conscience de soi, cette science à édifier ne sera autre que la science divine, la connaissance que Dieu lui-même possède de soi et de l'univers.

Il y aura lieu, secondement, d'examiner comment l'intelligence finie individuelle, et tous les êtres intelligents, constitués en société, peuvent et doivent organiser progressivement la science, comme création restreinte de la raison humaine, mais semblable, dans les limites éternelle et temporelle de sa finité, à la science divine.

Chapitre premier.

La structure propre, infinie et absolue de la science.

La science divine.

---

354. Cherchons à résoudre la première partie du problème, à savoir celui de la structure propre, infinie et absolue de la science, selon ses membres et ses lois.

355. A. — L'Etre étant un, propre et entier ou un même être entier, la connaissance de l'Etre est aussi une, propre et entière ou une seule et même science entière.*)

356. B. — L'Etre est en soi (238 et ss.) organisme, c'est-à-dire est à et en soi tout ce qui existe, en unité d'essence, ou comme fondement et cause. Rappelons la voie qui conduit à cette assertion. D'abord, *par déduction,* dans la vision de l'Etre, Dieu est perçu comme ayant unité et propriété d'essence, conséquemment comme ayant identité d'essence,

---

*) Non une collection de notions éparses, de pensées incohérentes ou détachées, alors même qu'elles seraient exactes.

comme fondement un et cause une. Ensuite, *dans l'intuition*, on rencontre une variété d'êtres et d'essences que l'on englobe dans l'un des quatre objets appelés Etre suprême, Esprit, Nature, Etre d'union de l'Esprit et de la Nature, au sein duquel l'Humanité réalise cette union de la manière la plus intime (156 et ss.). Rapprochant enfin de ces connaissances intuitives la précédente notion déductive de l'identité de l'essence de l'Etre, on obtient la pensée que ces objets, saisis jusque là par intuition, sont contenus, distingués et unis dans et par l'Etre en vertu de son essence, et constituent son organisme. — Ce qu'il reste, bien entendu, à élucider dans la synthèse de la science.

Partant de là, on conclut que *la science est l'organisation de la connaissance une de l'Être*, car la science n'a vérité que si elle est adéquate à son objet. Admettant ainsi que la loi unique de la pensée consiste à connaître ce qui est, puis, que cette loi s'accorde avec celle de l'Être même en vertu de l'identité d'essence de celui-ci, on pose concurremment qu'il est lui-même la *loi de la science* (253).

357. C. — De là résulte que le problème de la détermination du système de la science au regard de son contenu comporte les deux questions: 1. Quels sont les attributs généraux ou les catégories de l'Être? 2. Quels sont les êtres supérieurs qu'il est en soi?

En ce qui concerne ses catégories, nous avons, par la considération de l'être, rencontré jusqu'à présent les suivantes: l'essence, l'unité d'essence, l'unité suprême d'essence, la propriété, l'entièreté, l'unité composée ou harmonique de l'essence; puis, les catégories formelles de la position, de l'unité suprême de position, de la direction, de la contenance et de l'unité harmonique de position; ensuite, celle de l'existence, selon ses modalités diverses (253 et ss.). Nous avons encore reconnu les catégories de fondement ou de raison, de causalité, de similitude d'essence, et remarqué que les attributs primordiaux sont *à* l'Etre, et les attributs subséquents, *en* lui. Nous savons donc déjà, en ce qui concerne l'organisation du savoir, que l'Etre est à considérer d'abord selon les catégories prémentionnées, qui constituent les principes synthétiques d'après lesquels la déduction doit s'effectuer au cours de la science. Qu'en outre, les êtres et les essences déterminés doivent être chacun envisagés, avec ordre et méthode, sous le rapport des mêmes catégories, puisque, l'Être étant en soi identique d'essence, tout ce qu'il est en soi participe de son essence.*)

Quels sont maintenant les êtres supérieurs en, sous et par l'Etre? Nous ne trouvons dans notre intuition que la Nature, l'Esprit et l'Humanité, en dehors desquels n'existe aucun objet qui se dévoile individuellement à nous dans la vie. Chacun reconnaît au-dessus de ces substances, il est vrai, Dieu comme Être suprême, mais la légitimité de cette pensée ne se fonde point sur l'intuition de quelque objet temporel et individuel ou sur une généralisation quelconque; elle se présente dans la vision de l'Être, lorsqu'on oppose Dieu, comme être entier et infini à l'ensemble de ce qui est limité de quelque manière, c'est-à-dire à l'Univers ou à la Nature, l'Esprit et l'Humanité. L'analyse montre ensuite que la Nature et l'Esprit se distinguent comme coordonnés et s'unissent dans l'Humanité, sans pour cela se confondre**); et l'on pense que l'Être suprême est en union effective avec ces trois êtres internes, car sinon l'unité de son essence serait imparfaite, en contradiction avec le contenu de la vision de l'Être. Mais cette conception de l'union de la Nature, de l'Esprit et de l'Humanité entre eux et avec l'Être suprême offre encore une indétermination que l'analyse, l'intuition seule, ne peut faire disparaître, puisqu'elle ne nous indique rien de plus. Cette indétermination réside en ce que l'analyse ne permet pas de décider s'il n'existe en Dieu aucun être au dehors et à côté ou au-dessus des trois précédents.

---

*) A ce propos, il ne faut pas perdre de vue que jusqu'ici la connaissance des catégories n'est pas encore achevée scientifiquement, et qu'ainsi la science synthétique aura pour premier objet l'exposé de leur système; la notion que nous nous en sommes formée actuellement revêt cependant le caractère de la certitude (177) et suffit pour indiquer la voie de la recherche synthétique.

**) L'analyse a montré avec certitude que l'union de l'Esprit et de la Nature est Humanité; ce qui ne veut point dire que cette union ne soit *rien qu*'Humanité. La solution de ce problème est du ressort de l'examen déductif et synthétique.

La déduction ou la synthèse, fondée dans une connaissance plus rigoureuse des catégories divines, pourra résoudre ce problème, en appliquant celles-ci à l'objet à déterminer. Quoiqu'il en soit, et ce point réservé, notre thèse n'en subsiste pas moins avec une certitude absolue.

En résumé, la loi générale de la construction de la science peut s'exprimer comme suit: *Déterminer les catégories et les êtres internes, que l'Être est à et en soi, dans leur ordre objectif, à leur rang de subordination, de coordination et de subcoordination, de sorte que la série progressive de la connaissance reproduise la série éternelle des objets discernables en Dieu.*

358. D. — Il y a lieu de considérer les modalités selon lesquelles les objets sont reconnus et ensuite les sources d'où découle notre savoir.

Ces modalités, au nombre de quatre, sont celles de l'existence absolue, que nous avons déjà énumérées (170). — Quant aux sources ou origines du savoir (178 et ss.), elles sont aussi au nombre de quatre, auxquelles correspondent quatre espèces de connaissance. La vision même de l'Etre est la connaissance une, propre et entière, infinie et *absolue*, dont Dieu même est le fondement et la cause; elle est puisée à la source ou à la faculté infinie et absolue du savoir, absolument, sans aucun intermédiaire. Dans la connaissance absolue, on distingue, au sommet, la connaissance de l'essence *suprême* ou la connaissance purement *supra-sensible*, non coordonnée, mais supra-ordonnée à la connaissance *sensible*, aussi bien qu'à la connaissance *idéale*; telle est la notion suprême de Dieu, posée à la fois au-dessus de tout objet général et éternel et de tout objet individuel et temporel. Puis, s'opposant à la con naissance *sensible* de l'individuel et du temporel, on rencontre la connaissance *idéale, éternelle*, qui atteint le général et l'éternel. Enfin, ces deux espèces de connaissance sont liées l'une à l'autre et se trouvent continuellement unies dans notre conscience; nous percevons le sensible en relation avec son idéal, nous l'y comparons, pour déterminer à quel point le sensible ou l'individuel répond à son idée et réciproquement. En résumé, l'origine de notre connaissance est à la fois *absolue, suprême* ou purement *supra-sensible, idéale-éternelle* et *sensible-temporelle.*

359. C'est ici que les expressions vulgaires de *faculté supérieure* et de *faculté inférieure* de connaissance peuvent s'expliquer et s'interpréter à leur juste valeur.

La faculté de connaissance est une et absolue; elle est la faculté de *voir* l'Etre, Celui et ce qui est. Comme telle, elle ne se trouve ni élevée ni profonde, puisqu'elle est absolue. On ne saurait dire non plus que la faculté de connaître Dieu soit supra-sensible ou, d'autre part, supra-idéale; car la faculté à la fois supra-sensible et supra-idéale de connaissance saisit l'essence suprême.

Puis, on dit ordinairement que la faculté *supérieure* de connaissance est la *raison*. Malheureusement la terminologie est ici diffuse et contradictoire. Dans son acception essentielle et originaire, la raison est la faculté de saisir le tout, l'infini, la faculté réceptive des principes universels et absolus; et, en ce sens, il est exact de l'attribuer à l'esprit qui aperçoit Dieu comme être un, propre et entier, et de désigner par ce mot la faculté et l'activité de la connaissance même de Dieu. Mais, si l'on n'entend par *raison* que la faculté de concevoir et d'embrasser la variété des choses, la faculté de la vision de Dieu ne saurait rigoureusement s'exprimer par ce terme. Certes, on englobe aussi dans la vision de l'Etre celle de tous les objets; mais c'est là une opération subséquente, et la connaissance qui en résulte est une connaissance subordonnée. Cependant, on peut entendre par le mot *raison* la faculté de saisir l'unité absolue, aussi bien que l'unité composée, comme ensemble harmonique de toute la variété. D'après cette définition, la vision même de l'Etre est la connaissance *rationnelle* une et complète, et celle de chaque objet comme un même entier est aussi la connaissance *rationnelle* de cet objet. Par exemple, la connaissance rationnelle complète du moi est la vision primordiale du moi comme un même être entier. En ce sens, la *raison* est la faculté réceptive supérieure de connaissance, la *sensibilité* (la faculté de percevoir le sensible), au contraire, la faculté réceptive inférieure ou subordonnée; mais il ne faut point comprendre les termes *inférieur* et *subordonné* comme s'ils qualifiaient une chose insignifiante ou mauvaise; car la connaissance sensible est aussi essentielle que la connaissance rationnelle.

360. E. — En résumé, la science médite, perçoit, et détermine par *déduction*, par *intuition* et par *construction**):

selon

l'Être	*l'essence*
l'Être suprême	l'essence suprême
l'Être spirituel, l'Être corporel	l'essence propre, l'essence entière
(l'Esprit), (la Nature)	(la propriété), (l'entièreté)
l'Être harmonique d'esprit et de corps	l'essence propre entière
(l'Être d'union de l'Esprit et de la Nature, dans lequel: l'Humanité)	(l'essence harmonique)

la forme	*l'existence*
(la position)	
la position suprême	l'existence suprême
la position dirigée	l'existence éternelle
(la direction)	(idéale),
la position contenante	l'existence temporelle
(la contenance)	(sensible)
la contenance dirigée	l'existence éternelle-temporelle
(la forme, la position harmonique)	(l'existence harmonique)

dans

la connaissance
la connaissance suprême
(supra-idéale et supra-sensible)
la connaissance éternelle, la connaissance temporelle
(idéale) (sensible)
la connaissance éternelle-temporelle
(idéale-réalisée),

sous forme de *notions*, de *jugements* et de *raisonnements.***)

Ce tableau contient le plan complet de l'organisation de la science, basé sur les fondements principaux de division reconnus jusqu'ici.***)

361. Illustrons-le encore par une représentation symbolique. Aux emblêmes, déjà adoptés (273), du cercle, du

---

*) Voy. la note page 214, nº 257.

**) Opérations subjectives qui, considérées dans la vérité objective qu'elles acquièrent, deviennent *définitions*, *divisions* et *démonstrations*. (*Note du traducteur.*)

***) Cet aperçu général de l'organisme de la science est complet et systématique. Quelque connaissance qu'on se propose, on sait maintenant indiquer à quelle partie de la science elle ressortit, car la science n'est que le développement méthodique de tous les termes ici consignés.

quadrilatère et du triangle, joignons celui du quadrilatère combiné avec le triangle, pour désigner l'*existence*, c'est-à-dire l'essence avec sa forme, l'essence posée (voy. la *Planche*, I). Le cercle enveloppant trois autres cercles est le symbole, *o*, de l'*Être*. Celui, *u*, des cercles intérieurs, placé au-dessus des deux autres, rappelle l'*Être comme Être suprême*; les deux cercles inférieurs coordonnés, *i* et *e*, respectivement l'*Esprit* et la *Nature*. Ces derniers se coupent suivant un segment commun *ä* qui représente l'*union de l'Esprit et de la Nature*. Le cercle supérieur *u* coupe les deux cercles *i* et *e*, respectivement suivant le segment *ü*, *l'Être suprême uni à l'Esprit*, et le segment *ö*, *l'Être suprême uni à la Nature*. Les trois segments *ä*, *ö* et *ü* se coupent suivant le triangle curviligne *a*, *l'Être suprême uni à l'Esprit et à la Nature unis eux-mêmes*, qui réalise l'harmonie la plus intime dans l'organisme de l'Être. — J'indique ensuite l'*essence* par *g*, la *forme* par *d* et l'*existence* par *j*. Le quadrilatère *go*, qui en enveloppe trois autres, représente *l'essence de l'Être*, *infinie et absolue*; le quadrilatère intérieur *gu*, placé en haut, *son essence suprême; gi, la propriété de l'essence; ge, l'entièreté de l'essence*, etc. Nous avons ensuite *la forme* ou *la position infinie et absolue do*, *les formes particulières du, di, de*, et *les formes harmoniques dü, dö, dä, da*. — Dans le symbole de l'*existence*, le grand triangle inscrit dans le quadrilatère, *jo*, désigne *l'existence infinie et absolue; ju, l'existence suprême*; *ji*, *l'existence éternelle* ou *idéale*; *je*, *l'existence temporelle* ou *individuelle*, etc. — Les modes de *la connaissance* sont représentés par un quadrilatère *w* inscrit à un cercle; *la connaissance infinie et absolue* par *wo*, etc.*)

*) *Leibnitz* forma le projet de créer une représentation graphique et orale de toutes les pensées fondamentales, ou, comme il disait, *un alphabet des pensées humaines* (*alphabetum cogitationum humanarum*), ou encore un *langage caractéristique* général (*lingua characteristica*); mais ses contemporains tenaient ce projet pour irréalisable, et *Leibnitz* ne parvint pas à l'achever, quoiqu'il y eût consacré plusieurs années de sa vie. Ce problème, nous l'avons résolu; en effet, conservant invariablement la même signification aux voyelles choisies ci-dessus, nous pourrons représenter et énoncer toutes les espèces subséquentes de la connaissance. On trouvera de plus amples explications à ce sujet dans la partie synthétique de la science.

362. Nous avons résolu la première partie du problème proposé (353), celui de la structure propre, infinie et absolue de la science, considérée à soi, selon ses membres et ses lois, c'est-à-dire la structure de la science divine, sans tenir compte aucunement de la limitation de l'esprit humain. Nous n'avons pas encore, il est vrai, décidé qu'il nous soit possible de discerner si Dieu, l'Être infini, se connaît soi-même; mais, en mentionnant cette pensée comme une simple conjecture, nous remarquons que, si Dieu sait et connaît réellement, la science divine est celle dont nous venons de reconnaître l'essence*); et, s'il était donné à l'homme de parfaire son savoir conformément au plan que nous venons de tracer, ce savoir s'accorderait avec la connaissance infinie et absolue de Dieu, sous la réserve toutefois que Dieu voit et pénètre absolument sa propre essence et tout l'organisme des êtres, dans ses objets les plus intimes et, en apparence, pour nous les plus infimes, de part en part, en une fois, par une aperception immédiate; que l'esprit fini, par contre, doit d'abord se ressaisir, se dégager de ses préoccupations sensibles, pour réacquérir l'intimité de soi et réatteindre ensuite à la connaissance de Dieu, qu'il ne peut toutefois jamais parfaire ni sonder dans sa profondeur infinie, dont il n'est point à même de pénétrer complètement le plus mince détail, d'en connaître l'histoire, l'origine et le développement tel qu'il se produit durant l'infinité du temps; qu'ainsi, *au regard de la causalité de la vie* au sein de l'Être, il en est réduit perpétuellement à la *foi*, à *croire*, sans jamais posséder, comme Dieu, la vision intuitive.**)

---

*) Car, si Dieu sait et connaît, il voit, d'une manière infinie et absolue, et soi-même et l'organisme des êtres en lui, selon l'essence une, propre et entière, et selon tout l'organisme interne de celle-ci; par suite, selon la position et l'existence absolues et selon tout l'organisme de la position et de l'existence relatives et subordonnées.

**) La foi est strictement restreinte aux faits de la vie, qui se refusent à une détermination méthodique. Son objet n'est pas un fait permanent qui reste soumis à l'intuition, ni un principe ou une doctrine qui est du domaine de la déduction. C'est à la science de fixer les vérités générales et éternelles (348). La foi qui s'attache à ces questions n'est plus qu'un sentiment confus. La croyance bien

Chapitre II.

La structure relative, finie et progressive de la science humaine.

---

363. Il nous reste (353) à examiner les conditions du savoir relatif, fini et progressif de l'homme individuel et de l'Humanité, et ses rapports avec la science absolue et infinie. Je puis être très bref, puisque notre recherche actuelle et son résultat contiennent la réponse à cette question.

En premier lieu, la finité complète est l'essence propre caractéristique de la connaissance de chaque esprit individuel et de tous les esprits humains réunis; et c'est ce qui la distingue originairement de la connaissance infinie parfaite, qui ne saurait être considérée que comme l'attribut de Dieu même. La faculté de connaître l'Etre selon son essence une, propre et entière, c'est-à-dire infinie et absolue, et d'en développer, conformément au plan exposé ci-dessus, la variété dans des limites susceptibles d'être reculées sans cesse, ne constitue pas, à vrai dire, l'intelligence finie l'égale de l'Intelligence divine, mais la rend néanmoins, dans ces limites, semblable à celle-ci, et lui donne le pouvoir de discerner, comme elle, les êtres et les essences, de les reproduire, jusqu'à certain point, dans le savoir, tels qu'ils existent à soi.

Une autre restriction s'observe, en second lieu, à l'esprit humain. L'homme naît, dans cette vie, privé de la conscience *déterminée* de soi et de Dieu, et assujéti à l'empire des sens; il doit, jusqu'à présent et dans la condition actuelle de l'humanité terrestre, apprendre à connaître son corps, à interpréter et exercer l'organisme des sens, se rendre compte ensuite, par l'entremise des sensations et des forces corporelles, des objets de la Nature qui l'environnent. Alors seulement, par l'intermédiaire encore de signes matériels et particulièrement de la parole, l'enfant se lie et converse avec d'autres esprits. Tout le travail qu'exige cette compréhension des phénomènes et du langage l'occupe au point qu'il perd le

---

comprise présuppose des principes et, avant tout, le Principe suprême, et ne peut jamais les démentir; mais elle ne les atteint point (230).

souvenir de soi et de la connaissance fondamentale, dont il ne pourra réacquérir la conscience qu'après de longs efforts.

364. Ce que nous disons de l'individu s'applique aux nations et à toute l'humanité terrestre; les peuples du globe sont encore, pour la plupart, dominés par les préoccupations sensibles, et ne s'élèvent guère au-dessus des notions généralisées; leur pensée et leur sentiment sont régis surtout par le plaisir et la peine, et la volonté du grand nombre n'obéit point à d'autres lois. Cependant, depuis quelques siècles, la science a pris son essor et trouvé la voie de la connaissance suprême; elle a, par l'analyse, ramené à la connaissance de l'Être, qui embrasse les autres, l'esprit humain absorbé dans les notions sensibles.

C'est cette tâche, qui constitue la première *partie fondamentale* du savoir, la partie *intuitive-analytique*, que j'ai essayé d'accomplir dans ce livre. J'espère avoir montré comment, à travers les âges, l'analyse nous a initiés à la conscience de nous-mêmes et de Dieu, de l'Être qui nous a départi la pensée pour le connaître dans la science, le sentiment pour l'admirer dans l'art, et la volonté pour le réaliser dans la vie. Maîtresse d'elle-même et affermie par la vision de son Principe, la pensée peut maintenant l'approfondir et rechercher, dans la *synthèse*, les lois qu'il lui impose comme à tout l'univers.

Note I.

Sur l'originalité de notre système de philosophie.

Les particularités principales de ce système sont les suivantes:

1. La partie analytique est propre à lui seul. En effet, les théories présentées jusqu'aujourd'hui comme préparation à la synthèse philosophique par la psychologie, la physiologie ou l'anthropologie, ne sauraient même prétendre au titre de science; elles sont demeurées impuissantes à définir le caractère de la certitude, et fourmillent d'hypothèses et de pétitions de principe, tandis que (18) cette partie de la science, dont l'objet est de conduire l'esprit au faîte de son savoir, ne doit renfermer que vérité pure, rejette la croyance, la conjecture, la présomption, pour n'accueillir que la connaissance certaine.

2. Notre système expose, pour la première fois, la partie supérieure de la science synthétique*), au cours de laquelle on rencontre, dans la vision du Principe, dans la déduction de ses catégories, les principes des sciences subordonnées, par exemple, les fondements de la théorie de la morale, du droit, du beau, de la religion.

3. Il manque dans les systèmes proposés jusqu'à ce jour une exposition méthodique de la *science de l'Humanité***), laquelle présuppose la connaissance de Dieu, de l'Esprit et de la Nature, et se trouve ainsi la partie la plus intime de l'organisme scientifique. Le développement harmonique de l'idée et de l'idéal de l'Humanité voit également le jour dans notre philosophie.

4. Cette philosophie englobe la science appelée *Mathématique pure*. *Aristote* déjà discerna que la Mathématique (*Mathesis*) est une fraction de la métaphysique; *Platon* enseigna le contraire, parce qu'il envisageait l'intuition mathématique combinée avec l'intuition sensible. Notre système réalise, dans leurs éléments principaux, les vues d'*Aristote*; la Mathématique s'y trouve intro-

---

*) Voy. T. II.

**) La *sociologie*, suivant l'expression d'*Aug. Comte*. *(Note du traducteur.)*

duite comme fraction de la *science fondamentale* et ses principes y sont posés à la place qui leur convient.*)

Note II.

Sur la relation de notre système avec d'autres philosophies.

Ce système reprend la question *ab ovo*, sans se préoccuper des points de vue étrangers; il continue le célèbre essai de *Kant* sur la critique de la connaissance humaine, et s'efforce de le compléter.**)

En ce qui concerne la *connaissance fondamentale*, il s'accorde avec les données de *Schelling* et de *Hegel*, comme avec celles de *Platon*; mais, cette connaissance que les deux premiers penseurs appellent improprement: *intuition intellectuelle* (*intellectuelle Anschauung*), y reçoit son vrai nom: la *vision de l'Etre* ou *de Dieu*. De plus, la connaissance du Principe n'apparaît pas un simple postulat, comme pour *Schelling*, ni le résultat de quelque spéculation préliminaire, comme chez *Hegel;* au contraire, la pensée, partant de la première certitude subjective, de la conscience propre du moi, s'élève à la vision du Principe sans hypothèse arbitraire, en suivant rigoureusement et progressivement l'essence de la réalité.

Il ne sera pas inutile de comparer encore notre méthode avec celle de *Jacobi*, laquelle passe aussi pour philosophique, bien qu'elle nie la possibilité de la connaissance du Principe et proclame même que la spéculation logique aboutit à la négation de Dieu. La théorie de *Jacobi* substitue à la connaissance première un acte de foi, un sentiment religieux, posant en fait que les facultés intellectuelles de l'homme, réduites à leurs propres forces, sont incapables d'atteindre à la notion de Dieu. Autant je suis d'accord avec *Jacobi* que la connaissance du *Dieu vivant* est la condition de la véritable science de la vie et même une condition indispensable de la perfection de celle-ci, autant je m'écarte, dès le début et d'une manière radicale, de sa méthode, en établissant que le savoir humain subsiste par soi, que la pensée discerne la vérité pure sans faire appel au sentiment, que la science pure est possible parce que Dieu peut être connu. Au premier point de vue, je conviens donc que la théorie de *Jacobi* est, au fond, conforme au contenu de la science; mais elle n'est point une philosophie scientifique, puisqu'elle nie même la possibilité du savoir philosophique et enseigne que la spéculation pure, qui conduit à la négation de Dieu, est l'ennemie jurée de la vérité et de la religion.

---

*) Voy. T. II.

**) Comp. *Oratio de scientia humana* (Berlin, 1814); *Vorlesungen über die Grundwahrheiten der Wissenschaft* (1829), p. 379.

Cousin nomme son système: *éclectisme*, parce qu'il concilie les vérités particulières des divers systèmes antérieurs et, en général, de tous les systèmes exclusifs. Certes, la théorie de l'Etre, qui développe avec méthode la notion fondamentale du Principe, englobe les vérités partielles de tous les systèmes exclusifs, qui acceptent pour connaissance fondamentale un principe singulier et se posent erronément chacun comme le système parfait; non cependant de telle sorte que l'organisme de la vision de l'Etre accueille en soi, du dehors, une part quelconque de vérité ou se forme de fragments accolés, mais de telle manière qu'il a, de prime abord, en soi et déroule en soi toutes les vérités spéciales. Par suite, l'organisme de la théorie de l'Etre n'emprunte point les fractions de la vérité où qu'il les rencontre, pas plus que la Nature, lorsqu'elle forme le corps organisé parfait, le corps humain, n'en tire les membres et les forces des divers organismes de l'animalité, avec lesquels le corps de l'homme a cependant similitude d'essence, parce qu'il réunit précisément dans son organisation les éléments particuliers de tous les êtres animés.

Note III.

Sur la relation de notre système avec la vie actuelle de l'humanité terrestre.

Pour faire comprendre cette relation, il importe d'examiner, au préalable, à quel degré de développement les nations et l'humanité terrestre ont atteint actuellement. La philosophie de l'histoire établit que l'humanité terrestre est à l'aurore du troisième âge de sa vie — de l'âge de la maturité. Dans la préface de mon ouvrage intitulé „*les trois plus anciens documents de la Franc-maçonnerie*"*), je m'exprimais en ces termes: „Nous vivons à une époque de transition ou plutôt de renaissance. L'humanité attend une ère nouvelle. Une confédération supérieure des Etats tend à se réaliser et à réunir d'abord en un même faisceau les peuples européens. La culture approfondie de la science et de l'art prépare à l'intimité sociale avec Dieu une plus grande perfection, une vie complètement renouvelée. La science et l'art, ces deux œuvres capitales de l'humanité, ont acquis, durant les dernières années, surtout en Allemagne, une force plus intense et une forme plus belle. La vie de famille s'est ennoblie dans toutes les conditions. L'on voit tous les efforts s'unir intimement dans une action commune sans cesse plus libre et plus harmonique. La plupart et les plus civilisés des peuples de l'Europe aspirent à l'unité et à l'entièreté, au perfectionnement de la vie sociale dans l'Etat, dans l'Eglise, dans la Science et dans l'Art,

*) *Die drei ältesten Kunsturkunden der Freimaurerbrüderschaft*, Dresden, 1810, S. III; 2. Aufl., 1819.

de même qu'en général dans toutes les associations et tous les domaines de l'activité. L'idée de l'unité et de l'organisation systématique de ses membres, les uns dans, sous et par les autres, dans, sous et par le tout, s'éclaire à l'idée suprême de Dieu, du Monde et de l'Humanité universelle, se voit l'objet d'un amour plus pur, et s'érige de plus en plus en loi de la Société. L'Humanité et sa vie se conçoivent comme un seul organisme, et les affaires humaines s'effectuent, comme parties subordonnées de ce tout, en harmonie mutuelle et générale. Tel est l'esprit de notre époque: il l'élève de beaucoup au-dessus de ses aînées et permet d'espérer une ample moisson pour un avenir prochain. Le réveil de l'esprit d'unité et d'organisation marque l'avènement d'un âge nouveau de l'Humanité sur la Terre, l'âge de la pleine floraison de la vie, l'âge qui verra l'activité des hommes prospérer dans la joie et se perfectionner suivant toutes les directions.“

C'est dans cet esprit d'harmonie qu'a été conçu notre système scientifique. Il répond donc à l'esprit de l'Humanité et sera accueilli par elle comme l'âme de cet âge nouveau.

Note IV.

Sur la dénomination du Système de la philosophie.

La dénomination la plus simple et la plus correcte est: *la Science.* Si l'on veut exprimer sa forme, on peut dire: *le système* ou *l'organisme de la science*; si l'on veut en indiquer le fond ou le contenu, on emploiera les locutions: *la théorie de l'Etre, la science de l'Etre*, ou, admettant que l'Etre et Dieu désignent le même objet: *la théorie, la science de Dieu*; la *théologie* ou la *théognosie.*

Les autres dénominations usitées jusqu'à présent sont empruntées de points de vue singuliers et se trouvent conséquemment particulières. Il ne sera pas inutile cependant de les consigner ici, ne fût-ce que pour mettre le lecteur en garde contre le sens erroné qu'on leur attribue parfois.

D'abord, on a appelé la science: l'*Absolutisme* (Absolutismus) ou la *connaissance de l'Absolu.* Or, comme l'absolu signifie l'inconditionnel, que l'inconditionnalité n'est qu'une catégorie du Principe, cette appellation, si elle est correcte, n'en est pas moins incomplète.

Puis, s'offre le nom: l'*Idéalisme*, c'est-à-dire la *théorie de l'Idée* et du contenu organique de celle-ci. Le mot: *idée* reçoit beaucoup d'acceptions. Vulgairement, il désigne chaque pensée, chaque notion; ce n'est qu'une idée, dit-on. Depuis *Kant*, qui a donné à ce terme une consécration nouvelle, on entend par: *idée*, une notion absolue, principalement les notions absolues qui enveloppent ce qui doit exister, telles l'idée du Droit, l'idée du

Bien, l'idée du Beau. Mais l'on a encore attaché à ce mot un sens plus élevé; il signifie: la connaissance de l'Etre même, un, infini et absolu, c'est-à-dire du Principe. *Hegel* s'est servi des locutions: *l'Idée* ou l'*Idée absolue*, dans cette acception, et je l'ai imité dans de précédents écrits. Ainsi compris, le système de la science est assurément l'*Idéalisme* ou la *théorie de l'Idée*. Pour distinguer cet idéalisme de ses formes plus étroites, par exemple de l'idéalisme de *Berkeley*, ou de celui de *Fichte* dans le premier exposé de son système, on pourrait l'appeler l'*Idéalisme absolu* ou *théorie de l'Idée absolue*.

Si la science peut se dénommer: *Idéalisme*, le nom de *Réalisme* lui conviendrait également; *res* signifiant l'être, l'existant. Or l'Etre infini et absolu est le fond un de la science, et il est, comme on dit, l'être *le plus réel* qu'on puisse concevoir, l'être *de toute réalité*. Cette dénomination s'accorde avec celle d'*Aristote* et de *Platon*, qui désignent Dieu par le nom de l'être, *ὄν* ou *ὄντως ὄν*.

Si l'on considère l'attribut de la science véritable, en vertu duquel elle reconnaît en une seule harmonie, comme un ensemble synthétique, toutes les choses finies qu'il est possible de distinguer, la science est: l'*Harmonisme*, le *Synthétisme*, et, à la vérité, l'*Harmonisme absolu*, le *Synthétisme absolu*; pour le discerner du synthétisme incomplet et particulier d'autres systèmes; par exemple, du système de *Krug*, que son auteur lui-même appelle „*synthétisme transcendantal*, par la raison", dit-il, „que la synthèse primordiale ou transcendantale de l'être et du savoir dans le moi est la limite absolue de toute philosophie, comme le *fait supérieur* de la conscience".*) Dans ce synthétisme, on se trouverait donc arrêté à un soi-disant fait supérieur de la conscience finie; le Synthétisme absolu, au contraire, reconnaît synthétiquement tout le fini, le relatif, tel qu'il existe dans le Principe, aussi loin bien entendu qu'on poursuivra le développement du système.

Enfin, on rencontre encore la dénomination: *philosophie naturelle*, sous laquelle on entend souvent non-seulement la philosophie de la nature matérielle, mais le système entier de la philosophie. Le système de *Schelling* a donné naissance à cette expression, et cela par le fait que *Schelling* développa surtout la partie de son système ayant trait à la philosophie de la Nature. C'est pourquoi, ses adversaires s'emparant du nom de *philosophie naturelle* pour caractériser l'exclusivisme supposé du système de *Schelling*, quelques-uns en conclurent même, comme *Jacobi*, que toute sa philosophie n'était qu'un matérialisme grossier, déifiant l'univers matériel. *Schelling* aurait pu s'abstenir de cette déno-

---

*) Voy. Krug's Fundamentalphilosophie, 1819, et l'article: *Synthetismus*, Krug's philosophisches Handwörterbuch.

mination*), puisque la philosophie doit, dans toutes ses directions, être *naturelle* ou conforme à la *nature*; car il entend ici par le mot *nature*: l'*essence*, comme on dit la *nature des choses* pour *l'essence des choses*. Puisque la philosophie se propose de reconnaître l'essence des choses, ainsi que les contradicteurs eux-mêmes l'accordent, l'expression de *Schelling* n'est pas aussi impropre qu'ils le croient. Toutefois, comme le mot: *nature*, désigne le plus souvent le monde corporel, ce nom ne convient pas à la science entière, et la philosophie naturelle, dans ce sens, n'est qu'une partie subsidiaire de l'ensemble du système.

*) *Schelling*'s Darlegung des Verhältnisses der Naturphilosophie zu der verbesserten *Fichte'schen* Lehre, 1806, p. 14 et ss.

Table des matières.

Introduction.

Définition préliminaire et division de la science et de la philosophie.

Première partie fondamentale.

L'analyse.

La recherche du principe et de la notion de la science par l'observation propre du moi.

Première partie.

La connaissance analytique du moi.

Première section.

La vision propre du moi.

Chapitre premier.

La connaissance du moi comme être entier.

Avant-propos.

Le point de départ de la science. — La vision propre du moi.

I. La vision absolue et indivise du moi.

Transition à la recherche prochaine.

II. Ce que le moi est *à* soi. L'essence fondamentale du moi.

III. Ce que le moi est *en* soi.

1. Les parties constitutives du moi.

Chapitre II.

La connaissance du moi comme être pensant, sentant et voulant.

Avant-propos.

I. **Analyse du moi comme être connaissant et pensant.**

A. Notion de la connaissance et de la pensée.

B. Les objets, les lois ou catégories et les sources de la connaissance.

a) Les objets de la pensée.

D. Coup d'œil rétrospectif sur l'ensemble de nos recherches.

Deuxième section.

Chapitre unique.

Le rapport du moi et de l'univers avec l'Être ou Dieu.

Avant-propos.

Le rapport du moi et de l'univers avec Dieu.

Deuxième partie.

La théorie analytique de la connaissance.

Les préceptes de l'organisation de la science.

Avant-propos.

Première section.

La théorie analytique de la méthode ou Logique subjective.

Lois subjectives de la pensée.

Chapitre premier.

La loi de la pensée et de son organisme.

Les catégories générales. — La notion de la Logique.

Notion générale de l'organisation de la Logique, comme théorie de la connaissance.

Chapitre II.

Des opérations de la pensée.

I. La notion.

II. Le jugement.

Les trois phases ou moments de la détermination.

Deuxième section.

La théorie analytique de l'objet de la science ou Logique objective. — Lois objectives de l'Être.

Avant-propos.

Chapitre premier.

La structure propre, infinie et absolue de la science.

Chapitre II.

La structure relative, finie et progressive de la science humaine.

Fin de la première partie fondamentale.

Verzeichniss

sämmtlicher bis jetzt erschienenen philosophischen, mathematischen und geschichtlichen Schriften Krause's.

A.

Bei Lebzeiten des Verfassers erschienen:

1. **Dissertatio philosophico-mathematica** de Philosophiae et Matheseos notione et earum intima conjunctione, Jenae, apud Voigtium. 1802. (Vgl. C. No. 17.) 6 Gr.
2. **Grundlage des Naturrechts**, oder philosophischer Grundriss des Ideales des Rechts. Erste Abtheilung. Jena, 1803, bei Gabler (Cnobloch.) (Vgl. S. 321.) 1 Thlr.
3. **Grundriss der historischen Logik für Vorlesungen**, nebst zwei Kupfertafeln, worauf die Verhältnisse der Begriffe und der Schlüsse combinatorisch vollständig dargestellt sind. Jena, bei Gabler, 1803. (Cnobloch.) 1 Thlr. 12 Gr.
4. **Grundlage eines philosophischen Systemes der Mathematik**; erster Theil, enthaltend eine Abhandlung über den Begriff und die Eintheilung der Mathematik, und der Arithmetik erste Abtheilung; zum Selbstunterrichte und zum Gebrauche bei Vorlesungen, mit 2 Kupfertafeln. Jena und Leipzig, bei Gabler, 1804. (Cnobloch.) 1 Thlr. 16 Gr.
5. **Factoren- und Primzahlentafeln**, von 1 bis 100 000 neuberechnet und zweckmässig eingerichtet, nebst einer Gebrauchsanleitung und Abhandlung der Lehre von Faktoren und Primzahlen, worin diese Lehre nach einer neuen Methode abgehandelt, und die Frage über das Gesetz der Primzahlenreihe entschieden ist. Jena und Leipzig, bei Gabler (jetzt b. Cnobloch) 1804. 1 Thlr. 6 Gr.
6. **Entwurf des Systemes der Philosophie**: erste Abtheilung, enthaltend die allgemeine Philosophie, nebst einer Anleitung zur Naturphilosophie. Für Vorlesungen. Jena und Leipzig, 1804. (Die zweite Abtheilung sollte die Philosophie der Vernunft oder des Geistes, die dritte die Philosophie der Menschheit enthalten.) (Später b. Cnobloch.) 15 Gr.
7. **Die drei ältesten Kunsturkunden der Freimaurerbrüderschaft**, mitgetheilt, bearbeitet und durch eine Darstellung des Wesens und der Bestimmung der Freimaurerei und der Freimaurerbrüderschaft, sowie durch mehre liturgische Versuche erläutert

vom *Br. Krause.* Erster Band. Dresden 1810 (596 und LXVIII Seiten, mit 3 Kupfertafeln). Desselben Werkes zweiter Band, enthaltend die geschichtlichen Belege und erläuternden Abhandlungen zu den drei ältesten Kunsturkunden. Dresden, 1813. (343 und XXX Seiten.) Beide Bände zusammen kosteten 7 Thlr. 12 Gr., der zweite Band allein 3 Thlr. 12 Gr. Eine zweite, um das Doppelte (u. a. mit dem Lehrlingsritual des neuenglischen Zweiges der Brüderschaft, sowie mit einigen andern Kunsturkunden und Abhandlungen) vermehrte Auflage in zwei Bänden oder vier Abtheilungen erschien 1819—1821 zu Dresden im Verlage der Arnold'schen Buchhandlung. 10 Thlr.

8. **Geschichte der Freimaurerei,** aus authentischen Quellen, nebst einem Berichte über die grosse Loge in Schottland, von ihrer Stiftung bis auf die gegenwärtige Zeit und einem Anhange von Originalpapieren. Edinburg, durch *Alexander Lawrie,* übersetzt von *D. Burkhard,* mit erklärenden, berichtigenden und erweiternden Anmerkungen und einer Vorrede von *D. Krause,* Freiberg bei Craz und Gerlach, 1810. 1 Thlr. 16 Gr.

9. **System der Sittenlehre;** 1. Band, wissenschaftliche Begründung der Sittenlehre. Leipzig bei Reclam, 1810. (Vgl. C No. 14.) 2 Thlr.

10. **Tagblatt des Menschheitlebens;** erster Vierteljahrgang 1811. Dresden in der Arnold'schen Buchhandlung und bei dem Herausgeber D. Krause. Nebst 26 Stücken eines literarischen Anzeigers. (Enthält mehrere wissenschaftliche Abhandlungen des Herausgebers über Mathematik, Naturrecht, Geschichte, Geographie, Musik rc.) (Vgl. C No. 9, 14 u. 17.) 1 Thlr. 12 Gr.

11. **Das Urbild der Menschheit,** ein Versuch. Dresden bei Arnold 1811. 2 Thlr. 8 Gr. — Zweite Auflage, 1851, Göttingen, in Commission der Dieterich'schen Buchhandlung. 1 Thlr. 20 Ngr.

12. **Lehrbuch der Combinationlehre und der Arithmetik** als Grundlage des Lehrvortrages und des Selbstunterrichtes, nebst einer neuen und fasslichen Darstellung der Lehre vom Unendlichen und Endlichen, und einem Elementarbeweise des binomischen und polynomischen Lehrsatzes, bearbeitet von *L. Jos. Fischer* und *D. Krause,* nach dem Plane und mit einer Vorrede und Einleitung des Letzteren. Erster Band. Dresden in der Arnold'schen Buchhandlung, 1812. 2 Thlr.

13. **Oratio de scientia humana** et de via ad eam perveniendi, habita Berolini 1814. Venditur Berolini in Bibliopolio Maureriano. (Vgl. C No. 17.) 4 Gr.

14. **Von der Würde der deutschen Sprache** und von der höheren Ausbildung derselben überhaupt, und als Wissenschaftsprache insbesondere. Dresden, 1816. 10 Gr.

15. **Ausführliche Ankündigung** eines neuen vollständigen Wörterbuches oder Urwortthumes der deutschen Volksprache. Dresden, bei Arnold 1816. (32 S. gr. 8.) 2 Gr.
16. **Höhere Vergeistigung der echtüberlieferten Grundsymbole der Freimaurerei** in zwölf Logenvorträgen von dem Br. Krause; 3te, unveränderte, mit einer Uebersicht des Zweckes und Inhaltes der Schrift über die drei ältesten Kunsturkunden vermehrte Ausgabe. Dresden, bei dem Verfasser und bei Arnold 1820. (Die erste Ausgabe erschien 1809.) 1 Thlr.
17. **Theses philosophicae XXV.** Gottingae 1824. (Vgl. C No. 17.)
18. **Abriss des Systemes der Philosophie,** erste Abtheilung. Für seine Zuhörer, 1825. Im Buchhandel, 1828. Göttingen, in Commission der Dieterich'schen Buchhandlung. (Vgl. C No. 12.) 16 Gr.
19. **Darstellungen aus der Geschichte der Musik** nebst vorbereitenden Lehren aus der Theorie der Musik. Göttingen, in der Dieterich'schen Buchhandlung 1827. 18 Gr.
20. **Abriss des Systemes der Logik**, für seine Zuhörer, 1825. Zweite, mit der metaphysischen Grundlegung der Logik und einer dritten Steindrucktafel vermehrte Ausgabe. 1828. Ebendaselbst in Commission. 1 Thlr. 12 Gr.
21. **Abriss des Systemes der Rechtsphilosophie** oder des Naturrechts. 1828. Ebendaselbst in Commission. 1 Thlr. 12 Gr.
22. **Vorlesungen über das System der Philosophie.** 1828. Ebendaselbst in Commission. (Vgl. C No. 18.) 3 Thlr. 8 Gr.
23. **Vorlesungen über die Grundwahrheiten der Wissenschaft**, zugleich in ihrer Beziehung zu dem Leben. Nebst einer kurzen Darstellung und Würdigung der bisherigen Systeme der Philosophie, vornehmlich der neuesten von *Kant, Fichte, Schelling* und *Hegel,* und der Lehre *Jacobi's.* Für Gebildete aus allen Ständen. 1829. Ebendaselbst in Commission. (Vgl. B No. 8.) 3 Thlr. 8 Gr.
24. (Anonym.) **Geist der Lehre Immanuel Swedenborg's.** Aus dessen Schriften. Mit einer katechetischen Uebersicht und vollständigem Sachregister. Herausgegeben von Dr. J. M. C. G. Vorherr, 1832. München, bei E. A. Fleischmann. 12½ Ngr.

Anmerk. Die meisten dieser Schriften sind vergriffen.

B.

Nach dem Tode des Verfassers erschienen aus seinem handschriftlichen Nachlasse von verschiedenen Herausgebern:

1. **Die Lehre vom Erkennen und von der Erkenntniss**, oder: Vorlesungen über die analytische Logik und Encyklopädie der Philosophie für den ersten Anfang im philosophischen Denken. Herausgegeben von *H. K. von Leonhardi.* Mit drei lithograph. Tafeln. 8. 1836 Göttingen, in Commission der Dieterich'schen Buchhandlung. 3 Thlr.

2. **Vorlesungen über die psychische Anthropologie.** Herausgegeben von Dr. *H. Ahrens.* 8. 1848. Ebendas. 2 Thlr. 10 Ngr.
3. **Die absolute Religionsphilosophie** im Verhältnisse zum gefühlglaubigen Theismus, und nach ihrer Vermittelung des Supernaturalismus und des Rationalismus. Dargestellt in einer philosophisch-kritischen Prüfung und Würdigung der religionsphilosophischen Lehren von *Jacobi*, *Bouterwek* und *Schleiermacher.* Herausgegeben von *H. K. von Leonhardi.* Zwei Bände in 3 Abtheilungen. 8. 1834—1843. Ebendaselbst. — Erster Band, 1834, nebst Sachverzeichniss zum ganzen Werk, 1836. 3 Thlr. 10 Ngr. Zweiter Band. I. Abth., 1836. 1 Thlr. 20 Ngr. II. Abth. (die Kritik *Schleiermacher's* enthaltend, die auch einzeln abgegeben wird). 1 Thlr. 20 Ngr. — Daraus ist besonders abgedruckt: Ergebniss der Kritik *Jacobi's* und *Bouterwek's.* $22^1/_2$ Ngr.
4. **Novae theoriae linearum curvarum specimina V,** ed. *H. Schroeder*, Professor. (Cum figurarum tabulis XV.) 4. 1835. Ebendaselbst, sowie auch in München in Commission bei E. A. Fleischmann. 1 Thlr. 25 Ngr.
5. **Abriss der Aesthetik oder der Philosophie des Schönen und der schönen Kunst.** Herausgegeben von Dr. *I. Leutbecher.* 8. 1837. Göttingen, in Commission der Dieterich'schen Buchhandlung. 20 Ngr.
6. **Anfangsgründe der Theorie der Musik,** nach den Grundsätzen der Wesenlehre. Vorlesungen für Gebildete aus allen Ständen. Herausgegeben von *V. Strauss.* 8. 1838. Ebendaselbst. 1 Thlr. 5 Ngr.
7. **Geist der Geschichte der Menschheit,** erster Band; oder: Vorlesungen über die reine d. i. allgemeine Lebenlehre und Philosophie der Geschichte, zu Begründung der Lebenkunstwissenschaft. (Mit einer erläuternden Steindrucktafel und dem Bildnisse des Verfassers.) In einem Bande. Für Gebildete aus allen Ständen. Herausgegeben von *H. K. von Leonhardi.* 8. 1843. Ebendaselbst. 3 Thlr. 10 Ngr.
8. **Vorlesungen über die Grundwahrheiten der Wissenschaft** zugleich in ihrer Beziehung zu dem Leben. 1. Band. Auch unter dem Titel: **Erneute Vernunftkritik.** Zweite, vermehrte Auflage. Prag 1868. Verlag von F. Tempsky. (Vgl. A No. 23.) 280 S.
9. **Vorlesungen über Rechtsphilosophie.** Herausgegeben von *K. D. A. Röder.* Leipzig, F. A. Brockhaus. 1874. 9 Mark.

Ausserdem erschien folgender bereits vergriffener Auszug aus einer Handschrift Krause's über das Eigenthümliche der Wesenlehre: **Uebersichtliche Darstellung des Lebens und der Wissenschaftlehre** *Karl Chr. Fr. Krause's* und dessen Standpunktes zur Freimaurerbrüderschaft. Von *H. S. Lindemann*, Dr. philos. 8. 1839. München in der Fleischmann'schen Buchhandlung.

Von den vorverzeichneten Werken sind in den Verlag von **Otto Schulze** in Leipzig übergegangen und zu den beistehenden ermässigten Preisen durch jede Buchhandlung zu beziehen:

Abriss des Systems der Logik. 2. Ausg. Göttingen 1828. 1 Mark.

Abriss des Systems der Philosophie. 1. Abtheilung. Göttingen 1828. 50 Pfennig.

Abriss des Systems der Rechtsphilosophie oder des Naturrechts. Göttingen 1828. 1 Mark.

Das Urbild der Menschheit. 2. Auflage. Göttingen 1851. Mark 1.50.

Abriss der Aesthetik oder der Philosophie des Schönen und der schönen Kunst. Herausgegeben von *J. Leutbecher.* Göttingen 1837. 50 Pfennig.

Anfangsgründe der Theorie der Musik. Herausgegeben von *Victor Strauss.* Göttingen 1838. 50 Pfennig.

Die absolute Religionsphilosophie in ihrem Verhältnisse zum gefühlglaubigen Theismus. Herausgegeben von *Hermann von Leonhardi.* 2 Bände. Göttingen 1834—1843. 5 Mark.

Die Lehre vom Erkennen und von der Erkenntniss. Herausgegeben von *Hermann von Leonhardi.* Göttingen 1836. 4 Mark.

Geist der Geschichte der Menschheit, oder: Vorlesungen über die reine Lebenlehre und Philosophie der Geschichte. Herausgegeben von *Hermann von Leonhardi.* Göttingen 1843. 4 Mark.

Vorlesungen über die psychische Anthropologie. Herausgegeben von *H. Ahrens.* Göttingen 1848. 2 Mark.

Erneute Vernunftkritik. 2. Auflage. Prag 1868. 2 Mark.

C.

Im Verlage von **Otto Schulze** erschienen aus dem handschriftlichen Nachlasse *Karl Christian Friedrich Krause's,* von den Herausgebern Dr. **Paul Hohlfeld** und Dr. **August Wünsche** bis jetzt folgende Schriften:

1. **Vorlesungen über Aesthetik oder über die Philosophie des Schönen und der schönen Kunst.** 1882. 392 S. 7 Mark.
2. **System der Aesthetik oder der Philosophie des Schönen und der schönen Kunst.** 1882. 440 S. (Zur Kunstlehre, I. Abtheilung.) 8,50 Mark.
3. **Die Dresdner Gemäldegallerie** in ihren hervorragendsten Meisterwerken beurtheilt und gewürdigt. 1883. 106 S. (Zur Kunstlehre, II. Abtheilung.) 2,50 Mark.

www.ingramcontent.com/pod-product-compliance
Lightning Source LLC
LaVergne TN
LVHW020613110826
845149LV00002B/470

9782012802933